월드컵, 그 환희의 뒤 끝

월드컵, 그 환희의 뒤 끝

꿈 ★ 은 이루어졌을까?

월드컵, 그 환희의 뒤끝

안영도 지음

비봉출판사

머리말

우리는 2002년 6월 한 달 동안 원없이 즐겼다. 7천만 한민족(韓民族)이 "단군 이래 최대의 환희"에 젖었다. 그것은 더없이 큰 수확이었다.

이제 월드컵 대회는 끝났다. 뒤를 돌아보고 앞을 내다볼 때도 되었다.

세상의 모든 일에는 양면성이 있다. 좋은 점이 있으면 나쁜 점도 있다. 얻은 편익(benefit)이 있으면 들인 비용(cost)도 있다. 월드컵도 마찬가지다. 얻은 기쁨이 대단했지만 그것은 그냥 떨어진 것이 아니었다. 오랜 준비기간을 통하여 엄청난 자금을 투입했고 온 국민의 지극한 정성을 바쳤다. 월드컵의 진정한 가치는 6월 한 달 동안에 얻은 성과와 6년간 나라와 국민이 바친 자금, 시간, 노력 등을 종합적으로 비교한 뒤에야 비로소 확인된다.

이 책은 국제 체육행사의 이해득실을 체계적으로 분석할 목적으로 쓰여졌다. 2002년 월드컵을 보기로 들어서 엄정한 비용·편익 분석을 시도하였다. 덧붙여 "엘리트 체육정책"이 초래하는 효과와 부작용도 짚었다. 저자는 가능한 한 많은 자료와 증거를 제시하면서 최대한의 객관적 시각을 가지고자 노력하였다.

21세기에 와서 시장경제와 세계화를 부인할 수는 없다. 새 시대에는 합리적 사고와 냉정한 계산이 요구된다. 불행히도 우리는 그런 점에서 약하다. 막연히 남을 따라가고 분위기에 휩쓸리는 경향이 있다. 우리의 성향이 반드시 나쁜 것은 아닐지라도, 초경쟁 시대를 살아가는 데에는 약점이 된다. 차제에 우리는 감성적 행동보다 이성적 판단을 앞세우는 법을 익힐 필요가 있다.

이제 월드컵은 끝났다. 우리 모두 차분함과 냉철함을 되찾자. 그리하여 환희(편익)에 따르는 뒤끝(비용)이 어떠한지 철저히 따져보자. 그래야만 나라가 발전하고 개인생활이 윤택해질 수 있다.

2002년 8월 1일
안 영 도

차 례

제1부 국제 체육행사의 이해 득실 계산

제2부 한국식 체육진흥의 폐해

2002. 4. 7

풀이말 : 주문(呪文)이 된 "성공적 월드컵"

한국 정부는 1981년에 "88올림픽"의 유치에 성공한 데 힘입어 각종 국제 체육행사를 개최하고자 남다른 노력을 경주해 왔다. 유치 대상이 된 행사에는 국가대항전에서 세계대회까지, 축구와 같은 인기종목에서 비치발리볼처럼 일반인들은 잘 모르는 것까지, 월드컵과 같은 단일종목 행사에서 올림픽처럼 종합 경기대회까지 실로 다양하였다.

일단 대회의 유치에 성공하면 정부는 행사에 대한 지원을 아끼지 않았다. 정부가 앞장서면 지도층 인사들이 경쟁적으로 나서고 언론까지 거들어 행사의 "성공적 개최"를 부르짖었다. 그럴 때에 정부 및 사회가 내세운 것은 '국위선양'과 '경제유발효과' 등으로 집약될 수 있다. 문제는 그와 같은 주장에는 근거가 박약하다는 점이다. 더욱 우려되는 것은, 아무도 주장의 진위를 진지하게 생각해 보지 않았다는 사실이다.

1. 국제 체육행사에 대한 거국적 집념

지구상에서 한국만큼 체육행사의 유치에 집념을 보이는 나라는 없을 듯하다. 한국은 최대의 스포츠 제전이라고 할 올림픽과 월드컵을 치른 바 있다. 그 밖에도 유니버시아드 대회나 아시아 경기대회와 같은 종합 국제경기대회와 다수의 종목별 세계선수권 대회를 유치한 바 있다.

극성스런 유치 활동

88 올림픽의 유치를 위해서는 정계, 관계, 재계 인사가 총동원되다시피 해서 로비를 벌였다. 당시 한국의 성공 가능성이 10%에 불과하다는 국내외의 비관적 전망이 있었지만, 막상 1981년 9월 독일의 바덴바덴에서 사마란치 국제올림픽 위원장은 "쎄울 52, 나고야 27"이라고 발표하였다. 한국 측의 집요한 노력 덕분이었는데, 그 단면을 한 언론이 아래와 같이 전한다.

〔보기 0-1〕 **한국의 올림픽 유치활동**

"전두환 대통령은 조상호 대한체육회장, 박영수 서울시장을 비롯한 당사자들에게 완벽한 준비를 당부했고, 정주영 전경련 회장을 포함한 재벌그룹에는 각각 역할을 분담해 특단의 지시를 내렸다. 세계 각 지역의 공관들은 고유의 업무를 잠시 보류하고 해당 지역의 IOC 위원을 찾아다니기에 분주했고, 박종규 대한체육회장 등 일부 인사들은 대통령 특사자격으로 현지에 특파되어 은밀히 득표전을 수행토록 했다.

이같은 한국의 필사적인 작전과는 달리 나고야는 일본정부의 협조마저 거부하고 지자체 위주의 순수(?)한 유치활동을 계속했다. 한국 유치단이 개최지 결정투표 꼭 10일을 남기고 '최후의 격전장'인 바덴바덴에 도착해 쿠르 하우스에 홍보전시관을 설치하는 등 마지막 표몰이에 나설 때도, 일본은 한국의 지나친 행동(?)을 이상하게 쳐다보았다.

당시 한국 유치단이 설치한 홍보전시관에는 대한항공 스튜어디스와 미스코리아 출신의 '미녀 도우미' 8명이 화려한 한복을 입고 포진해 본부 호텔을 출입하는 각국의 IOC 위원들에게 태극선과 안내책자를 안겼다. 그러나 바로 옆의 일본 부스에는 현지에서 나온 남녀 안내원이 초라한 안내장을 돌리고 있을 뿐이었다. 유치단은 IOC 위원들이 아침식사를 하는 식당에서부터 저녁 잠자리에 들기 전까지의 일거수 일투족을 파악해 모든 서비스를 마다하지 않았다."

(연합뉴스 1999. 9. 7)

그리하여 한국은 올림픽의 개최권을 확보하였다. 두말할 필요도 없이 당시의 지도층과 언론, 그리고 대다수 국민들이 온통 흥분하고 들떴다. 국가적 경사라는 것이었다.

그런데 생각하기에 따라서는 위에 묘사된 유치 과정부터 좀 찜찜하다. 일상업무를 팽개친 듯한 각계의 활동, 술집 손님을 시중드는 듯한 자세, 경쟁도시와의 불공정 경쟁 등이 그렇게 생각되는 이유이다. 잘 알려진 바와 같이, 올림픽은 특정 도시가 주관하는 행사이므로 나고야와 같은 접근방법이 정상적이라 할 수 있다. 그것을 우리는 정부가 나서서 설쳐댄 것이다.

올림픽이 도시 단위 행사이므로 "동경 올림픽(1964년)," "시드니 올림픽(2000년)" 등으로 불리지만, 우리는 통상 "88 올림픽"이라고 부른다. 그것이 시작부터 끝까지 국가적 행사였음을 스스로 인정하는 셈이다. 각국의 중앙정부가 음으로 양으로 올림픽을 지원하고 있긴 하지만, 한국의 경우는 그 정도가 지나쳤다고 할 수 있다. 그런 일들이 바로 그 올림픽이 지고(至高)의 가치로 내세우는 '공정한 경기(fair play)'의 정신에 맞는 일인지도 한 번쯤 짚어볼 필요가 있으리라.

국제축구연맹(FIFA)이 1996년 5월에 한국과 일본을 2002 월드컵 공동 개최국으로 지정하게 된 것도 거국적 로비의 결과라고 할 수 있다. 올림픽의 경우처럼 한국의 대통령이 직접 나서서 유치활동을 독려했고, 종교계에서는 월드컵 유치 기원 법회와 기도회를 벌이기도 했다.

일본은 1986년부터 월드컵을 유치하기 위해 준비해 오고 있었고, 세계 체육계에서는 2002년 월드컵의 일본 개최가 기정사실로 굳어져 가고 있었다. 그런 차에 한국이 강력하게 밀고 나가자 입장이 곤란해진 FIFA가 어정쩡한 결론을 내리고 말았다.

탁월한 유치 실적

거국적이고 치열한 노력 덕분에 한국은 1990년대 이후 국제 체육행사의 유치에 유례가 드문 실적을 거두었다. 한국이 마음먹고 달려드는 행사는 거의 다 개최권을 따냈다고 해도 과언이 아닐 것이다. 어느 한 한국올림픽조직위원회(KOC) 위원이 파악한 바에 따르면, 1997년부터 2002년까지 11대 세계 스포츠 행사 중에서 무려 6개가 한국에서 열렸다(중앙 97. 7. 2). 정말 특별한 관심과 빼어난 유치 실력이라고 아니 할 수 없다.

국제행사에 대한 한국의 관심은 세기가 바뀌어도 달라지지 않았다. 심하게 말하면, 무슨 행사든 일단 유치대상으로 고려하는 듯하다. 지방자치의 정착과 더불어 지방자치단체(이하 "지자체"라 부름)가 경쟁적으로 국제행사의 유치에 나서고 있기도 하다. 한 예로 2010 동계올림픽 개최를 신청하겠다고 강원도와 전라북도가 치열한 경합을 벌인 바 있다.

지차제가 국제 체육행사를 개최하고자 노력하는 이면에는 "정부 예산에 힘입은 지역개발"이라는 계산도 깔려 있다. 어떤 행사이건 일단 유치하기만 하면 "국제행사는 무조건 성공적으로 개최해야 한다"는 주술(呪術)에 걸린 정부가 도와줄 것임을 알기 때문이다. 실제로 정부는 국제 경기대회가 유치되면 특별법을 만들어서 각급 정부 기관, 공공단체로 하여금 파격적 지원을 해주도록 의무화하고 있다(부록1 참조). 해당 지자체로서는 지역발전을 위한 절호의 기회를 맞게 되는 것이다.

참고로 1986년 이후 한국이 개최한 "종합" 국제 경기대회를 열거하면 [도표 0-1]과 같다. 그 표를 일별하면, 한국에서 개최될 수 있는 종합대회는 동계올림픽만 제외하면, 종류별로 적어도 한 번씩은 개최되었음을 알 수 있다. 구색을 맞추려는 것인지, 그것마저 유치하자고 나서고 있다.

2. 지도층과 언론의 맹목적 지지

1980년대 초에 어느 주한 미군사령관이 한국인의 획일적 사고와 행동 양태를 두고 나그네쥐(lemmings) 같다고 해서 물의를 빚은 적이 있다. 표현의 적정성 여부를 제쳐둔다면, 상당수 한국인이 그 지적에 공감하고 있는 듯하다. 한 걸음 더 나아가, 저자는 획일적 사고와 행동이 한국의 성장과 발전을 가로막는 심각한 장애물이라고 생각한다(제7장 참조).

그런데 획일적 사고는 올림픽과 월드컵에 대해서는 더욱 철저하게, 차리리 완벽하게, 적용되었다. 월드컵의 한·일 공동개최가 결정된 1996년 이후 "성공적 월드컵 개최"는 한국인의 구호가 되었다.

저자의 과문 탓인지는 몰라도, 2002 월드컵 유치 이후 6년에 걸친 준비기간 동안 대중매체의 보도나 학술적 저술을 통틀어 월드컵에 대

[도표 0-1] 국제종합경기대회 개최(예정) 현황

대회명	연 도	장 소	경기수	참가국수
하계 올림픽 대회	1988	서 울	23	160
동계 올림픽 대회	2010?	강원도		
하계 아시아 경기 대회	1986	서 울	25	27
상 동	2002	부 산	38	43
동계 아시아 경기 대회	1999	강원도	7	21
동아시아 경기 대회	1997	부 산	15	9
하계 유니버시아드 대회	2003	대 구		
동계 유니버시아드 대회	1997	무 주	38	

자료: 문화관광부

한 비판적 내용은 저자 자신의 것을 제외하고 단 2건을 읽었을 뿐이
다. 그러므로 한국사회 전체가 맹목적(盲目的)으로 월드컵을 지지했
다고 할 수밖에 없다. 왜냐하면, 세상의 어떤 일도 그와 같은 완벽한
합의는 있을 수 없기 때문이다. 그같은 맹목적 지원은 88올림픽에
대해서도 마찬가지였다.

단군 이래의 최대사?

행사를 전후하여 사회지도층 인사, 심지어는 신문사 논설위원까
지 언필칭(言必稱) "올림픽"이었고, 일마다 "월드컵"을 결부시켰다.
대소사(大小事) 모든 일이 행사의 성공적 개최에 초점이 맞추어져
있었다. 교통질서를 지키는 것도, 시민의식을 높이는 것도 모두 행
사를 위한 것이었다. 심지어 화장실을 깨끗하게 고치고 청결히 사용
하는 일까지 행사 준비의 하나였다. 여기서 굳이 논설위원을 들먹인
것은, 적어도 그들은 국민의 획일적 사고 그 자체에 대해서라도 비
판했어야 마땅하기 때문이다.

월드컵의 유치가 결정된 후에 거의 날마다 신문지상을 장식해온
셀 수 없이 많은 월드컵 혹은 올림픽과 관련된 각계 인사의 언급 중
에서 비교적 최근에 보인 몇 가지를 인용해 본다.

[보기 0-2] **국제 체육행사에 대한 지도층의 시각**

1. "서울올림픽 대회의 성공은 냉전체제가 무너지고 독일이
통일되는 역사적인 결과를 가져왔으며 한국의 이미지를 높이는
효과를 봤습니다... 2002년 월드컵이야말로 하늘이 준 기회입니
다."(1999. 6. 박세직 월드컵 조직위원장)

2. "서울올림픽이 가져다 주었던 국가적 부가가치는 돈으로

환산하기 힘들다. 마찬가지로 IOC 서울 총회도 상상을 초월하는 사회경제적 부가가치를 가져다 줄 것이다."(1999. 5. 이상철 한국 체대 총장)

3. "국조(國祖) 단군 이래의 쾌거인 88 서울올림픽의 영광을 지켜나가자."(2001. 6. 이철승 전 대한체육회장)

4. "월드컵에 국운융성이 걸려 있다. 약동적인 한국을 보이기 위해 전원이 노력하자."(2001. 12. 김대중 대통령)

"100년 만에 있을까 말까 하는 기회를 맞아 월드컵대회 기간 단합하는 모습을 보여줘야 한다."(2002. 5. 각 김대중 대통령)

5. "이질(痢疾)만 해도 이번에 수도권에서 다시 집단 발병했으니, 이러고도 우리가 월드컵 대회를 유치한 OECD 회원국이라고 말할 수 있을지."(2001. 12. 조선일보)

6. "노숙자들이 월드컵 때 구걸을 하거나 악취를 풍겨 관광객에게 불편을 초래하면 되겠습니까?"(2002. 1. 서울시 관계자)

7. "〔중국 여객기 추락 참사〕를 계기로 월드컵 축구 기간 중 선수, 관람객들이 이용하게 될 전국 지방공항에 대한 안전점검이 시급하다."(2002. 4. 중앙일보)

지도층 인사들은 습관적으로 그렇게 말할 뿐이지, 그런 주장의 근거를 제시하는 사람은 없었다. 저자로서는 어떻게 하여 88 올림픽이 "냉전체제를 무너뜨리게 되었는지" 어안이 벙벙하고, 월드컵이라는 한 가지 행사로 그렇게 손쉽게 "국운이 융성해지는지" 알아들을 수 없었다. 무슨 근거로 올림픽을 "단군 이래 최대의 쾌거"라 하는지 짐작할 방법도 없었다. 서울에서 IOC 총회가 열린다고 달라지는 것이 무엇인지 상상이 되지 않는다.

이질에 걸려서 고생하는 환자나 노숙자에게는 동정이 가지 않고 거저 "월드컵에 누를 끼치는 것만 걱정"인지 잘 이해되지 않는다. 어떻게 한국 국민보다는 "월드컵 손님의 안전이 더 걱정"되는지 의아할 따름이다.

합리성을 존중하는 서양사회에서는 사소한 속설(俗說)일지라도 해당 분야의 학자들이 그 진위 여부를 학문적으로 검증하려고 노력한다. 그러나 한국에서는 "까마귀가 정력에 좋다"는 등의 근거없는 속설이 통용되는 것은 물론, 올림픽이나 월드컵과 같은 그야말로 "국가적 대사"도 막연한 기대만으로 추진된다.

저자가 접한 월드컵에 관한 유일한 분석서로는 한국개발연구원(KDI)의 1998년 보고서가 있다. 그런데 본의든 아니든 그 보고서는 사실과는 완전히 다른 "거대한 착각"을 전국민들에게 불러일으키는 역할을 하고 말았다(제1장 참조).

성공 다짐대회

한국사회에서 1981년부터 1988년까지는 "올림픽"이, 1996년부터 2002년까지는 "월드컵"이 어디서나 통하는 자유통행권(free pass)이었다. 국가 자원이 최우선적으로 배분되고, 모든 공공기구의 최대 관심사는 "행사의 성공적 개최"였다. 권말(卷末)의 부록1에 수록되어 있는 "2002년 월드컵 축구대회 지원법"을 보면 그 파격성이 놀랍다. 그런 특혜는 유니버시아드 대회 등 비교적 덜 알려진 대회에도 어김없이 주어진다.

〈국제경기 지원 특별법〉의 제1조는 언제나, "……대회를 성공적으로 개최함으로써 **국민체육을 진흥하고 국위선양과 국가발전을 도모함**을 목적으로 한다"로 시작된다. 그리하여 국민들은 국위선양

과 국가발전에 흘려서 월드컵 등의 "성공적 개최"를 마치 주문(呪
文)이나 되는 듯이 되뇌게 되는 것이다.

정부가 원하는 성공적 개최에 필요한 것은 행사 자체에만 국한
되지 않는다. 국토의 구석구석을 깨끗이 청소하고 아름답게 가꾸어
야 된다. 시민은 질서의식을 높여야 하고, 외국 손님을 친절하게 대
하는 법도 배워야 된다. 성격이 다소 불분명한 시민단체가 생겨나서
각종 캠페인을 벌이고 토론회를 벌인다. 각급 공공기관은 시민과 직
원을 대상으로 행사의 성공적 개최를 위한 의식교육을 실시하고, 주
기적으로 "성공 개최 다짐대회"를 연다. 그런 일은 마치 수학공식이
기라도 한 듯이 행사마다 되풀이된다.

다음은 어느 기초 지자체의 2002년 2월 어느 주의 업무계획 첫머
리에 나와 있는 것이다. 그것은 전국 각지에서 벌어진 이루 헤아릴
수 없이 많은 "월드컵 성공 다짐대회" 중의 극히 작은 한 예일 뿐이
며, 같은 자치단체가 주최한 같은 수많은 유사 행사 중의 하나에 지
나지 않는다.

[보기 0-3] **"월드컵(D-100일) 성공개최 기원 실천 다짐대
회 개최"**

· 일시 및 장소: 2002년 2월 20일(수) 14:00 OO강 고수부지
· 참여대상: 일반주민, 군인, 학생 등 1,000여 명
· 행사내용
  − 범구민 친절, 질서, 청결 실천 다짐 및 캠페인 활동 전개
  − 꽃동산, 꽃길 조성 동전 모으기와 병행 추진
* 유관기관, 단체 실무자회의 개최: 2월 15일 경 계획시달

그렇게 주문을 외우는 사이에 국민들은 국제 체육행사가 매우 중요하며, 어떤 희생을 감수해서라도 성대하게 치러야 되는 것으로 믿게 된다. 나아가 국가발전을 위해서 국제 스포츠 대회를 적극적으로 유치해야 한다고 믿는다. 국민들은 2002년의 월드컵과 아시아 대회, 2003년의 유니버시아드 대회 등으로도 성이 차지 않는다. 2002년 4월에 실시된 한국갤럽의 여론조사에 따르면, 92%의 국민이 "국가 위상을 높이고 경제발전을 앞당기기 위해" 2010년의 동계올림픽을 한국이 유치해야 한다고 믿는다. "체육행사를 통한 국가발전"이 대다수 국민의 신념이 된 것이다.

뜻도 모를 "성공적 개최"

정부와 언론이 앞서고 온 국민이 뒤따라 "월드컵의 성공적 개최"를 외치고, 엄청난 자원과 노력이 투입된다. 그것을 위해 이런저런 일이 이루어져야 한다고 말한다. 그런데 희한하게도 어떤 결과가 성공적 개최인지는 분명하지 않다. 즉, 무엇을 어떻게 해야 성공적 개최가 되는지 말해주는 사람이 없는 것이다. 목표가 불분명한 일을 막연히 추진하는 것은, 정의에 따라서, 맹목적(盲目的)이다.

우리는 외국의 올림픽 및 월드컵 개최 결과가 여러 형태로 나타나는 것을 보아 왔다. 몇 가지 사례를 들면 아래와 같다.

[보기 0-4] **국제 체육행사의 결산 사례**

1. 1972년의 독일 뮌헨 올림픽과 1976년의 캐나다 몬트리올 올림픽은 각각 3,000억 원과 1조 3천억 원의 적자를 보았다. 특히 몬트리올의 경우는 도시를 빚더미에 올라앉게 하는 심각한 후유증을 남겼다.

2. 1984년 LA 올림픽은 철저하게 상업적으로 경영하여 2,600억 원의 이익을 남겼다.

3. 연구자에 따라서는 1992년의 스페인 바르셀로나 올림픽이 역동적이고 활발한 도시의 이미지를 창출하여 해외 투자자본과 관광객의 유치에 도움을 주었다고 주장하기도 한다(Gratton and Henry p.119).

4. 1988년 서울 올림픽 후에 조직위원회의 수지타 산으로는 2,500억 원의 자금이 남았다. 그러나 몬트리올 식의 진행이었다면 서울시가 큰 부채를 떠안았을 것이다. 어쨌거나, 88 올림픽에서 각종 행사를 성대하게 치르고 외국손님을 극진히 대접한 것은 확실하였다. 한국사회는 "대회가 대성공이었다"고 평가했다.

위에 나타난 사례 중에서 어느 것이 "성공적 개최"를 의미하는가? 지도층 인사 누구도 명시적으로 얘기한 바가 없으므로, 그 해답을 미루어 짐작해 볼 수밖에 없다. 확실한 것은, 우리가 말하는 성공적 개최는 LA 올림픽의 경우와 같은 행사 자체의 "경제성"을 말하는 것은 아니다. 왜냐하면, 한국의 올림픽이나 월드컵은 그 추진방식에 있어서 LA 올림픽과는 하늘과 땅만큼의 차이가 있었기 때문이다.

LA의 경우는 별다른 시설투자가 없었으며, 우리와 같은 거국적인 시간, 노력, 자금의 투입이 없었다. 월드컵 개최의 목적이 경제성이 아닌 것은 KDI의 월드컵 보고서(1998)에 "경제적 효과는 별것이 아니다"라고 지적된 사실에서도 잘 드러나고 있다.

그렇다면 우리가 말하는 올림픽이나 월드컵 등의 성공적 개최는 아마도 "행사를 최대한 성대하게 치러서 외국인들로부터 호평을 받는 것"을 말하는 듯하다. 외국 손님을 극진히 모시면 "국위선양"이

되므로 비용은 크게 문제가 안 된다고 생각하는 것이다.

그런데 올림픽이나 월드컵의 국위선양 효과는 매우 불확실하다. 보통의 외국 사람들, 특히 합리적인 서양 사람들은 체육행사를 잘 치른다고 한국이 훌륭한 나라라고 생각하지는 않기 때문이다. 차차 논의하겠지만, 그런 기대는 한마디로 허상(虛像)이다.

한 가지 짚어둘 것은, 88 올림픽이 끝난 다음에 조직위원회가 2,500억 원의 잔여금을 남겼다고 발표한 것은 그 대회가 흑자였음을 말해주는 것이 결코 아니라는 점이다.[1]

3. 월드컵 유치를 반대한 펠레

1999년에 국내 일간지에는 아래와 같은 짤막한 외신기사가 실렸다.

> 〔보기 0-5〕 **"돕지는 못할망정 훼방을 … '믿는 도끼에 발등 찍힌' 브라질 축구"**
>
> "세계 최강 브라질은 2006년 월드컵 축구 유치를 신청해 놓고 있다. 그러나 27일(한국시간) 청천벽력과 같은 소식을 들었다. 월

---

[1] 정부는 그 잔여금을 빌미로 국민체육진흥기금을 만들고 그것을 관리하기 위해 "서울올림픽기념 국민체육 진흥공단"이 만들어졌다. 굳이 그런 기금과 조직을 만들어야 하는 이유도 분명하지 않지만, 공단이 실제로 수행하는 일도 "국민체육"과는 거리가 있는 듯하다(안영도, 『국가경쟁력 향상의 길』(비봉출판사) p.423 참조).

드컵 유치작전 최전선에서 뛰어줄 것으로 의심치 않았던 '축구
황제' 펠레가 이적행위를 했기 때문이다. 이날 바르셀로나에서
벌어진 유럽 챔피언스 리그 결승전을 보러온 펠레는 경기 직전
가진 인터뷰에서 "브라질은 월드컵을 개최할 준비가 돼 있지 않
아 유치경쟁을 포기해야 한다"고 말했다. 유치를 선언했던 3년
전에는 경제상황이 좋았지만 지금은 때가 아니며, 월드컵을 치
를 수 있는 경기장도 하나밖에 준비되지 않았다는 것이다." …
(중앙일보 1999. 5. 28.)

국내 언론의 보도 태도에서 짐작할 수 있듯이, 대다수 한국인의
눈에는 펠레가 이상하기 짝이 없는 것이다. 아마도 많은 사람들이
이렇게 생각했을 것이다. "축구의 나라 브라질의 축구황제 펠레가
국운 융성이 걸리고 국위 선양의 지름길이며, 경제적 유발효과가 막
대한 월드컵을 마다하다니. 까짓 것 축구장쯤이야 지으면 그만이지.
한국의 경우는 경제위기 중임에도 필요한 구장 10개를 단숨에 지어
버렸는데…. 그 친구 반역자야, 뭐야?"
　저자가 보기에 펠레의 논리는 지극히 합리적이다. 그는 축구만
잘 하는 것이 아니고 건전한 상식을 갖춘 듯해서 대견한 생각까지
든다. 국가경제의 상황이 좋지 않으면 국력이 소모되는 대규모 체육
행사를 개최해서는 안 되는 것이다. 세계를 통틀어 펠레만큼 축구를
사랑하고 축구의 효용성을 이해하는 사람이 또 있을 것인가? 그럼에
도 그는 축구에 대한 자신의 열정을 억누르며 나라 걱정을 먼저 했
으니 얼마나 훌륭한 사람인가?
　학자가 아닌 펠레는 월드컵의 경제적 편익 혹은 비경제적 효과
를 엄밀히 계산해 보지 않았을 것이다. 그렇지만 그로서는 상식적

판단만으로도 월드컵의 유치가 국가적으로 손해가 된다는 것을 알았던 것이다. 그런데 한국에서는 학자, 지도층 인사, 언론인 중 어느 누구도 월드컵 개최의 문제점을 말하는 사람이 없으니 이 어인 일인가? 저자가 짐작하기로, 대다수 한국인은 깊은 생각 없이 분위기에 편승(便乘)해서 지내왔기 때문인 듯하다. 아니면 우리의 획일적 사고가 그렇게 만든 것이거나.

이 책을 통하여 자세히 논의하겠지만, 조금만 깊이 생각해 보면 국제체육행사를 기를 써서 유치할 명분은 없고, 있는 힘을 다해 치를 필요는 더더욱 없음을 알게 된다. 그런데 아무도 "조금 깊은 생각"을 해보지 않으니, 걱정이라면 이것은 걱정이라고 하겠다.

4. 냉정하게 따져 봐야 할 일

미국의 경제일간지 〈월스트리트 저널〉이 보도한 바에 따르면, 1998년 말에 IMF 구제금융을 받은 브라질은 그해 여름에 전국민이 월드컵 대회에 몰두함으로써 개혁이 늦춰졌고, 그 바람에 엄청난 재정손실을 입었다(98. 11. 5). 축구의 나라가 축구 때문에 큰 손실을 입었다니, 매우 역설적으로 느껴지기도 한다.

반납했어야 할 월드컵

한국의 언론은 소수의 의견은 무시하는 경향이 있는 듯하다. 저자는 1997년 2월 서울의 한 일간지에 월드컵에 대한 맹목적 투자를 비판하는 투고를 한 바 있는데, 예상했던 대로 실리지 않았다. 독자부의 담당자가 "무슨 돼먹지 않은 소리냐"면서 코웃음쳤으리라.

그 글에서 저자는, "우리의 힘과 노력이 방향감각을 상실하고 월드컵 등의 스포츠, ASEM 등의 전시성 국제행사에 투자된다면, 2002년의 월드컵은 한국이 '1982년의 멕시코가 된 것'을 기념하는 잔치가 될지도 모른다"고 말한 바 있다. 그런데 2002년까지 가지도 못하고 그해 말에 한국은 국가부도의 위기를 맞았다. 국가부도에 처한 1982년의 멕시코와 같은 입장이 된 것이다.

1997년 말에 국제통화기금(IMF)의 구제금융을 받았으면 월드컵과 같은 대규모 행사는 중단하는 것이 이치에 맞는다. 여유 있을 때에나 추진하는 불요불급한 일이기 때문이다. 개별 가계나 개별 기업이 그런 상황을 맞았다면 틀림없이 한가한 잔치를 취소했을 것이다. 그러나 지도층 인사 누구도 내 일처럼 생각하지 않은 까닭에 월드컵을 반납하자는 소리는 들리지 않았다. 그 무렵 정부는 "국고 고갈을 이유로 부작용에 대한 검토도 없이" 인천 신공항도로 등의 기초적 사회간접자본 시설을 민자(民資)로 건설했다(조선 02. 7. 5). 그렇지만 월드컵은 불가침의 영역이었다

당시에 저자는 월드컵 개최권을 반납하자는 내용의 글을 일간지에 투고했지만 역시 실리지 않았다. 저자의 논리가 그 글에 설명되어 있으므로 아래에 인용해 본다.

〔보기 0-6〕 **"2002 월드컵을 일본에 양보하자"**

"현재 우리가 당하고 있는 경제위기는 캠페인을 벌이는 등의 구태의연한 방식에서 벗어나 실질적인 노력이 있어야만 다소나마 완화시킬 수 있을 것으로 보인다. 이에 투고자는 다섯 가지 이유로 2002 월드컵을 일본에 양보할 것을 제안한다.

첫째, IMF는 우리에게 초긴축 재정을 강요하고 있다. 월드컵을 양보하면 우리는 2조 원을 상회하는 축구장 건설 경비 등 막대한 예산을 절감할 수 있다.

둘째, 현재 우리는 일본의 금융지원을 절실히 필요로 하고 있다. 월드컵 양보는 한국 지원에 대한 일본 국민들의 동의를 얻어내는 효과적 카드가 될 수 있다.

셋째, 경제위기를 타개하는 가장 근본적인 대책은 국가 경쟁력 향상이다. 이를 위해 우리는 무엇보다 먼저 도로, 항만시설을 확충하여 물류비를 줄여야 한다. 행사가 끝나면 잘 활용되지 않을 축구전용 구장을 짓는 것은 현명한 투자가 아니다(우리는 이미 활용도가 낮은 올림픽 경기장을 가지고 있다.).

넷째, 현시점에서 보면 월드컵 강행보다는 양보가 국위선양에 도움이 된다. 굳이 서양 사람들의 실용주의를 거론하지 않더라도, 구제금융을 받는 처지라면 소비적이고 전시적인 행사는 삼가는 것이 상식에 부합하는 것일진대, 월드컵을 양보하면 외국 사람들은 우리의 판단을 칭찬할 것이다.

다섯째, 경제 위기에서 오는 스트레스는 국가경쟁력 향상을 위해 각고의 노력을 경주하는 정공법으로 풀어야 하며, 스포츠를 통한 카타르시스는 자칫 도피주의적인 심리를 조장할 우려가 있다. 월드컵 양보는 우리가 문제의 본질에 직접 접근하여 그것의 해결에 집중할 수 있게 해줄 것이다.

요컨대, 현시점에서 우리는 형식에 치중하고 허세를 부리기보다는 차분하고 실질적이어야 한다. 이렇게 우리의 자세를 올바르게 가다듬기 위하여 2002 월드컵을 일본에 양보할 필요가 있다고 할 것이다."(1997. 12. 8.)

체력은 국력?

한국인들은 체육행사에 대해 환상적 신앙을 가지고 있다. 그렇게 된 것은 정통성 문제로 고민했던 제3공화국의 정치지도자가 국민의 관심을 다른 곳으로 돌리기 위해서 "체력은 국력"이라는 기치를 내 건 까닭이라는 것이 거의 정설로 알려져 있다.[2] 실제로 스포츠 이론 가들은 체육이 정치적 목적에 자주 이용되는 사실을 지적하고 있기 도 하다. 제3공화국에서 체육선수가 국가적 영웅으로 환대를 받은 예는 수없이 많은데, 〔도표 0-2〕는 그 중의 하나이다.

문제는 그와 같은 맹신이 소위 "문민정부," "국민의 정부"에까 지 이어졌다는 점이다. 아무런 분석이나 재고도 없이 지도층 인사가 이구동성으로 올림픽과 월드컵 대회가 국운융성과 국위선양의 거의 유일한 수단인 것처럼 생각하고 말해 왔던 것이다.

이 책의 목적은 바로 그러한 맹신을 불식하는 데에 있다. 국제 체 육행사를 성대하게 치른다고 해서 국위가 선양되는 것은 아니며, 국 운이 융성해질 이유는 더욱 없다는 점을 확인하자는 것이다. "월드 컵의 경제유발 효과"를 운위하지만, 그것은 체육시설 투자에만 국 한되는 일이 결코 아니다. 투자의 효율성을 말하자면 체육시설은 가

---

2) 한 소설가(고원정)는 이렇게 회고한다: "1978년의 아르헨티나 월드컵도 군사정 권의 정통성을 확보하는 무대로 활용됐다고 사람들은 얘기하곤 하지만, 어디 다른 나라의 경우뿐이겠는가? 우리 나라의 위정자들도 스포츠 드라이브라면 어디에 빠지지 않는다. 그 계기는 1966년 영국 월드컵에 북한이 8강에 오른 사 건이라고 본다. 당시 북한이 일으킨 센세이션은 우리의 상상을 초월하는 것이 었고, 박정희 정권은 그 위력을 실감하지 않을 수 없었다. 중앙정보부가 운영하 는 사실상의 대표팀 '양지팀'을 출범시킨 것도, 젊은 엘리트인 장덕진을 축구 협회장으로 내려보낸 것도, 올림픽과 월드컵 예선전을 잇달아 유치한 것도, 박 대통령배 대회를 창설한 것도 모두 이유가 있는 일이었다."(중앙 02. 6. 1)

장 낮은 축에 속할 뿐이다.

백보를 양보해서, 체육행사가 국위선양에 도움이 된다고 해도 그것에는 분명한 한계가 있다. 우리는 지금까지 그런 행사를 개최할 만큼 해 왔고, 그 방식으로 한국의 성가(聲價)가 더 이상 높아질 가능성은 없다. 그렇다면 지금부터라도 막연한 기대, 근거없는 희망을 버리고 철저한 경제적 이해타산을 해 보아야 할 것이다. 그런 계산을 해 보면 체육행사에 연연할 이유가 없다는 것을 금방 깨달을 수 있다.

우리가 매사를 합리적, 이성적으로 판단하여 추진하면 그것이 바로 한국의 경제적 부강과 국가경쟁력의 향상을 이루는 길이 된다. 경제력에 따라 국가위상이 결정되는 것은 널리 알려진 바이지만, 이성적 판단을 할 줄 안다는 사실 자체가 한국인의 위상을 높이는 일이기도 하다.

[도표 0-2] 대통령과 운동선수

[1969년 아시아 농구선수권 첫 우승 직후의 모습]

자료: 동아일보 2002. 1. 8

요컨대, 스포츠는 여흥(餘興)일 뿐이다. 그것은 여가를 즐기고 건강을 유지하기 위한 방편으로 시민 개개인이 신경쓸 일이다. 정부가 나서서 대규모 체육행사를 벌일 일이 아닌 것이다. 체육의 국가적 효과에 대한 우리의 믿음이 맹신(盲信)임을 아는 데에는 그렇게 복잡한 이론을 필요로 하지 않는다. 몇 가지 사실을 상식선에서 짚어 보는 것으로 충분하다.

논의 전개의 순서

이 책은 3부로 나뉘어 있다. 제1장에서 제4장까지의 제1부에서는 월드컵과 같은 대규모 국제 스포츠 행사를 개최하는 데 따르는 이해득실을 따져볼 것이다. 비용·편익 분석 방법을 사용하여 체계적으로 이 문제에 접근할 예정이다. KDI에서 발표하여 국내외에 금과옥조(金科玉條)처럼 알려진 월드컵의 "엄청난 경제적 유발 효과"는 허상에 지나지 않으며, 국위선양 효과도 거의 없음을 확인할 것이다. 제1부의 분석은 2002년 월드컵을 중심에 두지만, 그 방법은 다른 모든 체육행사, 나아가 엑스포 등의 국제행사에도 똑같이 적용될 수 있다.

제5장에서 제7장까지의 제2부는 범위를 보다 넓혀서 유독 체육만의 진흥을 강조하는 한국정부의 정책방향이 크게 잘못되었음을 논의하는 데에 바쳐질 것이다. 체육의 과잉투자가 초래하는 각종 부작용을 살펴보는 것이 주된 토론거리가 된다. "체력은 국력"이라는 기치 아래 출발한 체육진흥은 거시적 차원에서는 자원배분의 왜곡을 초래하였고, 미시적 차원에서는 국민 개개인의 사고와 행동에 큰 해악을 끼치기도 하였음을 지적할 것이다.

제8장에서 제9장으로 구성된 제3부는 국위를 선양하고 선진사회

로 나아가기 위해 한국 국민들이 진정으로 추구해야 할 일이 무엇인
지를 짚어보기로 한다. 안으로 내실을 다지고, 밖으로 의연하게 대
처하며, 시민의 일상생활 환경을 쾌적하게 만드는 것이 급선무임을
밝힐 것이다.

제1부
국제 체육행사의 이해 득실 계산

정부 당국자는 올림픽과 월드컵은 한국이 선진사회로 진입하는 디딤돌이 된다고 말해 왔다. 그러나 행사를 거창하게 치른다고 해서 선진사회로 들어갈 수 있는 것은 결코 아니다. 각 분야의 수준이 고르게 높아질 때에야 비로소 선진사회에 도달할 수 있다.

이 절에서는 선진국이 되기 위해서 한국이 성취해야 할 매우 중요한 몇 가지 일을 짚어보기로 한다. 그런 일을 하지 못한 것이 월드컵 때문만은 아니다. 그러나 월드컵만큼 지극 정성을 기울였다면 상당 부분 해결되었을 것임에는 틀림없다. 그런 의미에서 한국은 월드컵 때문에 선진사회가 될 기회를 잃어버린 것이나 다름없다. 곧 월드컵의 기회비용인 것이다.

(본문, 123페이지에서)

한국이 대규모 국제 체육대회를 유치한 것은 1970년 아시아 경기대회가 처음이었을 것이다. 그 대회의 개최권은 "국력에 부친다"는 이유로 1968년에 반납되었다. 그것을 제외하면 1981년에 결정된 서울 올림픽이 최초의 국제대회 유치가 된다. 그 이후 정부는 각종 국제행사를 다수 유치하였다.

문제는 엄청난 투자를 필요로 하는 국제행사에 대한 엄정한 사전적 손익계산이 없었고 믿을 만한 사후 보고서도 많지 않다는 점이다. 올림픽과 월드컵에 대한 한국개발연구원(KDI)의 보고서는 드문 예에 속한다(1989, 1998, 2001). 그나마 KDI 보고서도 심각한 취약점을 가지고 있다. 경제효과 분석은 한국의 실정에 맞지 않는 "공공투자의 경기부양 효과"에 치중하고 있으며, 경제 외적 효과에 대해서는 구체적 근거가 제시되지 않았다.

제1부에서는 KDI 보고서의 방식을 버리고 가장 보편적이고 기초적인 비용·편익 분석을 통하여 대규모 국제행사의 이해득실을 따져볼 것이다. 그래야만 지나간 행사의 손익을 확실히 가늠하고, 장래의 합리적 의사결정을 기대할 수 있다. 이름은 매우 거창하지만 비용·편익 분석이란 "득(得)이 되는 일은 취하고 실(失)이 되면 버린다"는, 삼척동자도 다 아는 원리이다. 그런데 우리는 유독 국가적 행사에 대해서만은 그것을 적용하지 않았다.

제1장에서는 국제 체육행사 개최의 이해득실을 따지는 기본 골격을 소개할 것인데, 경제적·경제 외적, 유형적·무형적 요소를 종합적으로 고려한 비용·편익 분석이 그 해답으로 제시될 것이다.

제2장에서는 계량화가 가능하면서 실제 발생하는 직접적 비용과 직접적 편익을 따져봄으로써, 월드컵과 같은 체육행사는 엄청난 경

제적 손실을 가져온다는 점이 밝혀질 것이다. 아울러 계산은 어렵지만 그 규모를 짐작해 볼 수는 있는 간접적 비용과 간접적 편익 측면에서도 월드컵은 손실이 됨을 확인할 것이다.

월드컵을 개최하기 위해 투입된 자금과 국민의 관심은 다른 일, 예컨대 고속도로의 확충 혹은 과학기술의 진흥에 쏟을 수도 있었다. 그런 일이 바로 월드컵의 기회비용이 되는데, 이를 밝히는 것이 제3장에서 할 일이다.

앞서 인용한 KDI 보고서는, 월드컵의 진정한 의의는 국위선양, 한국사회의 선진화 등 무형적인 효과에 있다고 했는데, 그 역시 기대하기 어렵다. 제4장에서는 무형적 효과를 분석한 다음, 대형 체육행사는 막연히 생각했던 것과는 달리 엄청난 손실을 초래한다는 것을 종합적으로 확인할 것이다.

제1장 경제효과에 대한 거국적 착각

　　정부는 국제 체육행사를 유치하면서 막대한 경제적 효과가 있다고 홍보한다. 그 효과는 경기장 건설로부터 발생하는 생산 유발효과와 관광수입의 증가, 수출 촉진 등이라고 한다. 그런 상투어(常套語)는 88 올림픽, 2000년 아셈회의, 2002년 한일 월드컵을 위시하여 어떤 국제대회나 행사에서든 어김없이 등장한다. 월드컵의 경우에는 KDI에서 엄청난 경제적 파급효과가 있다는 내용의 보고서를 만들었으니, 일견 정부의 주장이 학문적으로 뒷받침되었던 것처럼 보인다(1998).

　　우리가 어떤 일을 두고 그 효과를 분석하는 목적은 합리적인 의사결정을 위해서이다. 그런데 KDI 보고서는 방법론상의 한계가 뚜렷하여, "장래에 대규모 국제행사를 또다시 유치해야 할 것인가"에 대한 판단자료를 제공하는 데에는 도움이 되지 않는다. 그래서 이 장에서는 2002년 월드컵을 모델로 하여 국제 체육행사의 경제적 효과를 보다 합리적 시각에서 짚어보기로 한다. 물론 그 방법은 어떤 행사에나 적용될 수 있다.

본격적 논의에 앞서서 기초적 분석방법을 소개한다.

1. 사업성과 분석의 기본틀

무릇 인간이 마음먹고 추진하는 모든 일에는 좋은 점과 나쁜 점이 있고, 얻는 것과 잃는 것이 있다. 어떤 일이 제대로 되었는지 알려면 그 일로부터 발생한 이해득실을 종합적으로 평가해야만 한다. 어떤 일을 계획할 때에는 그것을 통하여 얻는 것과 잃는 것을 예상해서 집계해 보아야 한다. 이처럼 이해득실을 "종합적"으로 평가하는 작업을 흔히 비용-편익 분석(cost-benefit analysis)이라고 부른다.

비용-편익 분석

개인, 기업 혹은 정부가 어떤 일을 하면서 얻을 수 있는 혜택으로는 우선 금전적 수입을 생각해 볼 수 있다. 그러나 혜택 혹은 편익은 딱히 금전적인 것에 한정되지는 않는다. 국위의 선양, 기업의 상표인지도 제고, 개인의 정신적 위안 등 무형적인 것도 많다. 비용·편익 분석에서는 이와 같은 금전적, 비금전적 혜택이 모두 고려의 대상이 된다.

비용에는 희생해야 하는 모든 것이 포함된다. 투하자본, 경상경비 등의 유형적인 것뿐만 아니라 시간과 노력 등의 무형적인 것이 두루 포함된다. 어떤 사업과 관련하여 발생하는 부작용, 예컨대 환경파괴와 같은 것도 비용의 개념으로 파악된다.

이처럼 유무형의 비용과 편익을 모두 집계하면 특정 사업의 추진 여부를 판단할 수 있다. 즉, 편익의 총계에서 비용의 총계를 뺀 순편익(net benefit)이 양(陽, plus)이면 그것을 추진하고 부(負, minus)이면 포기하는 것이다. 그것을 아래와 같이 수식으로 표시해 볼 수 있다.

순편익(純便益) = 총편익(總便益) − 총비용(總費用)
순편익 〉 0 ⇒ 추진
순편익 〈 0 ⇒ 포기

위의 논리는 모든 사람이 매일 접하는 일인바, 지극히 상식적이라 할 수 있다. 개개인은 실생활에서 수없이 많은 비용·편익 분석을 한다. 아침에 눈을 뜨면 자리에서 일어날 것인가 말 것인가를 견주어 본다. 깊이 생각해 보지 않아도, 눈을 비비고 일어나야 하는 고통보다는 일어나서 운동을 함으로써 얻는 건강증진이 더 유력하다. 학생이 수업을 들을 것인가 말 것인가, 영화관에 갈 것인가 말 것인가 망설일 때에도 분명히 비용과 편익을 견주어 본다.

개인의 일상사가 그러한 것처럼, 기업이 새로운 사업에 대한 투자 여부를 결정하거나 정부가 대규모 역사(役事)를 벌일 때에는 더욱 엄정한 비용·편익 분석이 뒤따라야 한다. 하물며 수조(數兆) 원이 투입되는 국제 체육행사에 그것이 필요하다는 것은 두말할 나위가 없을 것이다.

기회비용

한 가지 매우 중요한 사실은, 비용·편익 분석에서는 반드시 기회비용이 감안되어야 한다는 점이다. 그렇기 때문에 경제학에서 비용이라 함은 곧 기회비용을 의미한다고 보아도 무방하다. 기회비용(opportunity cost)이란 "어떤 자원이 특정 목적에 사용되도록 하기 위하여 포기 혹은 희생해야만 하는 가장 높은 가치"라고 정의할 수 있다.

어떤 사람이 A라는 상품을 10,000원에 산다면, 그는 10,000원이라는 현금을 포기한 것이다. A를 구매하는 기회비용이 10,000원인 것이다. 어느 남성이 영화배우 장진영과 탤런트 황인영을 가장 좋아한다고 할 때, 그 중 한 사람을 결혼상대로 고르는 기회비용은 포기한 다른 사람이다. 어떤 기업이 K라는 사업을 택하는 기회비용은 그것과 배타적 위치에 있는 것 중에서 가장 수익(收益)이 뛰어난 X사업이 된다.

기회비용은 매우 중요하고, 또 실생활과 밀접하지만 일반인들은 다소 생소하게 생각하므로 다시 한 가지 보기를 들어서 설명하기로 한다.

〔보기 1-1〕 **기회비용의 중요성**

한국에도 잘 알려진 휴 그랜트란 영국의 배우가 있다. 그가 엘리자베스 헐리라는 미녀 모델과 한창 사귀고 있을 무렵인 1995년에, 할리우드의 사창가에서 창녀와 노닥거리다가 경찰에 체포된 적이 있다.

그가 창녀를 접촉한 것은 나름대로의 순편익이 있었기 때문임은 분명하다. 그러면 그런 형식으로 순편익을 취한 그의 판단이 현명하다고 할 것인가? 기회비용을 무시하면 그렇다고 할 수 있다. 그런데 그가 계속해서 창녀와 접촉한다면 엘리자베스 헐리를 잃는 엄청난 기회비용이 발생된다. 그러므로 종합적으로 보아 그랜트의 행동은 바보같은 짓이 되고 만다.

이처럼 일상생활에서 어떤 일과 관련된 이해득실을 따질 때에는 평면적으로 판단해서는 안 되고 반드시 기회비용을 고려해야 하는 것이다.

정부 사업의 비용-편익 분석

정부가 하나의 투자사업을 추진하기로 결정할 때에, 그 사업에 대한 기회비용은 가장 투자효과가 뛰어난 대안(代案) 사업이 된다. 올림픽이나 월드컵과 같은 대규모 사업에도 그런 원리는 똑같이 적용된다. 같은 돈을 투자하여 시행할 수 있는 사업, 예컨대 사회간접자본시설 확충 사업이 그 기회비용이 된다. 국가 자원이 한정되어 있는 만큼 어느 하나를 추진하면 다른 것은 포기해야 하기 때문이다.

앞으로의 논의에 대한 이해를 돕기 위해서 보기를 들어 따져보기로 한다.

〔보기 1-2〕 **비용-편익 분석의 요령**

이제 한국 정부가 같은 비용(x)이 드는 "A 체육행사"와 "B 항만사업"을 놓고 저울질을 한다고 하자. 그때는 아래와 같이 비용·편익 분석을 하여 둘 중에 어느 하나를 선택하게 된다. 각각의 편익과 비용에는 유형적, 무형적인 것이 모두 포함됨은 물론이다.

A 체육행사의 순편익(α) = 총편익(y) − 총비용(x)

B 항만사업의 순편익(β) = 총편익(z) − 총비용(x)

A와 B 중에서 선택하는 기준은 간단하다. α가 크면 A를, β가 크면 B를 고르는 것이다. 같은 내용을 기회비용의 개념으로 설명하면 다음과 같이 된다.

A의 순편익(γ) = 〔총편익(y) − 총비용(x)〕 − B를 포기하는 기회비용 = $\alpha - \beta$

　①γ〕0,　　A 선택

　②γ〔0,　　A 포기 ⇒ B 선택

다시 말하여, 국가 자원이 한정된 점을 감안하면 단순히 당해 사업의 손익을 따져볼 뿐 아니라 그것으로 말미암아 포기해야 하는 대안사업에서 얻을 수 있는 편익까지 고려해야 하는 것이다.

88 올림픽과 2002년 월드컵은 말 그대로 거국적 행사였다. 설사 정치적 이유로 유치된 행사였다고 해도 사후에는 그 효과에 대한 엄정한 분석이 따라야 마땅하다. 그럼에도 불구하고 어느 누구도 지극히 초보적인 비용−편익 분석도 시행하지 않았다. 한국인은 치밀한 분석에 약하다고 알려져 있는데, 아마도 그 탓이라고 해야 할 것이다.

2. KDI 보고서의 한계성[1]

한국개발연구원은 "2002년 월드컵 축구대회 조직위원회"의 용역을 받아 1998년 2월에 "2002년 한일 월드컵 대회의 국가발전적 의의와 경제적 파급효과"란 보고서를 "납본(納本)한" 바 있다. 그 보고서에는 월드컵의 의의가 [도표 1-1]과 같이 도시되어 있다.

그 보고서 중에서 "경제적 파급효과" 부분은 2001년 5월에 재분석되어 보도자료로 제공되었다. 그 자료를 인용하여 국내외의 언론매체는 5조 원 혹은 11조 원에 이르는 경제적 효과가 있는 것으로 대대적으로 보도하였다. 그런 숫자는 "언론의 신뢰성"에 "KDI의 권위"가 보태져서 온 국민에게 큰 기대를 안겨 주었다. 일반시민은 물론이고 지도층 인사로 하여금 월드컵이 한국경제를 한 단계 도약시키는 "한 세기에 한 번쯤 있을까 말까"한 행운의 기회인 것으로 믿게 하였다.

그 KDI의 보고서는 처음부터 일정한 한계를 가지고 있었음에도 언론매체는 그 사실을 무시하였고, 결과적으로 과장 혹은 왜곡 보도가 되고 말았다.

"경기부양"에 한정된 효과

[도표 1-2]는 2001년 5월의 보도자료에 나타난 경제적 효과를 요약하여 만든 것이다. 그 보고서는 경제 외적 효과, 간접 경제효과 등에 대해서도 언급하고 있지만, 계량화가 가능한 경제효과가 그 핵

---

1) 2002년 월드컵은 종료되었지만 여기서는 KDI 보고서 자체의 한계성을 따지는 것이 목적이므로 사전적(事前的) 입장에서 논의를 전개한다.

[도표 1-1] 2002년 한·일 월드컵 축구대회의 의의

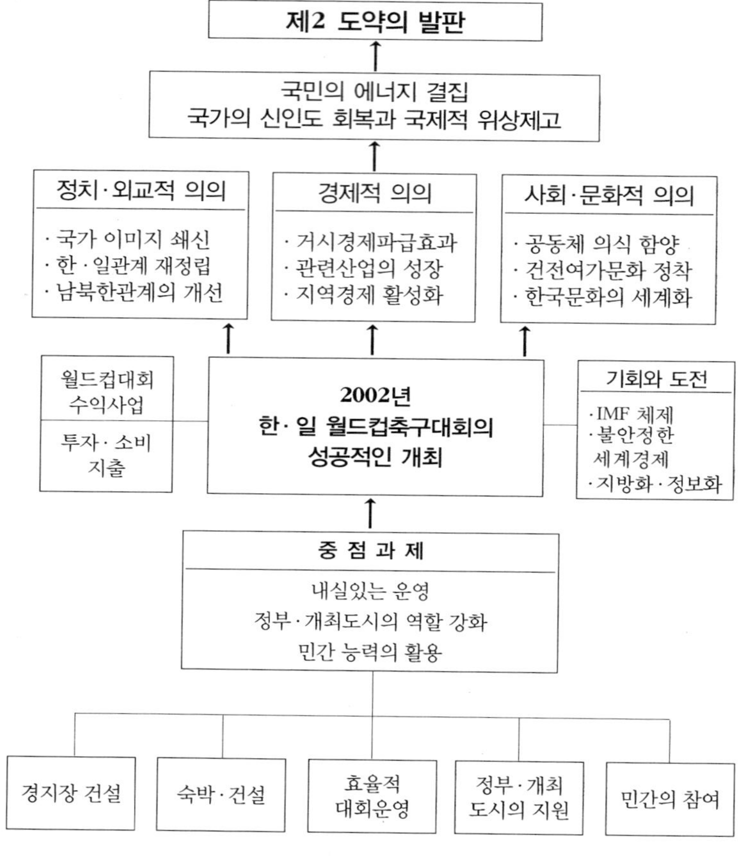

자료: KDI, 1998.

심 내용이었다.

그런데 그 표에 나타난 것은 월드컵 유치의 이해득실을 따지는 것과는 거리가 멀다. 월드컵을 개최함으로써 얻는 수입과 지출을 비교하는 것이 아니라, 단순히 월드컵과 관련된 투자 혹은 소비지출

행위로 인해서 국가경제의 규모가 어떻게 달라지는가를 말해줄 뿐이다. 딱히 말하면 월드컵으로 인한 "경기활성화 효과"를 예측한 것이다.

비유 하자면, 장사의 손익이 아니고 매상고만 말해준 것이다. 장사를 할 것인가 말 것인가를 결정하는 것은 매상고가 아니고 손익이다. 마찬가지로, 경제적 유발효과는 체육행사의 유치 여부를 결정하는 데에는 아무런 도움이 되지 않는다.

어쨌거나, KDI의 분석에 따르면 월드컵 준비 및 행사 기간에 걸쳐서 발생한 총지출이 3조 5천억 원에 이르고, 그에 따라 부가가치, 즉 국내총생산(GDP)이 5조 3천억 원 늘어난다. 그런데 그 5조 3천억 원이라는 효과는 여러 해에 걸쳐서 나타나는 것으로 1년 GDP의 1%에도 미치지 못하는바, 전문용어를 빌리면 "통계상 오차의 한계"에도 미달하는 것이다. 그리고 그런 과정에서 약 35만 명이 일시적으로 고용될 뿐이다.

[도표 1-2]이 말해주는 것은 그저 그것뿐이다.

조금 더 깊이 음미하기 위해서 지출쪽을 살펴보자. 투자지출은 월

[도표 1-2] KDI가 본 2002 월드컵의 경제적 파급효과

(단위 : 조 원, 천 명)

		지출규모	경제적 유발효과		
			총생산	부가가치	고 용
투자지출		2.4	8.2	3.6	220
소비지출	조직위 경상지출	0.4	3.3	1.7	130
	외국인 관광소비	0.7			
총 계		3.5	11.5	5.3	350

자료: KDI, 2001a

드컵을 치르기 위해서 신축한 10개의 축구장과 도로 등의 연관시설에 투입된 비용이다. 월드컵 조직위원회의 경상지출은 대회를 준비하고 운영하는 데에 든 비용으로 1억 달러의 FIFA 지원금을 비롯하여 입장료 수입, "공식 공급업자"의 부담금, 복권사업 등으로 조달된다. 외국인 관광소비는 행사기간 전후를 통하여 "축구를 보기 위한 목적으로" 한국을 방문하는 관광객이 뿌리고 갈 것으로 예상되는 돈이다.

부가가치 유발, 즉 GDP 증가 효과가 5조 3천억 원이라는 것도 대단한 것이 아니다. 3조 5천억 원의 비용을 들여서 5조 3천억 원의 수입을 얻었다는 것도 결코 아니다. 3조 5천억 원의 추가지출로 말미암아 추가적 경제활동이 일어났다는 것뿐이며, 그 과정에서 어떤 이해득실이 발생했는지는 알 수가 없다.

3조 5천억 원이 5조 3천억 원으로 되는 과정은 대략 이렇다. 얘기를 쉽게 하기 위하여 축구장 건설에 3조 5천억 원이 투입되고, 그 중에서 2조 5천억 원은 건축자재 구매 비용이며, 1조원은 인건비라고 하자. 그러면 일단 건축자재가 2조 5천억 원어치 생산될 것인데, 그것을 위해서 다시 인건비가 지급된다. 최초의 인건비 및 유발된 인건비는 근로자들의 소득이 되는데, 그 소득은 이내 소비를 위해 지출된다. 자동차를 신규로 구입할 수도 있고, 계획에 없던 휴가를 가고, 외식을 할 수도 있다. 그렇게 되면 자동차라는 상품과 여행과 외식이라는 서비스의 추가생산이 일어난다.

상품과 서비스의 추가생산을 위해서는 다시 인건비의 지급이 발생한다. 그런 식의 파급효과가 계속되면 종국적으로 최초의 지출보다 몇 배 많은 부가가치, 즉 국내총생산(GDP)의 증가가 나타나게 된다. 참고로, 1단계씩 진행될 때마다 파급효과가 줄어들기 때문에 그런 일이 무한히 계속되지 않고 언젠가는 중단된다.[2] 파급효과는 수학용어로 "수렴하는 무한급수"이기 때문에, 총계도 유한하게 된다.

몇 가지 유의사항

[도표 1-2] 및 더욱 상세한 자료를 참고하면, 총지출 3조 5천억 원 중에서 해외에서 유입되는 자금은 모두 합쳐서 약 7억 달러로서 1조 원에 미달하고 국내에서 부담하는 것이 2조 5천억 원을 상회하는 것으로 집계된다.

KDI의 분석에 따르면, 월드컵 기간 중에 약 32만 명의 외국인 관광객이 와서 1인당 평균 1,240 달러를 쓰고 가는 것으로 되어 있다. 그런 계산의 바탕에는 한국에서 치러지는 경기의 입장객 50%가 외국인이라는 가정이 깔려 있는데, 이는 다른 나라에서 개최된 경우에 외국인이 1/3에 불과한 것보다는 상당히 크게 잡은 것이다. 그리고 32만 명의 관광객이 월드컵이 있기 때문에 한국을 방문한 것인지 아니면 어차피 올 사람이었는지도 확실하지 않다. 따라서 "월드컵 덕분의" 외화 수입 7억 달러도 장담할 수 없다.

[도표 1-2]에는 한국인들이 월드컵 기간 중에 소비지출한 것은 계산되지 않았다. 그것은 월드컵이 있으나 없으나 한국인들은 어차피 그만한 지출을 하기 때문이다. 이처럼 어떤 행사에 따르는 효과 분석에서는 그것으로 말미암은 순증감액(純增減額)만 따지는 법이다.

앞서의 경제유발 효과의 설명에서 기업이윤은 무시하였다. 편의상

---

2) 다소 이론적인 얘기이지만, 국내총생산(GDP)에는 중간재의 매매금액은 빠지고 부가가치만이 집계된다. 부가가치는 요소소득이라고 불리기도 하는데, 원론적으로 말해서 노임, 지대, 이자, 이윤 등으로 구성된다. 이 부분에 대해서는 제3절에서 추가적 논의가 있을 것이다.

그렇게 했지만 실제로도 각 생산과정에서 기업이 손해를 보았는지 이윤을 얻었는지는 전혀 알 수 없다. 그것은 열심히 생산과 판매활동에 종사하는 기업이라고 해서 반드시 이익을 남긴다는 보장이 없는 것에 기인한다. 또 한 가지는 부가가치로 계산된 인건비는 근로를 제공하고 얻은 대가이기 때문에 무(無)에서 창출된 유(有)라고 할 수는 없다. 이렇게 복잡한 얘기를 하는 것은 "경제적 유발효과"는 일반인들이 착각하고 있는 것처럼 결코 '순이익' 혹은 '공짜이득(windfall)'이 아니라는 것을 강조하고자 함이다.

한국은 만성적 불황 국가가 아니다

또 한 가지 매우 중요한 사실은, 경제적 유발효과는 경제학에서 말하는 "승수효과(乘數效果)"로서 어떤 지출에도 뒤따른다는 점이다. 축구장 건설뿐만 아니라 호남고속도로를 확장해도, 울산공항을 국제공항으로 확대해도 생긴다. 어느 지방도시에 용수 혹은 식수 댐을 만들어도 나타난다. 대표적 불황경제학자인 케인즈(J.M. Keynes)의 표현대로, "아무 곳에나 구덩이를 팠다가 되묻어도 발생한다."

심지어 전국의 노숙자들을 불러모아 돈을 나누어 주어도 생긴다. 모르긴 몰라도 경제적 유발효과에 관한 한 노숙자에게 주는 방법이 가장 효과적일 것이다. 그들은 소비성향이 높아서 즉시 생필품을 사기 위한 지출을 결행할 것인데다, 생필품 생산의 파급효과는 시멘트보다 훨씬 클 수도 있을 테니까.

실제로 체육시설 건축의 고용창출 유발효과가 다른 투자에 비해 훨씬 떨어진다는 연구보고서가 많다(e.g. Baade and Mateson, 1999). 스포츠 투자 분야에서 꽤 이름이 알려진 시카고 대학의 샌더선(A. Sanderson) 같은 이는 "경기장 건설을 통하여 한 사람의 실업자를 구제하자면 10만 달러를 투입해야 하는데, 20달러 지폐를 그 금액만큼 뉴욕의 맨해튼에 뿌리면 7~8개의 일자리가 생긴다"고 말하기도 했다. 이 말은 "경제적 유발효과에 관한 한 축구장을 짓는 것보다는 노숙자에게 주는 것이 낫다"는 말과 다름없다.

지금까지의 설명을 종합하면, 월드컵 유치가 가져다 주는 진정한 효과는, KDI의 보고서에 바탕을 두고 말한다면, 단 한 가지뿐이다. 그것은, 월드컵을 유치하지 않았으면 없었을 투자 및 소비지출이 그것 덕분에 3조 5천억 원만큼 발생하였고, 그로 말미암아 **경기가 부양될 수 있었다**는 것이다. 그리고 일자리도, 경제적 유발효과도 특별히 새삼스러운 것은 아니다.

이러한 KDI 분석의 타당성 여부는 한국경제에 대한 기본 가정과 밀접한 관련이 있다. 경제학에 대한 약간의 지식만 있는 사람이라면 다 알겠지만, 1960~70년대를 풍미했던 케인즈의 경제이론은 "선진국 경제는 만성적으로 지출부족에 빠져 있기 때문에 정부가 재정지출을 늘여서 경기를 활성화해야 한다"는 것이다. 저성장 국가에서 정부지출의 경기부양 기능을 강조한 것이다.

한국은 어떤가? 월드컵을 유치하려고 노력한 1993~96년은 경기가 과열되어 오히려 지출과다가 문제되는 시점이었다. 그 밖에도 근대 한국경제의 역사상 수요부족이 문제가 된 것은 1980년과 1998년 단 2년뿐이었다. 전체적으로 보아 "고성장 국가"인 한국에서는 투자재원이 부족한 것이 문제이고, 따라서 경기부양을 위해서 새삼스러운 사업을 벌일 필요는 없다.3)

---

3) 이와 관련된 더욱 자세한 논의를 위해서는 안영도『국가경쟁력 향상의 길』(비봉출판사) 제10장 제5절, 안영도·박덕제저『경영인 경제학』(비봉출판사) pp.259~60, Szymanski 등을 참조.

환상에 지나지 않는 월드컵의 경제효과

저자의 주장이 맞는다면, KDI 보고서의 핵심적 내용인 것으로 일반에 알려진 "경제적 유발효과"도 아무런 의미가 없게 된다. 왜냐하면, 그냥 두어도 민간부문에서 저절로 지출이 일어날 것을 정부가 나선 것에 지나지 않기 때문이다.

문제는 거기서 그치지 않는다. 정상적 경기상황에서 정부지출은 매우 비효율적일 뿐만 아니라 인플레를 초래하기도 한다. 이자율 상승을 유발하여 기업의 투자를 위축시키는, 흔히 "구축효과(驅逐效果)"라 불리는 부작용 등을 낳는다. 한마디로 민간지출이 충분한 상태에서의 정부지출은 득(得)보다 실(失)이 크다.

이런 이유로 학자에 따라서는 "정부 주도의 대형 행사는 부(負)의 경제효과를 가져온다"고 말한다. 어느 연구보고서에 따르면, 흑자대회로 소문난 로스앤젤레스, 그리고 장삿속으로 치러진 애틀랜타 올림픽도 지역경제에 미치는 파급효과 측면에서는 오히려 손해였다.(Baade and Matheson, 1999)

우리의 주된 관심사인 2002년 한·일 월드컵 대회의 경제적 효과에 대해서도 외국의 언론은 대체로 부정적이다. 한 시사주간지는 한국인과 일본인이 월드컵에 거는 기대를 "거대한 환상"이라고 우려를 표명하기도 했다.(FEER)

현재 한국경제가 처한 여건에 비추어 보면, 정부와 국민이 걱정해야 할 것은 경기부양이 아니라 가장 생산적인 곳을 골라서 희소한 국가자원을 투입하는 일이라 할 수 있다. 그것은 KDI 식의 거시경제적 접근법보다는 미시적인 비용−편익 분석을 통해서만 확인할 수 있다. 제4절에서 그런 시도가 있을 것이다. 비용에는 제1절에서 설명한 기회비용도 마땅히 포함되어야 하는데, 그것을 감안하면 거의 대부분의 정부 주도 행사는 손실이라는 결론에 이르게 된다.

3. 오도된 여론

대규모 국제행사로부터 기대하는 것은 크게 '국위선양'과 '경제적 효과'로 나눌 수가 있겠는데, 둘 중 어느 것이 중요하냐는 사람마다 다를 것이다. 그런데 경제효과는 계산이 가능하고 당장 얻을 수 있는 것이기 때문에, 대다수 국민들에게 그것이 더 강한 메시지로 다가올 것임은 틀림없다.

그런데 누구의 실수인지는 접어두더라도, 2002년 월드컵의 경제효과가 과장되게 알려져서 국민의 여론이 심각할 정도로 오도된 바 있음은 분명한 사실이다.

총생산과 부가가치에 대한 혼동

월드컵의 경제적 유발효과가 별것이 아니라는 것은 KDI의 연구자도 인정하고 있다. 구체적으로 보고서에서 한 구절을 인용하면 아래와 같다.

"이러한 (경제적) 파급효과가 국민경제 전체에서 차지하는 비중 자체는 그다지 크지 않은 것으로 분석되고 있다. 예컨대 지금부터 2002년까지의 전 기간에 걸친 부가가치 유발효과는 1997년 국내총생산(GDP)의 0.88%에 그칠 것으로 전망된다. 그러나 월드컵 대회가 국민경제에 미치는 효과는 이처럼 계량화된 수치에 그치지 않는다. 계량화할 수는 없지만 월드컵 대회를 통해 한국의 대외 이미지가 제고됨으로써 유발되는 수출증대 효과나 관광진흥 효과가 오히려 더 큰 중요성을 가진다고 할 수 있다." (KDI, 1998. p.42)

결국 KDI 측에서는 간접적 효과 혹은 경제 외적 효과를 강조하고 있다. 뒤집어 보면, 월드컵을 통해서 얻을 유형적 소득은 별로 없고, 그저 막연한 기대만 있을 뿐이라는 얘기가 된다. 기대되는 무형적 효과의 현실성에 대한 논의는 일단 제2장으로 미룬다.

KDI가 제공한 2001년 5월의 보도자료에도 분명히 "(월드컵) 유치의 실질적인 목적은 투자·소비 지출에 의한 국내경기 활성화보다는 무형의 파급효과를 극대화하는 데에 있음"이라고 밝히고 있다. 사실이 그러함에도 KDI의 자료를 받은 대다수 한국 언론은 "월드컵, 앞으로 365일. KDI 생산유발 11조 원"이라면서 떠벌였다. 적지 않은 해외언론에도 11조 원이라는 수치가 보도된 바 있는데, 아마도 국내언론을 인용했기 때문인 듯하다. KDI 보고서의 내용이나 경제학적 상식에 비추어 보면 [도표 1-2]에 나타난 "총생산 유발효과" 11조 5천억 원은 별 뜻이 없는 숫자이다. 왜냐하면, 그것은 기본적으로 중복계산이기 때문이다.

다소 장황함을 무릅쓰고 여기서 총생산과 부가가치의 차이점을 따져 보기로 하자. 쉽게 말해서 부가가치는 최종재의 가격이고, 총생산은 모든 기업체의 매출액을 합한 것이다.[4] 국민이 최종적으로 소비하는 것은 완성된 상품, 즉 최종재이고 그것만이 물질적 복지수준을 말해준다.

---

4) 부가가치와 국내총생산(GDP)에 대한 보다 확실한 이해를 위해서는 안영도·박덕제,『경영인 경제학』(비봉출판사) 제1장과 제8장 참조.

총생산에는 최종재 생산에 필요한 원자재나 부품의 값이 여러 번 산입(算入)된다. 예컨대 자동차 산업의 경우 완성차가 최종재이다. 자동차를 조립하기 위해서는 우선 제1차 납품업체로부터 엔진을 사야 한다. 엔진조립 업체는 다시 제2차 납품업체로부터 엔진부품을 구입한다. 엔진부품 업체는 제3차 납품업체로부터 철강을 조달한다. 이런 상황에서 자동차 산업의 총생산을 집계한다면 철강은 4중으로, 엔진부품은 3중으로, 엔진은 2중으로 계산된다.

이렇게 보면, 총생산이라는 개념에는 아무런 의미가 없음을 쉽게 알 수 있다. 거시경제의 핵심변수인 부가가치, 즉 국내총생산에 대한 월드컵의 효과마저도 앞서의 설명처럼 매우 제한적인 의미만을 갖는데, 그럼에도 불구하고 선동성(sensationalism)을 추구하는 언론매체가 무조건 큰 숫자를 인용한 것이다.5)

그와 같은 기사를 접하는 국민들은 마치 월드컵 유치 덕분에 한국경제에 11조 원의 공짜이득이 생긴 것으로 착각하기 쉽다. 실제로 저자가 잘 아는 법학교수 한 사람은 자신도 그렇게 알고 있었다고 토로한 바 있다. 대학교수가 그렇게 이해한다면 평균적 시민들의 이해도 다르지는 않을 것이다.

더욱 문제가 되는 것은, 일부 언론인이나 지도층 인사가 총생산과 부가가치를 합친 16조 원의 경제적 혜택이 발생하는 것으로 인식한다는 점이다. 실제로 어느 광역 자치단체장이 그런 식으로 계산한 것이 신문에 보도되기도 했다. 아래에 인용된 것은 어느 경제신문 기

---

5) 저자가 KDI의 연구자를 접촉하여 확인한 바에 따르면, 자료발표 때마다 기자들에게 "총생산"과 "부가가치"의 의미를 강조해서 설명하지만 보도내용은 달라진다고 한다. 그는 국민이 오해하는 것은 KDI의 책임이 아니라고 덧붙이는 것을 잊지 않았다.

사(02. 1. 30)이다. 참으로 어이없는 일이라고 할 수밖에 없다.

〔보기 1-3〕 **"월드컵 경제효과 서울만 5조 9천억"**
　　"월드컵이 서울시 경제에 미칠 파급효과는 얼마 정도일까? 서울시정개발연구원은 30일 "월드컵이 서울 경제에 미치는 파급효과는 생산유발 효과는 3조 7705억 원, 부가가치 유발 효과는 2조 1494억원"이라고 밝혔다."(KDI 홈페이지에서 재인용함.)

　　언론과 지도층 인사가 그렇게 믿는다면 보통 국민은 어떨지에 대해서는 굳이 언급할 필요가 없을 듯하다.

실현이 불투명한 "경제적 의의"

　　〔도표 1-1〕에 나타난 바와 같이, KDI 측에서는 간접적 경제효과로 관련 산업의 성장과 지역경제의 활성화를 들고 있다. 그런데 보고서를 자세히 읽어보면, 그것은 막연한 기대에 지나지 않는다는 걱정이 앞선다. 월드컵이 "성공적으로 개최되었다"는 사실만으로 한국 제품의 수출이 계속해서 늘어나고, 한국을 찾는 관광객이 지속적으로 증가할 것인지 도무지 확신이 서지 않는다. 경기부양 효과를 제외한다면 월드컵이 어떻게 지역경제를 활성화시킬 수 있는지도 선뜻 수긍이 가지 않는다.

　　더구나 KDI 보고서는 "월드컵의 성공적 개최"를 위해서는 여러 전제조건이 필요함을 적시하고 있는데, 하나같이 충족이 만만치 않은 것들이다. 우선, 월드컵 경기장은 사후 활용을 감안하여 건설되어야 한다고 적고 있다. 그렇지만 현실은 그와는 차라리 정반대라고 해야 할 것이다. 우선 10개의 축구장이 모두 신축되었다. 서울은 올림픽 경기장 등 기존 시설을 다시 단장할 수도 있었을 터인데 굳이 새로 만들었다. 10개 중 부산, 대구, 인천을 제외한 곳은 모두 축구전용 구장이다. 사후 활용 대책이 막연하다.

많은 국민들은 이미 알고 있다. 올림픽을 위해 건설된 수많은 시설이 제대로 활용되지 않고 있으며, 나쁘게 말하면 애물단지(white elephant)가 되어 있다는 것을 대부분의 월드컵 경기장은 그렇게 될 것이 거의 확실해 보인다. 대표적으로, 제주도 서귀포의 구장은 아무리 보아도 쓸모가 없을 듯하고 주위의 경관만 망칠 뿐이다. 프로축구단이 있는 도시라고 해서 사정이 크게 낫지는 않다. 신주 모시듯 해야만 유지되는 양잔디 때문에 마음놓고 경기를 가질 수도 없고, 사용료가 비싸다는 이유로 구단측에서 썩 내켜 하지도 않는다.

혹자는 "축구경기장 주변에 공원이 조성되었으니 그것만이라도 남는 것 아니냐"고 말하지만, 굳이 공원을 만들려면 축구장이 없는 편이 훨씬 낮다. 활용되지 않는 콘크리트 시설은 세월의 흐름과 더불어 흉물로 전락할 수도 있기 때문에 공원에는 더욱 어울리지 않는다.

KDI 보고서는 행사기간의 교통 및 숙박대책에 대해서도 걱정하고 있다. "1회 이용을 위하여 숙박시설에 대하여 막대한 투자를 하기는 어려우므로 인접지역뿐만 아니라 중거리 지역의 숙박시설을 활용하는 등 이에 대한 대비가 필요하다"고 지적하기도 한다. 그 밖에도 대회조직위원회의 효율적 운영, 정부와 개최도시의 역할 분담, 민간부문의 참여 등이 필요하다고 했다. 모두 힘들고 부담되는 일이라 할 것이다.

국책 연구소에 대한 아쉬움

KDI의 보고서는 이미 결정된 행사의 효과를 따져보는 목적으로 만들어졌다. 그러다 보니 비판적 시각을 견지하기는 어려웠을지도 모른다. 거기다가 고의인지 실수인지는 알 수 없지만 눈에 띄게 경제적 유발효과를 과장한 부분도 있다. 구체적으로 외국인 관광소비의 효과에 관한 것인데, 저자의 계산으로는 크게 부풀려졌다.(제2장 참조)

어쨌거나 우리에게 실제로 중요한 것은 올림픽, 월드컵, 아셈(ASEM) 회의, 엑스포 등의 대형 국제행사가 우리에게 가져다 주는 종합적 이해득실을 확인하는 일이다. 그래야만 앞으로 그와 유사한 행사를 개최해야 할 것인지 말 것인지를 결정할 수 있기 때문이다. 언제나 과거보다는 미래가 중요한 법이고, 그렇기 때문에 과거는 철저히 반성해 보아야 한다.

저자가 답답하게 생각하는 것은 한국의 어느 기관, 어떤 학자도 냉정하고 객관적인 입장에서 수많은 "거국적 행사"에 대한 비용－편익 분석을 시도하지 않았다는 점이다. 다른 한편에서, 대부분의 국민들은 그런 행사에서 엄청난 이익이 발생하고, 그러기에 무조건 유치해야 하는 것으로 막연히 믿고 있다. 만에 하나 그런 행사의 편익보다 비용이 훨씬 크다면 한국 국민들은 자청해서 헛고생만 하는 셈이 되는 것이다. 아무튼 종합적 판단은 종합적 분석이 있어야 가능한데, 우리는 도무지 그 분석 자체를 시도하지 않는 것이다.

88 올림픽과 2002년 월드컵을 개최하기 위해서 온 국민이 많은 비용과 희생을 치렀고 온갖 정성을 기울였다. 온 나라가 7년에 걸쳐서 준비한 올림픽이라면 누군가가 사후 분석 작업을 할 만한데 14년이 경과한 지금까지 제대로 된 사후 보고서 하나 만들어지지 않았

다. 1989년 KDI에서 작성된 보고서가 하나 있지만 그것은 종합분석과는 거리가 멀다.

한국에는 대학, 연구소, 학자가 수없이 많다. 그들 기관, 그들 연구자들이 대규모 체육행사의 비용-편익 분석을 하지 않는다고 일방적으로 나무랄 수는 없다. 그렇더라도 여전히 국책연구소에 대한 아쉬움은 남는다. 한국은 자원이 부족한 나라다. 그런 나라에서 막대한 비용과 지극한 정성을 들여서 개최하는 행사에 대한 학문적 분석은 나라의 발전을 위해 더없이 중요한 일이다. 그럼에도 수많은 국책연구소 중 어느 한 곳에서도 그런 일을 하지 않은 것은 차라리 기이하게 느껴진다.

KDI의 월드컵 보고서는 조직위원회의 주문을 받아서 만들어진 것이다. 한국을 상징하는 대표적 정책연구소가 외부기관에서 발주하는 용역에 매달리는 것도 이상한 일이고, 그 연구소에서 지금까지 올림픽의 성과분석을 시도하지 않은 점도 이해하기 힘들다.

아무도 체계적 분석을 하지 않은 덕분에, 올림픽 당시나 14년 후인 월드컵 때에나 한국 국민들은 "국위선양, 수출진흥, 관광진흥"을 막연히 되뇌고 있을 따름이다. 그리하여 2002년 월드컵이 끝나기도 전에 다시 2010년 동계올림픽, 2007년 여자 월드컵을 유치하자고 나서고 있다.

국제행사에 따르는 간접적이고 무형적인 효과는 측정이 어려운 것은 사실이다. 그러나 그런 효과를 추계(推計)하기 위한 여러 가지 기술적 방법이 개발되어 있는 것도 현실이다. 외국인들을 대상으로 표본조사를 하는 등의 방법이 그 중의 하나이다. 어느 누구도 본격적으로 그와 같은 노력을 해본 적이 없으니, 언제까지 우리는 어둠 속을 헤매야 하는지 답답할 뿐이다.

4. 월드컵의 비용—편익 분석 : 개관(槪觀)

이 절에서는 월드컵의 이해득실을 정확하게 평가하기 위한 방법
으로서의 비용—편익 분석을 생각해 보기로 한다. 여기서는 개략적
논의에 그치고 자세한 사항은 제2, 3, 4장으로 미룬다. 같은 방법이
올림픽, 아셈(ASEM) 회의, 엑스포(EXPO) 등 모든 국제행사에 적용
될 수 있음은 물론이다. 한 가지 미리 말해 둘 것은, 우리가 막연히
생각해 왔던 것과는 달리 대규모 국제행사는 손해보는 장사라는 점
이다.

다시금 정리하지만, 비용—편익 분석을 하는 이유는 장래의 행사
유치 여부를 결정할 기준을 마련하고자 함이다. 그리고 그런 방법만
이 합리적 결정을 보장해 준다.

분석의 주체

정부가 주관하는 국제행사의 비용과 편익을 분석하고자 할 때
우선 누구를 중심으로 삼느냐 하는 문제에 부닥친다.

올림픽이나 월드컵 등 국제행사는 별도의 조직위원회가 있기 때
문에 위원회의 입장에서 분석해 볼 수 있다. 미국에서 개최된 로스
앤젤레스 올림픽(1984년), 월드컵 축구(1994년) 등은 모든 면에서 조
직위원회의 주도로 사업이 진행되었기 때문에 그런 방식이 가능하
다. 철저하게 상업성 위주였기에 시설투자가 거의 없었고, 정부의
지원도 최소한에 그쳤다. 하나의 구장도 신축하지 않고 원래 있던
것을 다시 단장했을 따름이다.

미국의 경우는 국제행사 자체를 하나의 흥행으로 여길 뿐 파급

효과는 생각하지 않기 때문에, 행사 주최자의 현금수지 계산으로 비용-편익 분석을 대신할 수 있다. 참고로, 미국의 국제행사 유치 결정의 바탕인 "상업적 판단"이란 시장 메커니즘에 의해서 매사를 결정한다는 것이고, 시장에서는 투자와 소비지출의 효율성이 자동적으로 달성된다고 경제학에서는 간주한다. 더 이상의 복잡한 분석이 필요하지 않다.

비용 부담과 행사 진행의 측면에서 정부가 절대적 책임과 권한을 가진 2002년 월드컵의 비용-편익은 아무래도 국가경제가 주체가 되어야 할 것이다. 즉, 정부, 기업, 가계로 구성된 국가경제 전체가 부담하는 비용과 전체가 얻는 편익이 비교되어야 할 것이다. 그래서 이하의 논의는 한국의 국가경제를 중심으로 진행하기로 한다. 한 가지 강조할 것은, 그와 같은 특수성 때문에 조직위원회의 관점에서 대회가 흑자냐, 적자냐 따진다는 것은 큰 의미가 없다는 점이다.

88 올림픽 조직위원회는 8,400억 원의 총수입에서 5,900억 원의 비용을 지출하여 2,500억 원의 흑자를 본 것으로 발표하였다. 이에 대해 KDI는 아파트 기부금, 정부 출연금, 국민성금 등을 공제하고 나면 실제 흑자 규모는 500억원 정도인 것으로 평가한 바 있다(1989). 그러나 여기에도 대회 개최를 위한 2조 원의 직·간접 투자비 및 조직위원회에 파견된 공무원과 민간인의 직접인건비 200여억 원도 계산에서 빠져 있다. 비슷한 사례를 든다면, 1992년 바르셀로나 올림픽의 경우에는 "조직위원회는 3백만 달러의 흑자를 기록했으나, 자치단체는 21억 달러, 스페인 정부는 40억 달러의 부채를 떠안았다."(삼성경제연구소 2000)

막연하기만 한 기대 편익

제1절에서 설명한 대로, 비용-편익 분석은 어떤 사업과 관련된 비용과 편익을 빠짐없이 집계해야 한다. 금전적인 것 또는 비금전적인 것, 직접적인 것 혹은 간접적인 것, 유형적인 것 혹은 무형적인 것, 경제적인 것 혹은 경제외적인 것들이 두루 포함되어야 한다. 물론 기회비용도 고려되어야 한다. 다소 복잡한 내용을 [도표 1-3] 처럼 정리할 수 있다.

기회비용을 감안하기 위해서는 인천 앞바다에 "해상부두"를 건설하는 것으로 가상하였다. 여기서 해상부두가 실제로 의미하는 것은 "월드컵 시설과 같은 규모의 투자를 요하는 가장 생산성이 높은 사회간접자본(SOC) 시설"이다

월드컵의 편익에 대해서는 KDI 보고서에 비교적 완전하게 언급되어 있으므로 그것에서 인용하고 일부를 재정리하였다. 월드컵 덕분에 늘어난 FIFA의 지원금(조직위 수입에 포함)과 외국인 관광수입은 한국으로서는 수입이므로 "지출"이 아닌 "편익"의 항목으로 분류한 것은 KDI 보고서와 크게 다른 점이다.

여기서 "11조 원" 혹은 "5조 원"에 이른다고 집중 부각된 경제유발 효과를 다시 생각해 보면, 그것은 일단 월드컵 자체의 비용 혹은 편익과는 별개의 사안이다. "유발"되어 추진된 개별 사업별로 비용-편익 분석을 해야 할 대상일 뿐이며, 그 결과에 따라 해당 사업의 타당성 여부가 결정되어야 하는 것이다. 또한 그런 효과는 어떤 투자 혹은 지출에나 따르는 것이므로 월드컵과 다른 투자사업을 비교할 때에는 처음부터 논외(論外)가 된다.

이제 [도표 1-3] (a)에 나와 있는 경제적 편익을 찬찬히 살펴보자. 계산이 가능한 직접적 효과, 즉 현금수입을 추정해 보면, 확실한

[도표 1-3] 월드컵의 비용·편익 총괄표

(a) 총괄표

	경 제 적		경제외적
	직 접 적	간 접 적	(외교, 사회, 문화)
편익	①월드컵 　조직위원회 수입 ②외국인 관광수입 　순수 증가액	③대회후의 수출진흥 ④대회후의 관광진흥 ⑤지역경제 활성화	①국위선양 ②대외관계 개선: 한 　일 및 남북한 관계 ③사회·문화적 성숙 · 공동체 의식 함양 · 건전 여가문화 정착 · 한국문화의 세계화 · 국민사기의 진작
비용 실비용	①구장 및 도로 건설비 　(추가 및 보수 포함) ②여건조성공공지출: 가로, 　숙식업소, 화장실개선 등 ③조직위원회 경비 ④공공부문 경비 · 관계 공무원 인건비 · 치안유지 비용 · 부대행사/캠페인 비용 · 대외교류 비용 ⑤민간부문 부담비용	⑥시민불편 비용 　(교통통제, 작업 　통제등) ⑦환경파괴 비용	①국가 이미지 손상 · 부정부패, 정치적 혼란 · 무질서, 불친절 · 열악한 소프트 인프라 · 문화적 이질감 ②대외관계 악화 · 일본인의 감정적 앙금 · 준비과정의 한일 갈등 ③문화왜곡 · 체육편향 · 배타성, 획일성 조장
기회비용	①사회간접자본 시설의 　부가가치 상실 ②대회기간 중의 생산 　활동 손실	③준비기간 중의 　국민의 관심 분산	
순편익 (=편익-비용)	순 손 실 [현금손실+SOC 상실]	순 손 실(?) [생산적 활동기회 상실]	순 손 실(?)

(b) 월드컵 관련 시설의 기회비용

	사후 편익 및 비용	간 접 비 용
월드컵	(+) 월드컵시설 사후운영 수입 (−) 월드컵시설 유지관리비 　= 0 (사후 순편익 없음)	· 시민과 일반 공무원이 투입한 　시간 및 노력
	(+) 지속적 생산성 증대 (−) 시설투자비 　= 상당한 순수 효과	· 극소수 관련 공무원이 투입한 　시간 및 노력
월드컵의 기회비용	· 생산성 증대 **기회의 상실**	· 시민과 공무원의 생산적 활동 　**기회의 상실**

〈가 정〉 ① 해상부두 건설비와 월드컵의 "구장 및 도로 건설비"가 동일함.
　　　　 ② 거시경제적 유발효과는 월드컵이나 신항만 도로나 동일함.
　　　　　 ⇒고려 대상이 아님.

것은 월드컵 조직위원회의 수입 4천억 원밖에 없다. 외국인 관광객이 떨어뜨린 돈의 총액이 6,800억 원으로 추정되지만, 순수증가분이 얼마일지 확실치 않다. 이렇게 보면, 한국경제가 월드컵을 통해서 얻는 현금수입은 고작 4,000억 원에 불과하다.

나머지 간접적 경제효과와 경제외적 편익은 막연하기 짝이 없는 것들이다. 실제로 KDI 보고서(1998, 2001)를 읽어 보면 사실에 근거를 둔 분석이라기보다는 희망 사항의 나열이라는 느낌을 받는다. 그런 기대가 현실화할 가능성은 거의 없다는 것이 저자의 판단이다. 더군다나 상당한 경제외적 비용도 발생하기 때문에 순효과는 양(+)인지 음(−)인지조차 확실치 않다. 이 점에 대해서는 제2장과 제4장에서 다시 생각해 볼 것이다.

고려되지 않은 비용

비용 항목은 KDI 보고서와 완전히 다르다. 우선 비교적 확실하게 집계할 수 있는 현금지출이 2조 4천억 원의 시설투자와 4,000억 원의 조직위원회 경상비용을 합하여 2조 8천억 원이다. 이 밖에 도표에 나타난 것과 같은 수많은 항목의 엄청난 직접비용을 국가경제가 부담하였다. 그 금액은 실제로 집계 가능하지만 그런 노력은 없었다. 그 규모가 얼마나 될 것인지는 일단 독자들의 상상에 맡기고, 제2장과 제3장에서 보다 자세하게 논의할 것이다.

우리는 어떤 행사로 인하여 시민이 입게 되는 불편에 대해서는 대체로 무감각하다. 그런 태도는 봉건시대, 권위주의 시대의 유산일 뿐 현대적 관념에는 맞지 않는다. 현대사회에서 지고(至高)의 가치는 "일반 시민이 일상생활에서 누리는 안온성(安穩性, amenity)"이라 할 수 있다. 물론 여기에는 자유도 포함된다. 이런 가치를 희생해야 한다면, 그것은 국가경제가 치르는 희생이자 비용이 된다. 월드컵 축구장을 짓기 위해서 개발제한구역이 훼손되고, 경관이 허물어진 것 역시 한국경제가 부담한 비용이다. 선진국에서는 그와 같은 무형적 비용을 유형적 비용보다 오히려 더 심각하게 생각하는 점도 참고할 필요가 있을 것이다.

월드컵을 통하여 "한국의 문화와 의식 수준을 한 단계 상승시키자(Upgrade Korea)"고 흔히들 말한다. 그런데 시민의 희생을 일방적으로 강요하는 지극히 후진적 방법으로 추진되는 일에 의해 나라가 업그레이드될 수 있을까? 이에 대한 저자의 대답은 부정적이다. 이 점에 대해서도 차차로 자세하게 논의할 예정이다.

잊혀진 기회비용

위에서 구장과 주변 도로 등의 시설투자비를 일단 비용으로 간주하였다. 그런데 시설이란 것은 장기간 존속하므로 오랫동안 편익을 창출해 낼 수도 있다. 구체적으로 말하면, 기업회계에서 감가상각비 등으로 표현되는 부가가치가 계속해서 창출되는 것이다. 회계원리를 떠나서 경제학적 입장에서 평가한다면, 그런 시설 덕분에 **증대되는 각급 경제주체의 생산성**이 모두 사후적 편익이다.

그런데 월드컵 구장과 부대시설은 어떤 사후적 편익이 있는가? 잘라서 말한다면, 아무것도 없다. 구장을 운영해서 얻는 수익보다는 유지관리비용이 더 많이 발생할 가능성이 크다. 이런 점에 대해서도 차차 논의하겠지만, 여기서는 사후에 발생하는 비용과 편익이 균형을 이루는 것으로 가정하여 순편익(net benefit)은 없는 것으로 치부해 두자.

앞서 지적한 대로, 한국은 만성적 자원부족 국가이다. 신공항 도로가 민자로 건설되어 시민들이 비싼 통행료를 물게 된 것도 재정이 취약하기 때문이었다. 그러므로 희소한 자원은 가장 효율이 높은 곳에 투자되어야 마땅하다. 뒤집어 말하면, 엄정한 검토를 거친다면 상당히 높은 투자수익을 기대할 수 있다. 예컨대 2조 4천억 원을 들여서 "해상부두"를 건설한다면 그로부터 기대되는 효과는 투자액보다 훨씬 커질 것이다.[6] 아마도 신공항 도로가 생산성 증대에 기여하는 정도는 3조 4천억 원을 넘을 것이므로, 투자비를 공제하면 순편익은 1조원은 충분히 될 것이다.

이제 월드컵 시설과 해상부두의 편익을 비교해 보자. 그러면 후자를 선택하지 않은 실수를 저지르는 바람에 약 1조 원에 달하는 경제적 손실이 초래되었음을 금방 알 수 있다((보기 1-2) 참조). 바로 월드컵 개최로 인한 기회비용인 것이다. 시설투자의 경제성 측면만 본다면 그야말로 바보짓을 한 것이다.

월드컵으로 인한 유형적 기회비용보다 어쩌면 훨씬 더 큰 희생은 시민, 공무원, 기업인 등 온 국민이 월드컵을 유치, 준비, 개최, 정리하느라 바친 엄청난 시간과 노력이다. 그 중 일부는 소일삼아 바쳐진 것도 있겠지만 대부분은 다른 생산적 용도에 쓰일 수 있는 것이었다. 예컨대 한국은 한때 항공 후진국으로 낙인찍히고 외국과의 어업협상에서는 큰 손실을 보았다. 월드컵에 쏟은 관심을 그런 분야로 돌렸더라면 막을 수도 있었던 일이다. 그런 불행한 일 모두는 시간과 관심을 월드컵에 빼앗긴 기회비용인 것이다.

---

6) 월드컵을 위한 축구장 등의 시설에 투자한 비용을 단순비용으로 처리하면 기회비용을 따질 필요가 없으나, 그것이 일반적으로 "사회간접자본 시설"로 인식되고 있는 이상 감안되어야 마땅하다. 축구장은 유형적 건축물이 남기 때문에 "없는 것으로 가정"할 수도 없다.

종합적 이해득실에 대한 예단

이제 이 절에서의 논의를 종합해 보기로 한다. 자세하고 완전한 것은 뒤로 미루고 여기서는 얼추 계산해 보자. 국위선양 등과 같은 무형적인 것은 제쳐두고, 기술적으로 계산이 가능한 직접 비용과 편익을 막연한 대로 집계해 보면 그 결과는 예컨대 [도표 1-4]와 같이 될 수 있다. 여기에 제시된 수치는 "감(感)"을 잡기 위한 개념치(槪念値)일 뿐 정확한 것은 아니다.

결론적으로 말하면, 우리는 월드컵을 개최함으로써 줄잡아 3조 원 이상, 어쩌면 5조 원에 이르는 경제적 순손실(net loss)을 입었다. 여기에는 계량화할 수 있는 것만 감안되었으므로 무형의 이해득실까지 포함하면 상당히 달라질 수 있다. 차차 논의하겠지만, 무형적 효과도 크게 기대할 수 없는 것인바, 우리는 막연한 기대를 가지고 유치한 행사를 통하여 큰 손실을 입고 만 것이다. 국민 대다수가 믿고 있는 "11조 원" 혹은 "5조 원"의 공짜이득은커녕 막대한 손실만 초래된 것이다.

[도표 1-4] 월드컵 개최의 직접적·경제적 이해득실

	세부 항목		합 계
편 익 (benefits)	· 월드컵 조직위원회 수익금:	0.4조원	0.4조원
	· 외국인 관광객 지출 순증가액:	–	
비 용 (costs)	· 구장 및 도로 건설비:	2.4조원	3.8조원 +a
	· 조직위원회 경상비용:	0.4조원	
	· 기타의 유형적 비용:	(미상 = a)	
	· 기회비용 (순계):	1.0조원	
순편익	(편익 – 비용) ⇒ 순손실(net loss)		-(3.4조원+a)

〔도표 1-4〕에 표시된 "월드컵으로 인한 3조 원 이상의 경제적 손실"은 이를테면 제2장에서 제4장까지 진행될 보다 자세한 논의의 출발선(bottom line)이 된다.

독자에 따라서는 저자의 판단이 편향되었고 저자가 의도적으로 과장하고 있다고 느낄지도 모른다. 지금으로서는 앞으로의 논의를 차분히 지켜본 다음에 제4장의 〔도표 4-3〕에서 종합적으로 평가해 주기를 바랄 따름이다. 다시 한 번 강조하고 싶은 것은, 세계화된 초경쟁의 환경에서 살아가야 할 현대사회의 시민에게 필요한 것은 막연한 기대, 희망적 예측이 아닌 차분하고 냉철한 계산이라는 점이다.

제2장 엄청난 경제적 손실

월드컵과 같은 체육행사의 경제적 이해득실은 국민들이 막연히 알고 있는 것과는 매우 큰 차이가 있다. 이 장에서는 〔도표 1-3〕의 양식을 따라서 기회비용을 제외한 "경제적 비용과 편익"을 확인해 보기로 한다. 기회비용은 제3장에서 따로 다룰 것이며, 경제외적 효과 분석은 제4장의 몫이다.

투입할 수 있는 시간과 노력이 한정된 저자 개인으로서는 보다 정확한 수량적 자료를 제시할 수 없음을 안타깝게 생각한다. 그렇더라도 추정 비용의 자리수가 맞는다면 전체적 분석과 평가가 왜곡되지는 않을 것이다. 각 비용과 편익 항목의 머리에 붙인 숫자는 〔도표 1-3〕과 동일하다.

1. 초라한 직·간접 경제 편익

수차 지적한 바 있지만, 지도층과 언론이 널리 인용한 "경제유발 효과"는 경기부양 역할밖에 하지 못하므로 한국적 현실에서 특별히 필요한 것은 아니다. 그것을 제외하면, 월드컵을 통해 한국이 얻을 수 있는 직·간접 경제편익은 정말로 보잘것 없다.

조직위원회 수입

월드컵 축구대회를 "주최"하는 국제축구연맹(FIFA)과 개최국 조직위원회간의 계약은 그 내용이 심한 불평등계약인 것으로 알려져 있다(〔도표 2-1〕참조). 시설 투자비와 운영경비는 모두 "개최국"의 부담으로 하는 반면, 모든 수입은 일단 FIFA의 몫이 된다. 그런 다음 FIFA는 인심이나 쓰듯이 총수입의 일부를 조직위원회에 지원해 준다.

FIFA는 축구장, 안전, 수송, 숙박시설 등과 관련하여 매우 엄격한 요건을 제시한다. 제반 조건은 개최국의 비용으로 충당해야 한다. 개최 도시가 8~12개로 분산되다 보니 경기장 및 부대시설의 건설, 폭력사태의 방지, 안전과 질서의 유지, 관람객의 원활한 수송, 수준급 숙박시설의 확보 등과 관련하여 개최국이 부담하는 비용은 누증(累增)될 수밖에 없다.

반면에 대회와 TV 방영, 광고수입, 휘장사업, 입장료 등은 원칙적으로 모두 FIFA의 수입이다. FIFA의 상업성은 2002년 월드컵 대회 당시 다중(多衆)을 상대로 한 전광판에 대해서 중계료를 요구한 것이나, "월드컵," "16강" 등의 용어를 함부로 사용하지 못하게 하는 등 횡포에 가까운 행태에서 여실히 드러난다. FIFA는 조직위원회에게는 매우 제한적으로 수익사업을 허용하는데, 현지의 공식 공급업체를 선정하고 그들로부터 현지에 한정된 휘장사업의 대가를 받게 하는 것이 그것이다.

FIFA는 조직위원회에 경기장 사용료와 대회운영 경비를 지원한다. 그 밖에도 총수입에서 제반 지출을 공제한 잉여금을 규정에 따라 개최국과 본선 참가국에 배당한다. 총수입의 25%를 차지하는 FIFA 기금, 그리고 개최국에 대한 지원금, 대회와 관련된 FIFA의 제 비용을 공제하면 잉여금이 된다.

개최국에 대한 FIFA의 지원과 잉여금의 배분은 대회마다 조금씩 달라져 왔다. 2002년 한·일 대회의 경우는 120백만 스위스프랑의 지원금, 입장권 수입의 100%, 공식공급업자로 6개의 현지업체를 선정할 수 있는 권한 등이 한국과 일본에 부여되었다.

이러한 규정에 따라서 한국의 **월드컵 조직위원회**가 2002년 대회를 개최하면서 얻은 직접 수입은 모두 **4,000억 원 내외**로 예상된 바 있다. 구체적으로 입장권 1,800억, FIFA 지원금 1,300억, 공식업자 후원금 5백억, 기타 400억원 등으로 구성되어 있다.

참고로, 2000년 시드니 올림픽의 경우에는 각종 사업을 통한 조직위원회의 수입이 18억 달러(2조 원 상당)나 되었다. 2002 월드컵 조직위원회와 뚜렷한 대조를 보인다.

외국인 관광 수입[1]

KDI 보고서는 월드컵 기간 중에 약 32만 명의 관광객이 한국을 찾아와서 1인당 평균 1,240달러를 소비하는 것으로 추정한 바 있다. 평균 5.6일 체류하면 하루에 220달러를 쓴다는 계산이다.

이에 따르면, 월드컵 축구경기를 보러 내한한 외국인이 쓰는 비용은 모두 6,800억 원이다. 그것은 한국의 입장에서 보면 틀림없는 수입이다. 그런데 한 가지 문제가 있다. 즉, 그 돈이 모두 월드컵대회 때문에 "순수하게 늘어난" 관광수입이냐 하는 점이다. 그렇지 않을 것임은 쉽게 짐작할 수 있다.

우선, 그들이 월드컵이 없었으면 한국에 오지 않았을 사람들인지를 따져 보아야 한다. 확실히 알 수는 없어도 그 중에는 다른 목적으로 혹은 다른 시기에 한국에 올 사람들이 상당수 포함되었음이 틀림없다. 한편, 월드컵 대회를 전후한 시기에 다른 목적으로 한국을 방문하려다가 월드컵대회 때문에 포기한 사람도 많이 있을 것이다. 월드컵 경기를 직접 관람할 정도의 열성적 축구팬이 아니라면 당연히 그 시기를 피할 것이다. 북새통에서 겪을 고통이 너무나 뻔하기 때문이다. 이렇게 본다면, 월드컵 덕분에 순수하게 증가한 관광수입은 대폭 줄어들 수밖에 없다.

1998년에 프랑스에서 월드컵이 개최되었을 때 파리를 방문한 관광객의 총수가 10% 줄었다는 보도가 있었다. 1982년의 스페인, 1990년의 이태리 월드컵 때에는 각각 20%, 30%씩 관광객이 줄었다(조선 98. 7. 10). 스포츠 경제학자로 알려진 영국의 지맨스키(Szymanski)의 연구결과에 따르더라도, 월드컵 때문에 프랑스를 방문한 외국인의 숫자는 늘지 않았다.

---

1) 엄밀히 말하면, 외국인의 관광소비 전액이 아니라 외국인을 대접하는 데 소비한 변동비용을 모두 공제한 잉여금만이 한국경제의 입장에서 본 수입(收入)이라고 할 수 있다. 논의가 지나치게 복잡해지는 것을 피하고, 외화가득이 매우 중요한 한국의 특수한 입장을 고려하여, 여기서는 외화 관광수입 전액을 편익으로 계산하기로 한다.

[도표 2-1] 월드컵과 올림픽의 개최 조건 비교

구 분	월드컵	올림픽
주관기구	국제축구연맹(FIFA)	국제올림픽위원회(IOC)
대회의 성격	· 국가간의 경기 · 상업적 이익의 추구	· 선수 개인 혹은 팀간의 경쟁 · 경기 외에 문화교류 등의 추구
대회의 유치	· 개최국 축구협회 · 경기는 8~12개 분산 개최	· 개최도시 · 모든 경기는 1개 도시 개최
참가경비 부 담	· 예선 통과국에 한해서 FIFA 부담	· 출전경비 자국부담 · 선수촌 경비는 개최도시 부담

수익금 배분	· 규정에 따라서 개최국
	  및 본선 참가국에 배분
		· 참가국에 대한 수익금
		  배분 없음

재원 조달 및 배분	· TV 방영, 광고수입, 휘장사업, 입장료 수입 등은 모두 FIFA의 몫
	· 개최국 내의 광고수입은
	  조직위원회의 몫
	· 경기장 사용료 및 대회운영
	  비는 FIFA 부담
		· TV 방영수입, 휘장사업 수입
		  등을 개최국(조직위원회)과
		  IOC가 배분
		· 입장료는 개최국 수입

경기장 및 숙박시설	· 경기장 건설은 개최국 책임
	· 선수단과 FIFA 임직원을 위한
	  수준급 호텔 건설은 개최국 책임
		· 경기장과 선수촌 건설은
		  개최도시 책임

자료: KDI. 1998: P.7

KDI 보고서(1989)에 따르면, 88 올림픽으로 인하여 순수하게 증가한 관광객의 숫자는 10만 명 정도였다. [도표 2-2]에 나와 있지만, 한국을 방문하는 사람의 절반은 일본인이다. 올림픽 기간에 증가한 관광객 중에도 일본 사람이 많았을 것이다. 그런데 2002년 월드컵의 경우는 일본과 공동으로 대회를 개최하기 때문에 일본인 관광객이 대폭 줄어들 것은 충분히 예측할 수 있는 일이다. 그들이 오지 않으면 관광객 총수는 자칫 줄어들 수도 있다.

이런 사정들을 종합하여, 막연하고 임의적인 추측이지만, 월드컵으로 인한 **관광수입의 순수 증가액은 없는 것**으로 추정하기로 한다.

(사후에 판명된 일이지만, 거리 관계 등으로 서양인들의 방문은 기대에 훨씬 못미쳤고, 일본인과 중국인은 평년보다 줄었다. 관광수입 면에서도 손실이 초래된 것이다. 사실 그런 현상은 일본에서도 초래되었다. 대형 행사로 관광객이 순수하게 늘어난다는 것은 당초부터 기대하기 어려운 일이었던 것이다.)

여기서 [도표 1-2]에 나타난 KDI의 경제유발 효과를 다시 살펴보자. 관광수입 7천억 원으로 인한 부가가치 유발효과를 비례 배분하는 방법으로 계산해 보면 대략 1조 1천억 원이 된다. 그런데 그런 효과는 월드컵 덕분에 평소보다 늘어난 관광객을 대상으로 계산해야 하는데도 불구하고 월드컵 관람객 숫자가 그대로 사용된 것이다. 다시 말해, 월드컵 관람객만큼 일반 관광객이 줄었다면 어떤 효과도 나타나지 않는다. 본시 별 의미가 없는 경제적 유발효과이지만 이마저도 KDI 보고서에는 20% 정도 부풀려졌다.

대회 뒤의 수출증대 효과

올림픽이 한국 상품의 이미지를 높이고 그로 말미암아 수출이 꾸준히 늘어났는가? 월드컵의 경우는 어떠한가? 불행하게도 그런 일에 대한 학술적 연구조사는 한국에도 외국에도 없었다. 따라서 각종 상황을 종합하여 추측해 볼 수 있을 뿐이다.

KDI 보고서, 지도층 인사의 언급, 언론의 보도에 따르면, 국제 체육행사 덕분에 한국이 알려지고 그로 인해 한국 상품의 이미지가 대폭 개선될 것으로 기대된다. 그러나 조금만 냉정하게 따져 보면 그것은 허황된 꿈이라는 것을 금방 알 수 있다. 잠깐 **"입장을 바꿔 생각해 보면**(易地思之)**"** 충분하다.

한국인이 올림픽(1968)이나 월드컵(1979, 1986)이 개최된 덕분에 멕시코의 상품을 산 일이 있는가? 월드컵이나 올림픽으로 인하여 미국산 자동차 혹은 프랑스산 포도주를 더 구입한 일이 있는가? 시드니 올림픽(2000)에 제대로 관심을 보인 한국인이 도대체 몇 사람이나 되며, 그것과 호주산 상품을 연결한 사람은 또 얼마나 되는가? 이 모든 질문에 대한 저자의 대답은 간단하다. 그런 사람은 거의 없으며, 설사 있다고 해도 극소수에 지나지 않을 것이다.[2]

정보화 사회라고 일컬어지는 현대의 소비자들은 상품에 대한 웬만한 정보는 가지고 있게 마련이고, 구매를 결정하는 데 있어서 제조국에 대해서는 별로 관심이 없다. 상표만 보고 상품을 고르는 경우도 벤츠(Benz)나, 소니(Sony), 루이비통(Louis Vitton)처럼 세계 초일류 기업에 해당되는 사항이며, 보통의 경우는 상품 자체의 경쟁력에 따라 구매 여부를 결정한다. 단순히 체육행사를 거창하게 치렀다고 그 나라의 상품을 살 리는 만무한 것이다. 그렇다면 올림픽이나 월드컵의 "성공적 개최" 덕분에 한국 상품이 잘 팔리는 것은 아니라고 해야 할 것이다.

---

2) 2002년 월드컵이 한창 진행 중일 때 한 언론사(중앙일보)가 외국 수입상들을 상대로 설문조사를 실시한 결과 66%가 "한국과 거래를 늘리고 싶다"고 대답한 것으로 나타났다. 그러나 그것만으로 한국의 수출이 실제로 증대할 것이라고 볼 수는 없다. 상거래란 기본적으로 조건이 맞아야 이루어지기 때문이다. 그리고 월드컵 등의 효과는 오래가지 않으므로 응답자의 의견이 현실화될 가능성은 그만큼 더 줄어든다. 아마도 이 책이 출간되는 시점에는 벌써 대다수 외국인들은 한국에서 2002 월드컵이 열렸었다는 사실 자체를 잊어버렸거나 관심 밖의 일로 흘려버릴 것이다.

대중매체, 심지어는 KDI를 포함한 연구소의 보고서에도 월드컵의 "기업광고 효과가 몇 조 원에 이른다"고 언급되는 경우가 많았다. 그것은 광고의 기본을 모르고 하는 얘기이다. 기업광고는 본 사람의 숫자가 아니고 해당기업의 손

〔도표 2-2〕 외국 관광객의 입국 추이

(단위: 천명, %)

		1980	1981	1982	1983	1984	1985	1986	1987	1988	1989	1990
합 계	입국자수	973	1,093	1,145	1,195	1,297	1,426	1,660	1,875	2,340	2,728	2,960
	전년대비	-13	+12	5	4	9	10	16	13	25	22	9
일본인	입국자수	468	507	518	528	576	639	791	894	1,124	1,380	1,460
	전년대비		8	2	2	9	11	24	13	26	23	6
중국인*	입국자수	95	119	91	95	94	100	95	110	124	157	211
	전년대비		25	-23	4	-2	6	-5	16	13	26	35
기 타	입국자수	413	468	536	571	627	687	774	871	1,092	1,192	1,287
	전년대비		13	15	7	10	10	13	12	25	9	8

		1991	1992	1993	1994	1995	1996	1997	1998	1999	2000	2001
합 계	입국자수	3,196	3,231	3,331	3,580	3,753	3,684	3,908	4,250	4,660	5,322	5,147
	전년대비	8	1	4	7	5	-2	6	9	10	14	-3
일본인	입국자수	1,455	1,399	1,492	1,644	1,667	1,527	1,676	1,954	2,184	2,472	2,377
	전년대비	-0.3	-4	7	10	1	-8	10	17	12	13	-4
중국인*	입국자수	281	296	245	278	309	314	318	320	427	570	612
	전년대비	33	5	-17	13	11	2	1	0.3	34	33	7
기 타	입국자수	1,460	1,536	1,594	1,657	1,777	1,843	1,913	1,976	2,048	2,280	2,158
	전년대비	13	5	4	4	7	4	4	3	4	11	-5

*중국인: 1981~1992간은 대만, 그 이후는 대만과 중국의 합산임.

　자료: 문화관광부

　　지금은 해체된 대우그룹은 1980년대 초반부터 해외의 각급 언론 매체에 대대적인 그룹 이미지 광고를 시행한 바 있다. 1990년대에는 다른 몇몇 재벌 그룹들이 대우의 본을 받아 같은 일을 했지만 지금은 모두 중단했다. 소비 욕구를 불러일으키는 데에는 특정 제품과 연

익에 미친 영향이 중요하다. 예컨대 아프리카 사람 100억 명이 한국의 통신사 광고를 본들 그것이 무슨 소용인가? 그런 사람을 대상으로 몇 조 원을 들여서 TV 광고를 하는 것이 바보짓임이 분명하다면, **"광고효과 몇 조원"은 바보들의 계산일 수도 있다.**

결되지 않는 그룹 이미지 광고는 큰 효과가 없음을 깨달았기 때문이다. 보다 구체적으로 말하면, "삼성그룹"의 광고가 아니라 "삼성전자"의 광고가 필요한 것이다. 그런 마당에 국가 이미지가 상품 구매에 무슨 도움이 될지 의심스럽다.

또 한 가지 빼 놓을 수 없는 사실은, 설사 수출이 늘어난다고 해도 수출액 모두가 한국의 수입(收入)은 아니라는 점이다. 수출 상품의 제조과정에 투입된 기자재의 수입(輸入) 금액을 공제한 외환 가득액만이 편익으로 계산되어야 하는 것이다. 한국 수출상품의 수입유발 효과가 높은 점을 감안하면, 수출증대에 따르는 편익은 더욱 줄어들게 된다.

이상의 논의를 종합하면, **월드컵으로 인한 수출증대 효과와 그로 인한 순편익은 거의 없다고 해도 과언이 아닐 것이다.** 월드컵이 끝난 후에 한국정부는 "월드컵으로 떠오른 국가 브랜드를 활용해 수출상품의 가격을 10% 올려 받자"고 제의했으니, 아마도 멋진 코미디 소재가 될 법하다. 그런 아이디어를 무역진흥공사(KOTRA)가 꺼냈다니 더욱 한심스러울 뿐이다.

대회 뒤의 관광수입 증가

월드컵 개최로 한국의 이미지가 개선되고 외국 관광객의 숫자가 증가할 것인가? 이에 대해서는 두 가지로 생각해 볼 필요가 있다.

첫째, 2002년에 한국에서 월드컵이 개최되었다는 사실만을 이유로 2003년 이후에 한국을 방문할 사람이 얼마나 될 것인가? 그 대답은 수출의 경우와 비슷한 논리에 따라서 크게 기대할 수 없음을 알 수 있다.

더구나 월드컵은 88 올림픽과 여러 가지로 상황이 다르다. 1988

년 무렵에 한국은 다른 나라에 잘 알려지지 않았기에 올림픽은 외국인들의 호기심을 자극할 수도 있었다. 그러나 2002년 무렵에 한국은 좋은 의미든 나쁜 의미든 세계에 충분히 알려졌다. 월드컵이 유치된다고 관광목적지로 선정될 가능성이 그만큼 줄어든 것이다.

둘째, 월드컵 개최로 말미암아 관광 한국의 이미지가 높아졌을까? 아마도 아닐 것이다. 관광객들이 어느 장소를 방문하면 좋은 기억과 나쁜 기억을 얻는다. 좋은 기억을 가지고 돌아간 사람은 다시 올 마음이 생기고, 주위에도 방문을 권할 것이다. 나쁜 기억을 가진 사람은 정반대의 일을 할 것이다.

한국의 경우는 어떠한가? 한 번 왔던 사람이 다시 오고 싶을까? 한 마디로 결론을 내릴 수는 없지만, 저자는 왠지 뒷맛이 개운치 못하다. 거리의 무질서, 멋없는 시가지, 타기 겁나는 택시, 이상한 느낌의 섹스 호텔, 통하지 않는 말, 시멘트로 단장한 유적지 등등. 이와 관련해서는 제3장에서 더욱 자세히 논의할 것이다.

〔도표 2-2〕를 보면, 올림픽을 개최한 1988년을 전후하여 외국인 입국자의 증가율이 다소 높아졌지만 1990년 이후는 제자리로 돌아왔다. 올림픽과는 상관없이 한국을 잘 알고 있는 일본인과 중국인을 제외한 외국인들의 숫자는 올림픽 이후에 증가율이 오히려 떨어졌다. 이렇게 보면, 체육행사의 효과와 관련해서는 어떤 결론도 내리기 어렵다.

이상의 논의를 종합하여, 월드컵으로 인한 **관광수입 증대 효과는 거의 없다는 것**으로 정리한다.

지역경제 활성화

올림픽과 달리 월드컵은 여러 도시에서 분산 개최된다. 2002년의 경우 국내 10개 도시에서 축구경기가 열렸다. 그렇다고 지역경제가 활성화되는가? 결론부터 말하면, 그럴 것이라고 기대하기는 매우 어렵다.

KDI 보고서는 월드컵이 지역경제의 발전에 크게 기여할 것이라고 지적하고 있다. 여러 사항 중에서 아래에 두 가지만 인용한다.

"특히 신발산업과 섬유산업은 고부가가치 산업으로 전환될 수 있는 계기를 맞이할 것이며, 그동안 발전이 부진하여 대도시로서의 중추기능이 미약했던 정보 및 통신 등 기간산업도 새로운 산업으로 자리잡을 것으로 전망하고 있다."(KDI 1998, p.102; 부산발전연구원의 보고를 인용하여 설명)

"또한 월드컵 개최도시라는 지명도에 힘입어 국제도시로서의 위상을 정립할 수 있고, 최첨단 소프트웨어와 선진 마케팅 기법을 지역산업과 연관시켜 산업구조 고도화의 전기를 마련할 수 있을 것으로 전망된다."(상동 p.133)

그런데, 고부가가치의 창출, 첨단산업의 육성, 산업구조 고도화는 그 자체로 한국 경제정책의 지상목표이기도 하다. 그것은 지식기반이 강화되고 유무형의 사회 인프라가 갖추어져야 달성될 수 있는 일이며, 여러 분야에 걸친 장기적 노력이 있어야만 가능하다. 한 번의 건설공사, 한 차례의 체육행사로 그런 이상적인 상황이 실현되기를 바랄 수는 없는 일이다. 찬찬히 따져보면, 월드컵 행사의 준비 및 개최과정이 그런 목표의 달성에 조금이나마 도움이 되는지조차 불분명하다.

참고로, 지역산업의 발전과 관련된 전문가의 글을 인용하면서 이와 관련된 더 이상의 논의는 줄인다. 결론적으로, 월드컵이 **지역 경제 발전에 미치는 효과는 거의 없다는 것**으로 정리한다.

> "경기장의 신축이 대도시 지역경제에 미치는 효과는 거의 없다는 증거는 매우 많다. … 올림픽 경기는 기존의 산업과 잘 연결되지 않는 외톨이 산업(alien industry)을 대표하는 것이 확실하다. …
> 그것이 외톨이 산업이고 지역사회를 고성장 궤도(higher growth path)에서 벗어나게 하는 만큼 하계올림픽 대회는 진실로 고용창출에 부(負)의 효과를 미칠 수 있다. …
> 주의 깊고 목표가 확실한 계획이 없다면 올림픽 대회를 유치한 도시는 그들의 노력에 대한 대가로 '바보들의 금메달'(fool's gold)을 목에 걸게 될 것이다."(Baade & Meteson, 1999)

2. 직접적 비용

KDI의 계산으로는, 2002년 대회를 위해 약 2조 4천억 원의 투자지출과 4천억 원의 운영경비가 소요되는 것으로 되어 있다. 실제로는 그보다 훨씬 더 많고 훨씬 더 다양한 직접적 비용이 발생하였다. 그와 같은 대형 행사에 직접 투입되는 자원이 얼마나 되는지 정확하게 확인하는 것은 사실상 불가능하다. 애틀랜타 올림픽을 연구한 미국학자는 아래와 같이 그런 실상을 토로한다.

"미국에서 개최된 모든 올림픽에서 연방정부의 자금이 개최도
시를 후원하고, 치안을 확보하기 위해서 투입되었다. 1996년의 애
틀랜타 올림픽은 비록 민간자본에 의해 추진되었지만, 227백만 달
러 정도의 추정자금이 치안, 수송 등을 위해 투입되었다.

조지아 주정부는 150백만 달러를 들여서 올림픽 기간에 사용될
공공건물을 지었다. 애틀랜타 시와 다른 지방정부는 올림픽과 관
련된 프로젝트에 대략 90백만 달러를 지출하였다.

그런 행사에 공공자금이 얼마나 투입되었는지를 확정하는 것은
불가능하다. 투입되는 자금의 성격이 워낙 다양하고, 수백 개의 기
구 · 조직의 예산 속에 미로와 같이 숨겨져 있기 때문이다."(Sage:
p. 125)

세계를 통틀어 미국은 행정과 기업의 투명성이 가장 높은 나라
이다. 그런 나라의 사정이 이 정도라면, 한국의 실상이 어떨지는 쉽
게 짐작되는 일이다. 아래에서 저자 나름대로 월드컵과 관련하여 국
가경제가 부담한 실비용을 추정해 보지만, 그 규모의 대강을 알고자
함일 뿐이고 신뢰성이 높은 집계가 될 수는 없는 일이다.

시설투자비

한국은 2002년의 대회를 위하여 모두 10개의 축구장을 신축하였
다. 그 중 3개는 겸용이지만 나머지 7개는 순전히 월드컵을 위해서
지어졌다. 그런 사정을 모두 감안하여 **월드컵만을 위한 시설투자
비는 2조 4천억 원**이 소요되는 것으로 예상되었는데, 구장별 투자
금액이 [도표 2-3] 에 나타나 있다.

한국의 건설공사에 공통되는 현상이지만, 실제 사업에 투입되는

자금은 언제나 예산을 초과한다. 월드컵 관련 투자비용이라고 해서 예외는 아니다. 실제로 특정 도시의 경우 당초 예산보다 40%가 더 투자된 것으로 알려졌다. 이런 사정을 감안하면, 10개 구장 전체의 **정규 투자사업비는** 적어도 20%, 대략 **5,000억 원의 증가가 있었을 것**으로 추정해 본다.

당초의 설계에 따라 경기장이 완공된 다음에도 구장별로 상당한 추가시설이 설치되었다. 각종 편의시설, 경관시설, 미디어 센터, 경비초소 등이 건설되고, 자질구레한 보완공사는 끊임없이 계속되었다. 2001년 9월의 뉴욕 테러 이후는 안전시설이 보강되었다. 도시에 따라

〔도표 2-3〕 월드컵 경기장의 개요

(단위: 천㎡, 억원)

도 시	경기장 개요			순투자비	준공일
	경기장 성격	부지 면적	부지 성격		
서 울	축구 전용		자연녹지	6,072	2002.11
부 산	종합 운동장	331	자연녹지	2,506	2002. 9
대 구	종합 경기장	512	그린벨트	2,707	2002. 5
인 천	종합 경기장	425	자연녹지	1,899	2002.12
대 전	축구 전용	165	그린벨트	1,605	2002. 9
광 주	축구 전용	266	자연녹지	1,742	2002.11
울 산	축구 전용	911	그린벨트	1,813	2002. 4
수 원	축구 전용	425	자연녹지	2,371	2002. 5
전 주	축구 전용	364	그린벨트	1,943	2002.11
서귀포	축구 전용	471	자연녹지	1,224	2001.11
계				23,882	

주 1) 부산은 아시안게임, 대구는 유니버시아드 대회장 겸용이므로 총투자비의 40%만 월드컵에 할당함.
　 2) 투자비는 13,613억 원의 경기장 건설비와 10,269억 원의 주변도로 건설비로 구분됨.
자료: KDI, 1998; 2001a

서는 월드컵 기념비 혹은 기념관을 만들기도 했다. [도표 2-4]는 어느 개최도시가 2002년 1월~5월간에 실시한 보완공사의 내용인데, 총액이 간단히 27억 원에 이른다.

다수의 구장이 부실 시공되어 적지 않은 금액의 수리비, 유지관리비 등이 추가로 투입되었다. 개최 도시들이 경쟁적으로 공사의 완공을 서두르는 바람에 부실은 더욱 심해졌다. 부산의 경우 특수 천막으로 만들어진 지붕이 찢어져서 물의를 빚기도 했다. 외국산 잔디가 한국의 기후에 잘 적응되지 않아 수시로 보식(補植)해야 하는 경우도 적지 않았다. 잔디를 살리기 위해서 통풍장치를 시설한 곳까지 있다.

추가 설비 설치비와 보수비는 구장별로 상당한 차이가 있을 터이지만 평균 100억 원이 소요된 것으로 가정하면, 전체적으로 대략 **1,000억 원**에 이르게 된다. **축구장 및 관련 시설의 건설과 관련된 비용**을 모두 합하면 약 **3조 원**이 된다.

[도표 2-4] 월드컵 경기 관련 시설 설치

항 목	예 산	비 고
음악분수 설치	1,300백만 원	
옥외 화장실 설치	140	
지하수 관정 개발	100	
카오스크 장비 등	63	
미디어 센터 보완	330	
안전시설 등	285	
대회 임시 시설물	438	조직위 위탁금
계	2,656	

여건조성비

정부 및 각급 지자체는 월드컵을 대비하여 가로를 정비하고, 보도블록을 교체했으며, 꽃길을 만들었다. 월드컵 기간 중에는 여기저기 장식물을 세우기도 했다.

수년간에 걸쳐 대대적인 화장실 미화작업을 벌였다. 공공기관의 화장실을 호텔 수준으로 꾸몄다. 경연대회를 열고 보조금을 주면서까지 민간소유의 화장실을 고치고 개방하도록 독려하였다. 축구대회를 앞둔 2002년 5월에는 1개소 당 10만원 상당의 화장지, 비누 액자 등을 나누어 주었다. 이런 과정을 관리감독하기 위하여 서울시청에는 "화장실 수준 향상반"이라는 과 단위 조직이 만들어지기도 했다. 전국에 걸쳐서 대략 2만 3천 개의 도로변 화장실이 외국인을 위하여 개방되었다.

문화관광부와 지자체는 모텔을 외국인 관광객이 묵을 "월드 인(world inn)"으로 지정하고 세제 혜택과 시설 개보수 자금을 지원했다. 소독약을 지급하고, 교통유발 부담금을 감면해 주고, 지도와 안내책자를 무료로 배부하였다. 통역요원을 파견하고, 심지어는 "월드 인"이라는 명판까지 만들어 주었다. 요식업소에 대해서는 객실을 발내림식으로 개조하도록 독려하고 식품진흥기금에서 소요비용을 융자해 주었다.

툭하면 교체되는 보도블록이 월드컵이라고 예외가 될 수는 없었다. 각지에서 공사를 벌여서 시민들은 불편을 겪었고, 공사 마무리가 부실하여 보도가 고르지 않은 곳도 많았다. 도로 표지판이 다시 세워지고, 버스 승강장이 정비되었으며, 가로의 벤치와 가드레일이 다시 칠해졌다.

월드컵을 목전에 둔 2002년 4월경부터는 광역 및 기초 지자체가 경쟁적으로 가로에 꽃을 심고 각종 조형물을 설치하였다. 꽃길, 꽃동산, 꽃탑, 꽃벽, 꽃화분 등이 놓여졌다. 월드컵의 홍보탑, 입간판, 현수막이 설치되었으며, 건물과 다리가 장식되었다. 행정자치부에 따르면, 전국 2만 3천 개소에 1억 본(本)의 꽃길, 꽃동산, 꽃 조형물이 조성되었다.

월드컵을 위한 여건 조성비가 얼마였는지 정확하게 알 수는 없지만 막대한 예산이 투입된 것만은 확실하다. 어느 개최 도시의 경우 행사를 알리는 "배너, 현판, 다리 장식, 준비 캠프지 장식, 홍보탑 등"에만 20억 원이 넘는 돈이 투입되었다는 점으로 미루어 보아도 전체 규모가 엄청날 것임을 짐작할 수 있다. 행정자치부의 통계에 따르면, "외국인 관광객이 불편해 하는 문화유적지의 관광 안내판, 공중화장실 등"의 정비에만 약 700억 원이 투입되었다.

88올림픽을 위한 여건 조성비는 민간부문에서 부담한 것을 제외하고 1조 3천억 원이 소요되었다. 김포공항 확장비용을 공제하면 약 8,500억 원이 수질정화, 성화 봉송로 정비, 화장실 정비 등의 경비성 비용으로 지출되었다(KDI, 1989: p.125). 올림픽은 서울에서 개최되었지만 월드컵 경기는 전국의 10개 도시에서 열렸다. 그리고 1988년에서 2002년 사이에 물가수준은 정확히 2배가 되었다.

제반 사정을 감안하면, **월드컵 여건 조성비**는 적게 잡아도 **2조 원**은 될 듯하다.

조직위원회 경비

월드컵은 "2002년 월드컵 축구대회 조직위원회"가 주관했다. 그 조직은 1996년 12월에 창립되었으며, 2001년 초에 10개 개최도시에 운영본부를 설치했다. 자체의 추산에 따라서, 대회 준비 및 행사의 전 기간을 통하여 **조직위원회가 지출한 총경비는 4,000억 원**인 것으로 집계되었다. 이것은 3,200억 원의 경상경비와 800억 원의 통신·미디어 비용으로 구성되어 있다.

공공부문 경비

2002년의 월드컵을 유치하기 위한 활동에서 시작하여 준비, 개최, 그리고 마무리 과정의 각 단계에서 정부 및 지자체는 직·간접으로 개입하였는데, 그 개입의 형태는 실로 다양했다. 6년 가까운 시일 동안 대통령부터 말단 공무원까지 최우선 관심사가 바로 월드컵이었다. 준비기간 내내 월드컵을 지원하기 위한 전담조직이 가동되었으며, 행사기간에는 치안유지와 각종 행사를 위한 비용이 투입되었다.

공무원 혹은 공조직(公組織)이 월드컵에 관여한 것은 일반 공무원의 간접지원과 전담조직의 활동으로 나눌 수 있다. 여기서는 월드컵과 직접 연결되는 공공부문의 비용을 따져보기로 한다. 사실상 전부라고 해도 과언이 아닐 만큼 많은 숫자의 일반 공무원이 월드컵을 지원하기 위해 엄청난 시간과 노력을 투입했지만, 그것은 기회비용으로 다루어 제3장에서 논의하기로 한다.

공공활동에서 발생한 경비의 일부분은 실제로 민간부문에서 부담했지만, 그것은 재원조달에 관한 사항일 뿐이므로 공공부문의 지출로 계산한다.

1. 월드컵 지원조직 경비　　　　정부 및 각급 지자체에는 월드컵 지원을 위한 전담조직이 구성되었다. 우선 문화관광부에 국제체육과가 있다. 그 조직은 물론 월드컵만을 위한 것이라고 할 수는

없지만, 월드컵 준비기간 동안은 그것이 가장 중요한 일임에는 틀림이 없었다. 더구나 다른 일이라고 해보아야 어차피 아시아 경기대회 등 유사한 행사이다. 그러므로 약 6년 기간 동안 국제체육과는 월드컵 전담조직이라고 보아도 큰 무리가 없을 것이다.

월드컵을 후원하는 또 하나의 중앙조직으로는 1997년 5월에 설립된 "2002년 월드컵 축구대회 문화시민운동 중앙협의회"가 있다. 그 이름이 암시하는 바와 같이, 동 협의회는 각종 캠페인을 전개할 목적으로 창설되었으며 월드컵 동참, 질서 지키기, 화장실 개방 및 청결 등이 그 주요 활동내용이다. 협의회에는 사무국이라는 상설조직이 있다.

10개의 도시에서 월드컵을 지원하는 공조직은 크게 4갈래로 나눌 수 있다. 첫째가 월드컵 대회를 주관하는 조직위원회 운영본부이다. 둘째, 개최도시 시청 조직의 일부인 월드컵 관련 행정부서가 있다. 셋째, 축구장 시설을 관리하는 조직이 있다. 넷째, 문화시민운동 도시별 협의회가 있다.

조직위원회를 제외한 이들 공조직이 월드컵을 위해 지출한 경상경비가 얼마인지 정확하게 집계하기는 쉽지 않다. 조직의 규모와 연간 예산규모를 참작하여 추정한 결과가 [도표 2-5]에 나타나 있다. 각급 조직이 창설된 시점은 제각각이지만, 활동이 종료된 것은 편의상 2002년 말인 것으로 가정한다. 그런 바탕 위에서 월드컵 지원 전담조직의 총지출은 대략 5,000억 원 정도 되는 것으로 추정했다.

현실에서는 [도표 2-5]에 나타난 것보다 훨씬 다양한 월드컵 조직이 활동하였다. 예를 들면, 경찰청에는 최대 구성원 23명의 월드컵기획단이라는 국(局) 단위의 전담조직이 만들어졌고, 국무조정실에는 "월드컵 정부지원 점검단장"이라는 거창한 이름의 고위관료도

[도표 2-5] 월드컵 전담 공조직의 운영 경비

(단위: 억 원)

도 시	행정조직				시설관리 조직			문화시민운동 협의회		
	단위	발족일	인원	연예산	발족일	인원	연예산	발족일	인원	총예산
중 앙	1과	1996	12	700		n/a	n/a	1997	40(20)	187
서 울	2국	1999	40	155	1998	18	60	1998	10(7)	30
부 산	1과	2001	12	53	2001	30	18	1998	7(3)	50
대 구	1과	2000	19	62	2001	36	29	1998	5(5)	13
인 천	1과	1999	16	44	2002	48	46	1998	5(3)	10
대 전	1과	1998	17	115	2002	18	21	1998	6(3)	12
광 주	1과	2000	19	50	2001	19	16	1998	5(3)	12
울 산	1과	1999	23	59	2001	22	30	1998	5(3)	33
수 원	2위원회	2000	15	67	2001	44	172	1998	8(4)	40
전 주	1국	1998	49	70	1998	15	(통합)	1998	6(3)	20
서귀포	1기획단	2000	29	39	2000	15	64	1998	6(4)	20
합 계			251			265	392		103(58)	427

주 1) 인원은 2001년 말 현재의 상근 인원을 표시함.
  2) "연예산"은 2002년, "총예산"은 조직의 발족일에서 2002년 말까지 발생한 총액을 말하며 각각 인건비, 운영경비, 행사비 등과 일부 시설보수 관련 지출이 포함됨.
    중앙(문화관광부 국제체육과) 예산은 지자체 지원금 등이 포함되어 있으므로 일부만 조직운영비로 간주함.
  3) ( ): 파견 공무원
자료: 각 기구(전화로 확인한 것이므로 정확하지 않을 수도 있음.)

[월드컵 전담조직 총비용 추정의 기준]
① 행정조직:
  ─문화관광부 국제체육과: 6년간의 월드컵 지원·관리비(임의추정)
    ⇒ 2,000억 원
  ─개최도시: 2002 예산에 준한 금액이 3년간 지출된 것으로 가정
    ⇒ 2,000억 원
② 시설관리: 2002 예산에 준한 금액이 2년간 지출된 것으로 가정 ⇒ 800억 원
③문화 시민운동 협의회: 중앙회 및 10개 지부의 5년 지출 총액 ⇒ 400억 원
  월드컵 전담조직 인원 및 비용 총계: 5,200억 원

있었다. 아울러 일반 공조직에서도 다양한 형태로 월드컵을 위한 실

비용이 지출되었다. 예를 들면, 자원봉사자에 대한 훈련비, 숙박업소 종사자 교육비 등이 그것이다. 일반 공무원의 인건비는 제3장에서 기회비용으로 따질 사항이지만, 실비용은 지원경비에 포함된다.

　제반 상황을 종합하면 **월드컵 지원조직의 실비용 총계**는 〔도표 2-5〕에 나타난 것의 1.5배 정도는 될 것이므로 총액이 **8천억 원**인 것 으로 추정하여 집계한다.

2. 치안유지 비용　　　　국제 축구경기에서 훌리건(hooligan)이라 불리는 극렬 팬들이 난동을 부리는 경우가 많다. 게다가 2002년의 대회는 2001년 9월 11일 뉴욕 테러사건의 여파로 테러 혹은 안전사고에 대한 경각심이 유달리 높았다. 더구나 월드컵 경기는 전국 각지에서 열리므로 사고방지와 치안유치를 위해 신경써야 할 구역이 그만큼 매우 넓다.

　이런 저런 사정을 감안하면, 월드컵 대회를 전후한 기간의 치안유지에는 많은 인력과 비용이 투입될 수밖에 없었다. 실제로 경찰청은 "준(準) 비상사태"로 간주하여 안전관리에 각별한 노력을 기울였다. 경기가 있을 때에는 경기장별로 1,500명의 경찰관을 파견하는 외에 기마 경찰관을 배치하고 무장 특공대를 대기시켰다. 각국의 축구단에 대해서는 한국에 도착할 때부터 떠날 때까지 밀착하여 "그림자 경호"를 하였고 일반인과의 접촉을 차단하였다 (〔도표 4-1〕 참조). 외국에서 훌리건 전문가를 초빙하기도 하고, 각종 첨단장비를 동원하기도 했다. 경기가 있는 날이면 F-16전투기가 초계(哨戒) 비행을 하는 등, 군까지 동원되어 그야말로 철통같은 경비가 이루어졌다.

　2002년 월드컵 경비를 위해 발생한 경비의 대종은 인건비일 터인데, 경찰관리에 대한 정상급여는 제3장에서 기회비용으로 따져보아야 할 사항이다. 그 밖에 경찰관리 초과근무 수당, 시설 경비요원 인건비, 특수장비 구입 및 사용비, 소모품 구입비, 해외 경비전문인력 초청비, 경찰용 마견(馬犬) 조달비 등이 순수하게 월드컵을 위해 발생된 치안유지 비용이다.

앞서 인용했지만, 1996년 애틀랜타 올림픽을 위해서 미국의 연방정부는 227백만 달러의 치안유지 및 수송비용을 부담하였다. 1998년 월드컵 기간에 프랑스 정부는 일반인의 안전과 보안을 위하여 약 1억 프랑을 사용하였다는 보고도 있다.

제반 사정을 종합하고 외국의 사례를 참작하면, 2002년 월드컵을 위한 **치안유지 비용**은 아마도 **1,000억 원대**는 되었을 것이다.

3. 캠페인 비용　　　　한국에서 가장 많은 시선이 쏠리는 전광판은 아마도 서울시청 꼭대기에 있는 것이리라. 그 전광판에서는 짧게 잡아도 월드컵 개최일 2년 전부터 내릴 셈(count-down)이 시작되었다. 그토록 긴 세월에 걸친 지극한 관심이 우선 놀랍지만, 그것은 또한 월드컵을 위한 각종 캠페인이 늦어도 그 무렵부터는 전국적으로 시작되었음을 의미한다.

월드컵 조직위원회는 2000년 5월 31일에 "대회유치 4주년 및 대회 개최 D-2년 기념행사"를 가졌다. 그 뒤에도 마스코트 명명식, D-1년 기념행사, D-300일 계기행사, D-100일 전야음악제 등을 개최하였다.

캠페인은 조직위원회가 주관하는 것에 그치지 않았다. 정부 및 각급 지자체는 물론이고, 읍·면·동, 학교, 기업체, 사회단체 등 각양각색의 단위로, 그리고 약 2년간 거의 무휴(無休)로 시행되었다.

캠페인의 형태, 내용, 지역범위도 매우 다양하였다. 몇 가지 대표적인 것들의 내용을 적어보면 아래의 보기와 같다.

[보기 2-1] **월드컵 관련 캠페인의 샘플**
- 월드컵 성공 다짐대회
- 월드컵 붐 조성 실천 결의대회
- 월드컵 대비 기초생활 10대 과제 전국 일제 캠페인
- 월드컵 손님맞이 기초질서 지키기 캠페인
- 월드컵 홍보 반상회
- 월드컵 손님맞이 전국 대청소의 날
- 월드컵 개최도시 트로피 체험행사
- 문화시민운동 협의회 청결 봉사대 다짐대회
- 노래연습장 업주 자정(自淨) 결의대회
- 월드컵 성공개최 청소년 문예백일장
- 청결·개방 화장실 캠페인

저자로서는 할 일 없는 사람들이 짜낸 듯한 온갖 캠페인 아이디어가 그저 놀라울 뿐이다. 2년에 걸쳐서 같은 행사를 몇 번씩이나 개최한 정성이 또한 예사롭지 않다. 월드컵을 성공적으로 치르기 위한 행사는 캠페인 이외에도 월드컵 개최를 기념하는 각종 체육대회가 있었고, 홍보성 집회도 많았다. 행정자치부에 따르면, "기초생활 개선 10개 과제 다짐대회"만 3,400회 개최되어 연인원 190만 명이 참여하였고, 교통질서·환경정비 캠페인에는 12,000회 230만 명이 동원되었다.(재정경제부)

캠페인 등의 행사에 참가하는 인원은 경우에 따라서 수십 명에

서 수만 명까지 다양하다. 따라서 소요되는 비용도 천차만별일 수밖에 없다. 한 행사당 경비는 비록 작을지 모르지만, 그런 행사가 오랜 기간에 걸쳐 하도 많이 개최되었기에 전국의 비용을 합친다면 **1조원**은 넉넉히 될 법하다. 각종 행사 중에는 조직위원회나 문화시민운동 협의회에서 주관하는 것도 있었는데, 그 비용은 부분적으로 [도표 2-5]의 집계에 포함된 것으로 볼 수 있다.

4. 문화행사 비용　　　　　　정부 차원 혹은 개최 도시별로 문화행사는 대회 개최 전에도 다양하게 열렸다. 그런 행사는 방송국이나 사회단체가 주관하기도 했다. 월드컵 직전, 개최기간, 직후에는 전국에 걸쳐 100여 건의 문화행사가 열려서 절정을 이루었다. 그런 사정의 일단을 조직위원회에서는 아래와 같이 소개하고 있다.

〔보기 2-2〕　**"감동의 파노라마, 개최도시의 2002 FIFA 월드컵 공식문화행사"**

"2002년 월드컵 축구대회 조직위원회는 월드컵 대회기간 중 전국 10개 개최도시를 중심으로 펼쳐지는 … 월드컵 공식 문화행사로 확정된 행사의 주요 내용을 발표했다.

우선 5월 31일 서울월드컵 경기장의 개막경기에 앞서 열리는 월드컵 개막식 이외에, 부산 등 지방 개최도시의 첫 경기에도 대회 개막을 축하하고 지역 문화이미지의 홍보를 위한 개막 문화행사가 경기시작 70분 전부터 50분 전까지 약 20분간 개최도시별로 열리게 된다.

월드컵 개막식 이외의 개최도시 첫 경기 개막 문화행사는 전례가 없었던 행사로서 월드컵대회를 계기로 개최도시의 문화이미지 제고를 위해 조직위원회가 FIFA와 지속적으로 협의하여 승인을 얻어 시행하게 된 것이다.

또한 경기가 있는 날 경기장 주변에서는 경기 시작 3시간 이전부터 전통민속놀이 체험마당 등 관람객 참여 행사와 거리 음악행사, 응원시범 등이 열려 경기 시작 전부터 경기장을 축제분위기로 뜨겁게 달굴 예정이며 … 공연무대 및 놀이마당을 운영하여 지역의 문화특성을 내방객들이 느끼고 즐길 수 있도록 하며, 월드컵 종합안내소를 설치하여 월드컵 경기에 관한 모든 정보와 그 지역의 문화, 관광, 숙박, 교통 등의 정보를 제공받을 수 있는 "월드컵 플라자"가 운영될 예정이다. …

이 밖에 서울의 2002 깃발 미술 축제, 수원의 FIFA월드컵 오픈 문화행사, 울산 문화마당과 광주·인천 등 개최도시의 첫 경기 전야제 등 6개 행사가 FIFA 공식문화행사로 지정되어 **한국 문화의 독창성과 우수성을 세계에 널리 알리게 된다**." (조직위원회 홈페이지 2002. 5. 16.)

올림픽과 달리 월드컵 대회는 특별한 문화행사 없이 축구경기 위주로 진행된다. 그럼에도 불구하고 유독 한국에서만은 "전례"가 없는 행사를 문화라는 이름을 붙여서 성대하게 치른 것이다.

유치 이후 개최까지의 월드컵 문화행사 비용이 얼마나 되는지 역시 막연하지만, 행사의 숫자가 많았던 만큼 많은 돈이 들었음은 분명하다. 경기를 전후한 시점의 **문화행사비**가 도시별로 60억 원이 될 것이라고 월드컵 조직위원회에서 추정한 적이 있는 사실로 미루어 보면, 이 항목에서 한국경제 전체가 지출한 경비는 줄잡아 **2,000억 원**은 되었으리라.

5. 대외교류 비용　　　　　　〔보기 0-1〕에서 극성스런 우리의 올림픽 유치 노력을 소개한 바 있지만, 월드컵의 경우도 그에 못지 않았다. 일본은 우리보다 먼저 유치활동을 벌였고, FIFA 회장으로부터 개최권을 약속받기까지 했다. 그런 상황에서 한국이 끼어들었고, 당초의 비관적 전망을 깨고 일본과 공동유치에 성공했다.

우리의 국제행사 유치 실력이 대단한 것은 사실이지만, 뒤집어 보면 그만큼 많은 자금이 투입되었을 것임을 짐작할 수 있다. 전경련의 발표에 따르면, 1996년 6월 이전에 대기업으로부터 197억 원의 지원금을 갹출하여 월드컵 유치위원회에 전달한 바 있다. 한 외국 잡지의 보도에 따르면, 한국은 월드컵 유치 자금으로 6천만 달러를 투입하였다(FEER 02. 6. 6). 이런 사정으로 미루어 본다면, **유치활동에만 최소한 1,000억 원**은 소요되었을 법하다.

대회유치가 결정되고 난 다음에도 여러 형태의 대외교류가 있었다. FIFA 관련 회의가 여러 차례 있었고, 적지 않은 인사를 국내에 초청하였다. 개최도시별로는 참가국 언론인을 초청하여 환대하기도 했다. 공무원을 위주로 구성된 대규모 홍보단이 해외에 나가기도 했다. CNN 등 30여 개 외국 매체에 4천여 회 광고방송이 나갔고, 미국 유럽 등 6개 지역에 "월드컵 관광 특별 유치단"이 파견되기도 했다.

대회 때에는 외국팀이 한국에 도착하면 성대하게 환영행사를 베풀었다. 그 나라의 음식과 그 나라의 춤을 제공하느라 상당한 비용을 들였다. 경우에 따라서는 수억 원에 달하는 비용을 개최도시가 부담하기로 하고 훈련 캠프를 유치하기도 했다. 아마도 한국과 일본 아니고는 그런 과공(過恭)을 생각하는 나라는 없을 듯하다.

또 하나 빼 놓을 수 없는 것은, 한국 축구팀의 해외전지 훈련과 외국팀의 국내 초청과 관련된 비용이다. 월드컵을 앞두고 국가 대표팀은 매년 여러 차례 해외에 훈련을 나갔다. 축구 선수들은 유난히 까다로워 특급호텔에서만 숙식을 한다. (1998년 방콕 아시아 경기대회 때에 축구선수들은 선수촌에서 뛰쳐나와 호텔에 머문 사실이 있다.) 그들은 하루 일당만 15만원씩 받는다. 그러니 훈련기간 중에 든 비용이 만만치 않았음에 틀림 없다.[3]

월드컵을 대비하면서 2001년에는 컨페더레이션 컵과 여자축구대회라는 별도의 국제행사를 개최한 바 있고, 그 밖에도 외국의 국가대표 혹은 명문 팀을 초청하여 수 차례의 평가전을 가진 바 있다. 콧대높은 외국 팀과 시합을 하자면 그 개런티가 또한 만만치 않다.

제반 상황을 종합하면, 한국경제가 **월드컵을 위한 대외교류비로 지출한 돈**이 줄잡아 **2,000억 원**은 되었을 것이다.

이상의 **공공부문 경비**를 종합하면 모두 **2조 3천억 원**에 이른다.

민간부문 부담 비용

기업과 개인은 월드컵을 위해서 기부금 혹은 현물을 헌납했다. 이런 비용은 공공단체가 지출하기 때문에 여기서의 계산에서는 일단 빠진다. 자원봉사자 등이 바친 시간과 노력은 실비용이 아니고 기회비용이기 때문에 역시 제외된다.

따라서 여기서 민간비용이라고 하는 것은 월드컵을 성공적으로 개최하기 위해 민간부문에서 직접 부담한 비용에 한정된다. 기업에 따라서는 월드컵을 대비하여 특별지출을 하기도 했다. 현대중공업이 울산에 선수들의 숙소를 짓기 위하여 100억 원을 투자한 것이 그

---

3) 국가대표팀 중에서 유독 축구만 상시로 해외에 나가기 때문에 1996년 이후의 전지훈련 비용 전부를 월드컵 개최비용이라고 말할 수 없을지는 모른다.

러한 예라고 할 수 있다.(공식 공급업체가 제공한 것은 그 자체가 홍보
목적이므로 계산에서 빠진다.)

불특정 다수의 민간기업 혹은 개인이 부담한 실비용은 주로 여
건조성비라고 할 수 있다. 빌딩의 미화, 장식 및 개축, 화장실 개선,
간판 교체, 꽃화분 진열 등과 관련된 비용이 이에 해당한다. 구체적
사례로 속칭 러브호텔의 뾰족탑을 고치고, 거리의 돌출 간판을 치우
며, 아파트의 베란다에 화분을 내다 놓는 것 등의 일이다. 이런 비용
도 적지 않을 테지만, 공공부문 여건조성비에 훨씬 못 미치는 것으
로 치부하고 여기에서 별도로 집계하지는 않는다.

3. 간접적 비용

월드컵과 관련된 무형적 실비용의 형태도 다양하지만 여기서는
시민불편과 환경파괴 2가지만 생각해 보기로 한다.

시민불편 비용

2002년 월드컵 대회기간 중에 각 개최도시에선 경기의 전일과
당일에는 자동차 2부제(홀짝제)가 시행되었다. 그와 병행하여 대중
의 통행을 위한 별다른 보완조치가 시행된 것은 없었다. 가만히 생
각하면, 그런 일방적 조치는 공권력의 남용이다. 왜냐하면, 대중교
통 수단이 열악한 한국의 형편에서 그런 조치가 있으면 대다수 시민
이 큰 불편을 겪고, 적지 않은 사람이 생업에 지장을 받기 때문이다.
백보를 양보해도 행사 전일(前日)이나 휴일에까지 정부가 시민에

게 그런 불편을 강요할 권리는 없다.

또 다른 불편은 경기장 주변의 교통통제이다. 도로사정이 좋지 않은 한국의 형편에 다니는 길이 막히면 때로 큰 피해를 입는다. 10대 도시가 경쟁적으로 축구장의 공기(工期)를 단축하자고 나서는 바람에 교통소통 대책을 소홀히 한 경우도 많았다. 그럴 때면 시민들은 속절없이 교통혼잡에 말려들었다.

국제행사를 유치하면서 지도층은 언필칭 "선진사회를 위한 디딤돌"이라고 말한다. 그러나 **다수 국민의 편의를 아무렇지도 않게 무시하는 것은 후진사회의 징표에 다름 아니다.** 한국정부는 연습삼아 그런 후진적 조치를 취하기도 한다. 정부는 월드컵을 1년 앞둔 2001년 5월 말에 수도권 일원에 홀짝제 예행연습을 실시한 바 있다. 아무리 경기기간이라 하지만 제주도까지 홀짝제를 시행할 까닭은 무엇인가? 시민이 주인인 선진사회에서는 감히 상상도 못할 일들이다.

유독 월드컵 기간 중에 불법 간판, 불법 유흥업소, 노점상, 포장마차, 공해물질 배출을 강력하게 단속하였다. 시민의 입장에서는 탈법에 대한 자책 이전에 불편하고 생계에 지장을 받는 일로 여겨진다. 정부는 월드컵 대회 기간 중에 건설공사를 일시 중지하도록 조치하기도 했는데, 그것은 서민층의 생계에 타격을 줄 수도 있었다.

그런 일에 대해서 느끼는 불편의 강도는 주관적이기 때문에 사람마다 다르고 계량화가 불가능하다. 다만 한 가지 확실한 것은, 불편함의 강도가 의식 및 소득수준에 비례한다는 점이다. 그렇게 본다면 88 올림픽때에 비해 생활수준이 월등히 높아진 월드컵 시기에 한국인들이 느낀 불편함은 매우 컸음에 틀림없다. 결론적으로 **거대한 불편비용**이 발생한 것이다.

환경파괴 비용

한국의 특별법은 무소불위(無所不爲)의 규정을 가지고 있는 경우가 많은데 "2002년 월드컵 축구대회 지원법"도 예외는 아니다.([부록 1] 참조) 대회의 준비 및 개최와 관련되어 온갖 특권이 관계기관에 주어졌는데 여기서의 관심사는 환경관련 조항이다.

동법 21조에 따르면, 월드컵 경기장과 연습장 시설은 그린벨트 안에도 손쉽게 건설할 수 있고, 도시계획법에 의한 인가만 받으면 다수의 환경관련 규정을 수월하게 통과할 수 있다. 그 자체로 환경파괴의 소지가 다분하다. 단 3경기씩을 치르기 위해서 신축된 전국 10개의 축구장 중에서 대구, 대전, 울산, 전주 구장은 본시 그린벨트였다. 월드컵이 아니었으면 보존되었을 자연녹지가 파괴된 것으로 볼 수 있다.

다른 한 가지 문제는, 무리한 일정에 따라 공사를 진행하다 보니 그 과정에서 필요 이상으로 환경이 파괴되었다는 점이다. 예를 들면, 예산부족으로 건축폐기물을 장기간 방치하는 경우가 있었다.(중앙 00. 12. 11) 축구장을 건설하느라 인근 저수지의 배수로를 차단하는 바람에 물이 썩게 된 경우도 있다. 한국의 통상적 공사 관행에 비추어 보면 필요 이상으로 임야를 파괴하는 일도 드물지 않았을 것이다. 어느 경우라도 축구장이 들어섰다는 그 자체로 자연경관은 상당히 망가진다. 한 학생은 아래와 같이 불평한다.

[보기 2-3] **"누구를 위한 축구장인가?"**

"2002년 월드컵을 위해 수원에 새로 건설되고 있는 축구경기장 주변의 한 고등학교 학생이다. 우리 학교 뒤에는 야트막한 산이 있는데, 주변 논밭과 어우러져 예전부터 경치 좋기로 유명

했다. 그러나 이제는 굴삭기가 할퀸 자국만 무수히 남아 있다. 서울에서 축구경기장에 이르는 고속도로의 건설 덕분에 학교 뒷산과 여우골은 벌거숭이가 되어버린 것이다.

월드컵 경기를 수원에 유치해 얻을 수 있는 관광수익이나 대외적인 홍보 효과가 과연 얼마나 대단하기에 자연과 바꾸는 것인가? 수원에서 겨우 몇 경기가 열릴 뿐인데 말이다. 축구경기를 통해 수원의 이름을 높이는 것보다는 시민의 쾌적한 생활을 위해 자연을 보호하는 것이 시민을 위한 진정한 배려인 것이다."(조선일보 2000. 4. 17: 독자투고)

파괴된 환경에서 느끼는 고통은 주관적이므로 사람마다 다르다. 고통의 정도는 불편함과 마찬가지로 선진시민일수록 크다. 환경을 파괴하는 후진적 정책으로 선진사회를 지향한다는 것 역시 역설적이다. 선진국가의 시민이 먼저 원하는 것은 위의 보기에서 학생이 주장하는 것처럼 일상생활에서의 안온함이다.

여러 사정을 종합하여, 월드컵을 위한 10개의 구장을 신축하느라 **상당한 환경파괴 비용**이 발생한 것으로 정리한다.

4. 경제적 효과에 대한 총평

월드컵과 같은 국제 체육행사에는 경제적, 경제외적 비용과 편익이 따른다. 경제적 비용은 다시 실비용과 기회비용으로 구분된다. 이 장에서는 기회비용을 제외한 경제적 편익과 비용을 따져 보았다.

그 내용을 종합한 것이 [도표 2-6]이다.

저자의 분석방법이 크게 틀리지 않았다면, 이 도표만으로도 한국인들은 오랜 세월 크게 잘못 생각해 왔음을 알 수 있다. 5조원이니 11조원이니 하는 경제효과가 발생한 것이 아니고 엄청난 유·무형의 손실이 발생한 것이다. 경제적 손실은 당장 계산 가능한 7조원 이상의 금액에 덧붙여 거대한 무형적 비용까지 발생한 것이다.

미리 말해 두지만, 제3장의 기회비용과 제4장의 경제외적 계산도 각각 손실로 나타난다. 월드컵으로 말미암은 손실이 눈덩이처럼 불어나는 것이다.

그렇다면 온 나라가 총동원된 일에서 온 국민이 착각하게 된 것은 누구의 책임인가? 정치지도자, 지도층, 언론, 학자, 체육인 나아가 국민 모두의 책임이라고 해야만 할 것이다.

[도표 2-6] 월드컵의 경제적 실비용·편익 집계표

(단위: 억 원)

	직접적		간접적		합계
	항목	금액	항목	금액	
편익	①조직위원회 수입	4,000	③수출 진흥	효과 별무	4,000 +편익 별무
	②외국인 관광수입	증가 없음	④관광 진흥	효과 별무	
			⑤지역경제 활성화	효과 별무	
	소 계	4,000	소 계	편익 별무	
실비용	①시설투자 지출	30,000	⑥시민불편 비용	거대한 비용	77,000 +거대 순손실
	②여건조성비(공공)	20,000	⑦환경파괴 비용	상당한 비용	
	③조직위원회 경비	4,000			
	④공공부문 경비	23,000			
	⑤민간부문 비용	작은 비용			
	소 계	77,000	소 계		
순 계 (편익-비용)	계	-73,000	계	거대 순손실	-73,000 +거대 순손실

제3장 뒤바뀐 우선순위, 날아간 기회

　월드컵을 개최하기 위해 한국경제는 막대한 실비용을 지출하였다. 거기다가 정치 지도자와 관료, 사회지도층과 언론, 그리고 많은 시민이 월드컵에 지대한 관심을 기울이고 지극한 정성을 쏟았다. 어쩌면 그와 같은 국민의 관심이 금전적 경비보다 훨씬 귀중한 투자였을 것이다. 만약 이 모든 비용과 관심이 월드컵이 아닌 다른 곳에 돌려졌더라면 한국경제의 모습은 크게 달라졌을 것이다. 그 달라진 모습이 다름 아닌 "월드컵의 기회비용"이다.

　이 장에서는 월드컵을 개최하기 위해 "들인 돈"과 "쏟은 관심 및 시간" 두 측면에서 기회비용을 따질 것이다. 시설투자에 대한 기회비용을 제1절에서, 시민과 공무원의 월드컵에 대해 보인 관심의 기회비용을 제2절 이하에서 다룬다. 여기서 "관심의 기회비용"을 따지는 대상은 제2장의 실비용 집계에 포함된 사람들을 제외한 일반 공무원과 시민 및 기업인이다.

1. 축구장과 사회간접자본

월드컵을 위해 투입된 돈의 성격은 투자자금과 경상경비로 나눌 수 있다. 투자자금은 축구장과 주변시설을 건축하기 위한 것이고, 경상경비는 나머지 각종 비용이다. 경상경비는 한 번 지출되면 끝이지만, 투자자금은 오랜 기간에 걸쳐서 효용가치를 낳는다. 그런 까닭에 투자자금은 각 쓰임새에 따르는 효용가치를 서로 비교하여 기대되는 가치가 가장 큰 곳으로 흘러가야 한다. 가장 가치가 높은 대안 시설의 효과가 바로 "월드컵 시설의 기회비용"이다.

월드컵 구장의 사후활용

한국은 월드컵을 개최하기 위해 줄잡아 7조 원의 직접적 실비용을 부담하였다.(〔도표 2-5〕) 그 중 대략 3조 원은 10개의 축구장과 주변시설의 구축에 사용된, 말하자면 투자자금이었다.

드디어 2002년 6월에 축구대회가 열렸고, 각 구장에서 평균 3경기가 치러졌다. "성공적 대회"라고 자타의 공인을 받았다. 특히 축구장은 "세계의 보석" 등의 찬사를 받을 정도로 화려하게 건축되었다. 어느 외국인(아시아축구연맹 사무총장)은 "10개 경기장 모두 지구에서 만들어진 것이 아니라는 착각이 들 정도였다"고 찬탄하기도 했다.

그리하여 온 국민이 6년 동안 지극정성으로 준비한 축제는 끝났다. 사람마다 소회(所懷)가 다르겠지만, 허망함을 느끼는 이도 적지 않을 것이다. 그런 감상은 텅 비어 있는 축구장을 보면 더욱 절실해질지도 모른다. 앞으로 3조 원이나 들여서 만든 축구장 등의 시설을 어떻게 할 것인가?

불행히도 10개의 축구장 대다수가 별로 쓰임새가 없을 것이 거의 확실하다. 축구장 건설 당시에 서울에서 서귀포까지의 각 개최도시 당국은 사후 활용방안을 여러 가지로 내세웠다. 그러나 조금만 자세히 들여다 보아도 뾰족한 수가 없음을 이내 알 수 있다. 예컨대 상암구장을 위한 여러 사업계획이 제시되었지만, 현실성이 없거나 막대한 추가투자를 필요로 하는 것들이 대부분이다. 서울의 경우는 그래도 어떻게 해볼 수는 있다. 다른 곳, 예컨대 서귀포의 경우는 거의 속수무책인 듯하다. 그런 사정을 제주도청은 아래와 같이 실토한다.

〔보기 3-1〕 **"[서귀포시] 월드컵 시설 사후활용 방안: 아직 수익모델 못찾아"**

"제주 월드컵 경기장은 주변의 산·바다와 어울리는 뛰어난 조형미로 세계에서 가장 아름다운 경기장으로 찬사를 받고 있지만, 서귀포시의 사후 활용계획은 아직도 안개 속을 헤매고 있다.

시는 … 경기장을 짓는 데 모두 1,125억 원을 쏟아부었다. 이 중에는 연평균 6.9%의 이자부담을 지고 상환해야 할 빚이 350억 원이나 포함됐으며, 경기장 관리에도 연간 16억~18억 원이 소요될 것으로 추산돼 사후 활용방안의 차질은 시의 재정을 곧바로 파탄의 수렁으로 몰아넣을 가능성도 없지 않다.

이같은 우려를 해소하기 위한 시 당국의 노력이 제대로 풀리는 것은 없어 월드컵 행사에 거는 기대만큼이나 경기장의 장래가 시의 큰 부담으로 다가오고 있다. … 이와는 별도로 경기장 스탠드 뒷면 공간 2만3천㎡에 60억 원을 들여 면세점을 겸한 대형 쇼핑센터를 건설, 운영한다는 방안도 여의치 않아 보인다.

　　서귀포시 관광협의회 회장은 "서귀포 시민들의 엄청난 혈세가 투입된 월드컵 경기장이 한국과 제주도의 관광홍보 첨병 역할을 톡톡히 하는 만큼, 정부와 도당국도 뒷짐만 지지 말고 서귀포시의 재정 부담을 덜어주기 위한 다양한 방안을 모색해야 한다"고 말했다."(제주도청 홈페이지 2002. 5.)

　　경제학에 "함몰비용(sunk cost)"이라는 개념이 있다. "엎질러진 물은 잊어버리는 것이 최상"이라는 말이다. 기왕에 투입된 3조 원이 아까운 것은 사실이지만, 별 수가 없으면 깨끗하게 포기하는 것이 낫다. 비난을 면할 목적으로 혹은 여론에 밀려 수익성 없는 사업을 추가로 벌인다면 그것은 더욱 큰 문제가 된다.

　　함몰비용 역시 매우 중요한 개념이므로 조금 구체적으로 설명해 보기로 하자. 쉽게 말하면, 그것은 쏟아진 물이고, 깨어진 청자(靑瓷)이다. 땅바닥에 쏟아진 물이 설사 설악산의 오색약수였다 하더라도 잊어버리는 것이 가장 이롭다. 물기 먹은 흙더미를 긁어서 증류를 할 수도 있지만, 비용이 엄청날 것이다. 쏟아진 물 덕분에 땅이 촉촉히 젖어 있어서 거기에 화초를 심을 수는 있다. 그렇게 하고자 한다면 그 자리에 화단을 만드는 것이 나을지, 아니면 다른 장소에 꽃을 심고 다시 물을 길어 와서 주는 것이 나을지 종합적으로 비교해 본 뒤에 판단해야 한다. 요컨대, 이미 나간 비용은 잊어버리고 앞으로 추가로 투자될 자금과 거기서 얻을 수 있는 편익만을 두고 비교해 보아야 하는 것이다.

　　전국에 걸친 10개의 월드컵 축구장을 사후활용할 것만 생각하고 시설을 추가하는 것은 일단 무모한 것처럼 보인다. 그렇다면 각 구장을 그대로 두고 활용하는 수밖에 없는데, 그 역시 만만치 않다. 다루기 어려운 잔디가 깔려 있어서 축구시합 혹은 음악회를 마음놓고 개최할 여건도 못되며, 그런 수요가 많은 것도 아니다. 예컨대 관중이 없을 것이 확실한 서귀포 구장에서 어느 팀이 운동경기나 음악회를 개최하겠다고 나서겠는가?

정리하면, 월드컵 축구장의 사후 활용방안은 거의 없다.

이제 남은 문제는 관리비용이다. 구장에 따라, 사람에 따라 평가가 다르겠지만, 1개 구장의 관리비용이 1년에 20~50억 원이 소요될 것으로 보인다. 결국 월드컵을 위해 건설된 축구장은 기나긴 세월 동안 비용만 투입될 애물단지가 되고 만 것이다. 그리고 그런 사실을 알 만한 사람은 다 알고 있을 텐데 희한하게도 사회적 문제로 부각되지 않고 있다.

축구장이 있다는 사실이 관광에 도움이 되는지도 확실치 않다. 생각하기에 따라서는 없는 것이 더 좋을 수도 있다. 예컨대 서귀포나 대전의 축구장 주변을 관광지로 개발하자면 경기장을 허물고 문화시설 혹은 관광 편의시설을 설치하는 것이 나을지도 모른다. 실제로 일본의 경우는 월드컵 구장을 철거하자는 주장도 나오고 있다(KDI, 2001b: p.113). 그들은 월드컵 구장이 골치덩어리가 될 것임을 이미 알고 있는 것이다.

철거 주장이 일리가 있다면 체면에 구애받지 말고 부수는 것이 현명하다. 한 가지 재미있는 것은, 월드컵 구장을 철거할 때에도 지도층이 언필칭 내세우는 "경제적 유발효과"가 생긴다는 점이다. 애기가 잠시 딴 곳으로 가지만 독자의 이해를 돕기 위하여, 철거공사의 경제적 유발효과가 창출되는 과정을 다시 설명하기로 한다(제1장 참조).

〔보기 3-2〕 **축구장 철거의 "경제적 유발효과"**

　　철골과 시멘트로 된 축구장을 부수자면 수많은 중장비와 다이너마이트가 필요하고, 많은 인부가 동원되어야 한다. 물자의 추가생산이 불가피하므로 부가가치가 창출되고, 인부의 소득은 소비지출로 되어 다른 생산을 유발한다.

　　철거 과정에서 생성된 폐기물은 땅을 파고 묻을 수밖에 없다. 그러려면 다시 많은 장비와 인부가 필요하다. 구덩이는 깊이 팔수록 환경에 대한 악영향이 작아지고, 필요한 장비와 인부는 많아진다. 장비 생산이 늘고 인부의 소득이 증가한다. 그 역시 유발생산을 낳는다. 유발은 꼬리를 물고 일어나지만 "수렴하는 무한급수"가 되어 언젠가는 중단된다. 이 전체 과정을 통하여 엄청난 경제적 유발효과가 생긴다.

　　축구장 철거에 따르는 경제효과의 총액을 정확하게 계산하자면 KDI 보고서(1998)처럼 투입산출 분석을 시행해야 하겠지만, 줄잡아 보면 10개의 구장을 모두 부수기만 해도 2~3조 원의 유발효과는 너끈히 생길 것이다. 철거한 자리에 공원을 조성하거나 문예회관을 짓는다면 그 효과는 배가(倍加)될 것이다.

이제 결론을 내리자. 즉, 월드컵 축구장은 관리비의 회수도 어려울 것이므로 사후 편익은 부(負)가 될 가능성이 농후하다. 그렇지만 여기서는 **아무런 편익도 없는 것**으로 치부해 두자.

인천 해상부두의 건설

전국에 걸친 한국의 교통체증은 세계적으로 악명이 높다. 산업물자를 수송할 경부고속도로는 정체 상태일 때가 많고, 항만설비도 부족하여 체선(滯船)이 다반사로 생긴다. 그 밖에도 과학기술 기반은 취약하고, 문화예술 인프라는 낙후되어 있다. 중·고·대학의 시설은 매우 후진적이다. 그런 모든 사항이 대규모 투자를 기다리고 있다. 투자를 필요로 한는 여러 부문들 중에서 사회간접자본 시설의 우선순위가 최상이라고 가정하자.

사회간접자본(SOC)을 개선하는 것은 정부의 몫이다. 한국의 사정이 열악한 것은 일단 정부 예산이 부족하기 때문이다. 신공항 도로가 민자(民資)로 건설되어 이용자들이 그 비용을 부담하게 되었고, 그 바람에 활용도가 떨어진다. 경부고속철도는 준공이 마냥 뒤로 미루어지고 있다.

이제 3조 원을 들여서 인천 앞 바다에 "해상부두"를 건설한다고 가정하자. 물론 이것은 가상(假想)의 사업일 뿐이고 실제로는 국가경제 입장에서 가장 시급한 사업을 의미한다. 그것은 사회간접자본 시설이 될 수도 있고, 문화예술 혹은 과학기술 진흥방안이 될 수도 있다.

인천의 해상부두가 한국경제에 기여하는 바는 무엇이 될까? 그것은 수십 년에 걸친 시설의 활용기간 동안에 얻어지는 부가가치 증가분의 합계이다. 그리고 그것은 시설을 활용함으로써 얻을 수 있는 개인, 기업, 정부의 생산성 증가와 같다. 보다 구체적으로 말하면, 그 시설에서 얻을 수 있는 시간과 비용의 절감에서 얻는 이익의 합계이며, 해상부두가 가져오는 총편익이다.[1]

해상부두가 준공된 다음에 얻을 수 있는 편익이 얼마나 될지 가늠

---

1) 엄밀히 말하면, 장래에 얻을 수 있는 이익의 현재가치(現在價値)가 현시점에서 본 편익이 된다.

해 보자. 한국은 유·무형적 사회 인프라가 부족한 나라이다. 그것은 역으로 공공투자의 효율성이 매우 높을 수 있음을 의미한다. 그런 형편이므로 가령 3조 원을 투자한다면 4조 원의 사후 편익은 충분히 얻을 것이다.

이제 월드컵 구장과 해상부두를 비교해 보자. 같은 자금 3조 원을 투입하는 경우 앞의 것은 사후 편익이 전혀 없고 뒤의 것은 4조 원이나 된다. 그것은 월드컵 축구장의 **기회비용이 4조 원**이라는 뜻이다 ([보기 1-2] 참조).

월드컵 기간에 상실된 생산활동

월드컵 대회가 진행되는 사이에 사회 각 분야에서 생산활동이 위축되기도 했다. 활동이 행사 뒤로 미루어지기도 했지만 통째로 날아가기도 했다. 후자의 경우는 부가가치 창출의 기회가 없어진 것이므로 국가경제로 보아 순손실이라고 할 수 있다.

우선 16,600명의 자원봉사자가 상당 기간, 줄잡아 2개월 동안 무보수로 월드컵을 위해서 일했다. 경제적으로 보면, 그들이 다른 일을 하여 받는 보수만큼 월드컵의 비용이 증가한 것으로 볼 수 있다. 그 밖에도 한국 및 참가국에 대한 응원단이 결성되어 활동했으므로, 그들에 대해서도 자원봉사자의 경우와 비슷하게 말할 수 있다. 참가국에 대한 응원단인 코리안 서포터즈(supporters)는 국제대회 역사상 전례가 없던 일인데 500~1,000명으로 구성된 45개 팀이 활동하였다. (굳이 정부가 나서서 시민들로 하여금 남의 나라를 응원하게 해야 하는지 알 수 없지만, 그것은 일단 별개의 사안이다.)

제2장에서 언급한 바 있지만, 월드컵 준비기간 동안 각급 공사(公私) 단체를 중심으로 온갖 캠페인이 벌어졌다. 그런 행사에 동원

된 연인원이 1천만 명은 넘었을 것이다. 행사에 소비된 시간이 평균 반나절이고, 그 인건비가 1인당 1만원이라면, 캠페인으로 인한 생산 기회 손실만 1,000천억 원을 넘는다.

교육부는 월드컵 경기가 있는 날에는 초·중·고등학교가 "자율 휴교하도록 적극 허용"하였다. "경기관람 체험학습"을 하게 한다는 명분이었다. 특히 한국팀의 경기가 치러지는 날에는 "16강 진출을 응원하는 국민적 열망에 부응하기 위해" 휴교가 권장되었다. 한 대 학 교수(정운영)는 말했다.

> "경기가 있는 날 수업은 교수 재량에 의해 실시하기 바란다는 학교 당국의 협조전을 보고 나서야 월드컵이 남의 일이 아님을 실감했다. 축구시합 때문에 수업을 피해 달라는 주문이 다소 민망했던지, 회람 에는 '범국가적 차원 … 성공적 개최 … 적극협조' 등의 문구가 나열 되어 있었다." (중앙 02. 5. 31)

대회기간 동안 개최 도시의 토목 및 건축 현장은 수시로 공사를 중단하거나 각종 제약을 받았다. 월드컵에 방해가 된다는 이유였다. 공무원들은 평소의 시간과는 다른 출퇴근 시간을 적용받는 불편을 겪었다. 교통체증을 이유로 운전학원 차량을 통행금지시킨 곳도 있 었다. 월드컵 기간 중에 유독 엄격한 환경기준을 적용하는 바람에 당국에 의해 공해물질을 배출한다고 인식된 업체는 생산활동이 크 게 위축될 수밖에 없었다.[2] 전국에 수많은 포장마차와 노점상이 상 시(常時) 영업을 하고 있는데, 유독 월드컵 기간에만 강력하게 단속 을 하였다.(노점상의 활동이 불법인 것은 사실이지만, 그것이 부가가치를 창출하는 것도 확실하다.)

월드컵 대회 기간 중에는 각종 산업에서 생산과 판매가 위축되었다.

응원을 위하여 조업 및 근무시간이 단축되었고, 한국팀의 시합을 전후해서는 근무 분위기가 매우 느슨해졌다. 백화점과 음식점은 손님이 대폭 줄었다. 전력 소모량이 대폭 감소하고, 카드 결제가 크게 줄었다. 이와 같은 생산손실은 다른 나라에서 월드컵이 개최되어도 어느 정도 발생하지만, 대부분이 한국에서 개최되었기 때문이라고 보아야 할 것이다.

위에서 열거되거나 그와 유사한 형태의 생산활동 위축으로 초래된 부가가치 손실, 즉 국내총생산 손실이 얼마인지 추정하기는 매우 어렵지만, 줄잡아 1조 원은 충분히 될 듯하다.

위에서 지적한 사항은, 기회비용보다는 사회의 후진성을 드러낸 것이 오히려 더 큰 문제라고 할 수도 있다. 학생이 착실히 수업을 듣는 것은 지고의 가치이다. 정말로 특별한 일이 없으면 제도적인 수업결손이 있어서는 안 된다. 한 시민은 말했다.

> "나의 중학교 시절 급훈이 '수업은 생명이다' 였다. 스포츠 경기를 빌미삼아 어린 학생들의 소중한 배울 권리를 박탈하려는 한심한 일을 보면 우리가 왜 아직도 교육 후진국인지를 알게 된다."(조선일보 홈페이지, 02. 5. 26)

---

2) 화학물질을 다루는 업체는 정기적으로 배관청소를 해야 한다. 그런데 월드컵 기간 중에는 그 일이 중지되었다. 공해물질의 배출을 방지하기 위해서였다. 그런데 때맞추어 청소하지 않은 배관은 큰 사고의 원인이 될 수도 있다. 실제로 다수 기업체에서 그런 걱정을 하고 있다.

　　외국인을 환대하기 위해서 서민층에 고통을 주는 것도 후진적
발상으로, 그것은 "국위선양"에도 전혀 도움이 되지 않는다. 예를
들어, 이중적 환경기준이 적용되는 사실을 외국인들은 쉽사리 이해
하지 못할 것이다. 상식을 가진 외국인들은 인간사회의 한계를 이해
하기 때문에 경기장 옆에서 공사가 진행되는 그 자체를 이상하게 생
각하지 않는다. 오히려 작위적 공사중단을 의아하게 여길 수도 있
다. 아래에 나타난 서민의 애로를 외국인들이 안다면 어떻게 생각할
까? 틀림없이 나라 망신일 것이다.

〔보기 3-3〕 **월드컵 이면의 서민 애환**

"월드컵 휴교에 서민들 애로"　　　　　초등학교에 다니는 아
이를 둔 맞벌이 주부다. … 이럴 땐 집에 혼자 있어야 하는 아이
에게 무척 미안하기도 하고 아이들의 안전이 걱정되기도 한다.
월드컵 관람을 가는 아이들은 허락을 받고 그들만 수업에 빠지
면 안 되는 것일까? 현재 그런 제도가 시행되고 있으니까 말이
다. … 아이들만 쉰다고 월드컵 붐이 조성이 되는지 의문이다.
…"(조선일보 2002. 5. 15: 독자투고)

"월드컵에 밀리는 생계"　　　　"요즘 TV만 켜면 월드컵 일색
이다. 주최국 국민의 한 사람으로서 자랑스러운 마음도 들지만,
노동일을 하는 사람의 아내로서는 월드컵을 맞는 기쁨보다는
걱정이 앞선다. 외국인 관광객들에게 불편을 주고 미관상 좋지
않다고 공사 허가가 잘 나지 않아 노동일이 줄어들기 때문이다.
아직도 월드컵 개막이 18일 정도 남았는데 벌써부터 굴착허가
가 안 난다고 한다."(조선일보 2002. 5. 14: 독자투고)

2. 월드컵을 향한 지극정성

1996년부터 2002년까지 월드컵은 그야말로 한국의 국가지대사(國家之大事)였다. 대통령, 지도층, 언론, 공무원, 시민, 초등학생 할 것 없이 말끝마다 월드컵이었다. 투자뿐만 아니라 관심의 우선 순위에서 월드컵은 언제나 최상위에 놓여 있었다. 온 국민이 월드컵에 대해 그야말로 지극정성을 기울였다.

이 절에서는 월드컵을 위해 온 국민들이 바친 관심과 시간을 점검해 보기로 한다. 이어서 제3, 4 절에서는 그에 따르는 기회비용을 따져볼 것이다. 전체적 구성으로 보면, 이 절의 "월드컵을 향한 지극정성"의 기회비용이 제3절의 "등한시된 사회 기본" 및 제4절의 "멀어지는 선진사회"가 된다.

중앙정부

월드컵의 유치에는 정치적 고려가 없지 않았을 것인바, 청와대에서 대단한 관심을 보인 것은 극히 자연스러운 일이다. 대통령이 기회있을 때마다 월드컵과 관련하여 "국운 융성, 국력 결집, 국가대사, 100년 만의 기회" 등 지상(至上)의 표현을 쓰고는 했다. 2002년 2월에는 가장 신임하는 사람을 특보(特補)에 임명하여 전국의 월드컵 준비 상황을 점검하게 했다. 2002년 5월에는 청와대 대변인이 "대통령이 당적(黨籍)까지 버리면서 월드컵과 경제 등 국정에 최선을 다하기로 했다"고 발표하였다. 여러 정황에 비추어 보면, 남북문제와 더불어 월드컵이 대통령의 최대 관심사인 듯했다.

청와대의 관심이 그토록 지극한데 어느 부처의 어떤 장관, 관료가 월드컵을 소홀히 할 수 있겠는가. 주무부서인 문화관광부의 관심과 활동은 새삼 언급할 필요가 없겠고, 다른 부처에서도 경쟁적으로 월드컵 지원대책을 강구하였다. 2002년 5월에 제공된 관계부처 합동 보도자료에 그 일단이 잘 소개되어 있다.

[보기 3-4] **제5차 월드컵, 부산 아시아대회 '경제분야 지원단' 회의 안건**

1. 월드컵 지원대책 추진실적 (재정경제부)

2. 자치단체의 외국손님 맞이 지역환경 정비 마무리(행정자치부)

3. 월드컵 관광숙박 대책 추진실적(문화관광부)

4. 월드컵 기간 중 수출·투자촉진 대책 추진현황(산업자원부)

5. IT 관련 행사 준비상황(정보통신부)

6. 월드컵 대비 노사관계 안정대책(노동부)

7. 공정한 거래질서 확립대책 추진실적(공정거래위원회)

8. 월드컵 관련 금융지원방안 추진실적(금융감독위원회)

9. 월드컵 상품 전시·판매장 설치 운영현황(중소기업청)

10. 월드컵 휘장사업 추진현황(월드컵조직위원회)

(재정경제부)

관련 자료에 따르면, 재정경제부는 월드컵 관련기업에게 5,900억 원의 자금을 지원했다. 행정자치부와 경찰청의 활동에 대해서는 제2장에서 이미 소개한 바 있다. 그 밖에도 연인원 245천 명의 자원봉사자에 대한 소양교육이 실시되었다. 산업자원부는 국내외에서 전시회, 마케팅 사업을 전개했다. 중소기업청은 월드컵 관련 유망상품을 생산하는 400여 개의 중소기업에 대해 집중 지원했다. 세관은

월드컵 기간 동안 비상근무를 하고, 국세청은 월드컵 관련 기업에게
는 세무조사를 연기하고 세금의 납기를 연장해 주었다.

월드컵을 범정부적으로 지원하기 위해 다수의 초부처(超部處) 기
구가 만들어졌다. 정부지원 관계장관회의, 차관회의, 실무대책 협의
회, 안전대책 통제본부 등이 그것이다. 총리실의 정부지원 점검단,
문화관광부의 대회지원 본부, 행정자치부의 문화시민운동 지원단,
법무부의 한일 출입국 공동위원회 등 각 부처에 지원 추진반이 운영
되었다.

각 부처에 설치된 지원조직은 그 자체로 중복과 낭비의 요소가
많고, 10개 개최도시의 준비단에게 각각 업무보고를 요구하는 등으
로 과도한 행정수요를 초래하여 준비에 방해가 되기도 했다. 그리하
여 중앙정부 차원에서는 하나의 통합된 조직을 운영하는 것이 바람
직하다는 의견도 제시된 바 있다(KDI 2001b: p.30). 각급 중앙 부서에
상당한 "과잉 관심"이 있었음을 짐작케 한다.

지방자치단체

월드컵 축구장을 건축하고 관리하여 3회씩의 경기를 "성공적으
로 개최"하는 직접적 책임은 10개 개최도시에 있다. 그들 도시의 각
급 공무원 역시 음으로 양으로 월드컵을 지원할 것임은 두말할 필요
가 없다. 우선 각 시장은 대통령과 비슷한 혹은 그보다 강한 어조로
월드컵에 대해 언명하였다. 예를 들면, 월드컵을 "도시 중흥을 위한
지렛대"라고 말한 것 등이다.

정부와 단체장의 뜻을 받들어 각 개최도시는 거시적(擧市的) 관
심을 기울였다. 분야별 과제가 종합된 월드컵 준비계획을 만들어 시
청의 전 부서가 이를 실행하였고, 수시로 준비상황 보고회를 개최하

였다. 분야별 대책회의가 수시로 개최된 것은 물론이다. 지정 숙박업자 및 자원봉사자에 대한 교육도 수차 실시되었다. "월드컵 생물테러 대비 교육"이 실시되기도 했다. 아울러 시청의 각급 공무원은 중앙정부 차원의 대책회의에 수시로 참석해야만 했다.

광역시인 개최도시에서는, 자치 구·군 단위에서도 월드컵의 개최에 협조하는 것이 최고의 우선순위에 해당하는 업무였다. 월드컵을 1년 정도 남긴 시점부터는 업무계획의 첫자리는 거의 언제나 월드컵이 차지하고 있었다. 다음은 인구가 12만 명에 불과한 어느 자치구(自治區)의 2002년 5월 주간 업무계획에 나타난 것이다.

〔보기 3-5〕 **"월드컵 대비 업무추진"**
○ 아름다운 환경조성사업 지속추진 : 5. 6 ~ 5. 11

· 대   상 : 꽃동산 15개소, 꽃길 조성 7개소, 화분 설치 1,190개

· 실   적 : 꽃동산 11개소, 꽃길 조성 6개소, 화분 설치 1,056개

　　　　　(진도 85%)

· 추진계획 : 꽃동산 3개소, 꽃길조성 1개소, 화분설치 74개
○ 불법광고물 철거 : 불법 돌출간판 및 지주간판 50개
○ 식품 위생업소 지도 점검 : 76개소(제조업소 26, 즉석판매 업소 50)
○ 지정 숙박업소 지도 점검 : 18개소
○ 국민 기초생활 10대 과제 실천운동 전개 : 5. 10(금) 10:00

· 〔도로변〕 : 캠페인 및 환경정비 실시

이 지자체는 "월드컵 공식 마크" 위조상품 판매 지도점검에 직접 나서기도 했다.

막상 월드컵 축구대회가 시작되자 개최도시의 행정관청은 부서

를 특별히 구별할 필요도 없이 온통 월드컵에 매달렸다. 많은 업무에 대한 협의 혹은 집행이 월드컵 뒤로 미루어졌다.

시민

월드컵의 준비와 개최 과정을 통하여 일반 시민과 기업체의 임직원이 바친 관심과 시간 또한 적지 않았다. 대중 매체에 보도되는 내용 혹은 기고되는 글로써 미루어 짐작하면, 각계 각층의 시민들도 월드컵에 깊은 관심을 보였다. 드러난 사실에만 비추어 본다면, 월드컵을 반대하는 국민은 없는 듯했다. 모두가 월드컵 축구대회의 "성공적 개최"에 애를 태우는 듯이 비쳤다.

월드컵 경기가 열리기 전까지 "월드컵 붐"이 조성되지 않는다는 언론보도가 많았던 점에 비추어 보면, 월드컵 "준비 기간" 동안 모든 국민이 그 일에 대해 신경을 썼다고 말할 수는 없을지 모른다. 그렇더라도 엄청난 숫자의 시민들이 월드컵에 관심을 쏟은 것만은 사실이다. 개개인이 직·간접으로 월드컵에 바친 시간은 적을지 모르지만, 숫자가 많은 만큼 시민 전체의 시간을 합하면 공무원의 그것을 능가할지도 모를 일이다.

3. 등한시된 사회기본

옛말에 "곡식은 주인의 발자국 소리를 듣고 자란다"고 했다. 관계자의 관심이 있어야 일이 제대로 된다는 말이다. 앞 절에서 월드컵 유치 이후 각계 각층 인사의 최대의 관심사가 월드컵이었음을 지적하였다. 그 말을 뒤집으면, 다른 분야에 대한 국민의 관심이 상대적으로 약했다는 말이다.

주인의 관심이 멀어지면 곡식이 제대로 자라지 않듯이, 국민의 관심이 멀어진 분야에서 문제가 생기는 것은 필연적이다. 인간의 능력에는 한계가 있다. 동시에 주의를 기울일 수 있는 대상이 한정되어 있다는 말이다. 곡식을 돌보아야 할 주인이 놀이(遊戲)에만 관심이 있다면 논밭에 나갈 시간은 줄어든다. 대통령부터 하위 공무원까지 월드컵에 지극정성을 기울이면 다른 대소사(大小事)를 돌볼 시간적, 정신적 여유가 없어진다.

21세기에 들어서도 한국 사회에는 어처구니 없는 일들이 많이 일어났다. 물론 그런 일들이 전적으로 월드컵 때문이라고 할 수는 없지만, 월드컵을 향한 관심이 그런 분야에 쏠렸더라면 대부분의 문제가 해소되었을 것임은 틀림없다. 그렇다면 월드컵 유치 이후에 일어난 후진적 사회문제, 대외적 나라 망신들은 모두 월드컵의 기회비용이 된다.

열악한 생활여건

현대사회의 시민들이 가장 먼저 바라는 것은 일상생활에서의 안온함이다. 행동의 자유를 구속받지 않고, 이동이 편해야 하며, 안전이 보장되어야 한다. 자연환경은 보전되어야 하며, 도시경관에는 문화적 정취가 있어야 한다.

한국은 과연 어떠한가? 누가 보아도 그렇지 못하다. 수출금액이 좀 많고, 일인당 국민소득이 그럴듯하며, 국제행사는 성공적으로 치러내지만 소시민의 일상생활은 불편하기 그지없다. 남 보기 창피스럽게 후진국에서나 있음직한 사건과 사고도 빈발한다.

도심지는 무질서로 뒤덮여서 도보이건 자동차 운행이건 불편하기 짝이 없다. 사람들이 질서를 지키지 않을 뿐만 아니라 온갖 장애물이 널려 있다. 도로, 신호, 차선 체계는 불합리한 곳이 많아 통행에 불편을 초래한다. 〔보기 3-6〕과 비슷한 일은 대도시 어느 곳에서나 목격된다.

〔보기 3-6〕 **지방도시 로터리**

O구 O동의 로터리는 우선 바라보기가 어지럽다. 하늘을 가로지르는 고가차도, 주변과 전혀 어울리지 않고 조형미도 신통치 않은 콘크리트 탑, 여기저기 서 있는 교통신호기, 바닥에 아무렇게나 그어진 차선, 울긋불긋 어지럽게 서 있는 플라스틱 봉, 플라스틱 통, 시멘트 블록 등등... 거기다가 인도나 차도는 수시로 파헤쳐 놓았다.

보도에는 행인이 제대로 지나갈 공간도 없다. 시외버스 매표소, 공중전화 부스, 매점의 판매대, 자판기, 승객 대기석, 간이 의자 등 시설물이 뒤섞여 있고, 버스를 기다리는 승객과 길가에 서서 TV를 보는 행인이 길을 가로막고 있다.

주 도로에는 대형 트럭, 버스가 숨쉴 틈을 주지 않고 밀어닥쳐 길 건너기가 겁나고, 골목길과 인도가 교차하는 지점에는 예고 없이 차량이 달려든다. 때로는 그 교차점에 트럭이 서 있어서 길을 막는다. 심지어 성급한 운전자가 차를 몰고 자전거 전용도로라고 만들어진 인도를 질주하는 경우도 있다.

길에는 오물과 쓰레기가 방치되어 있을 때가 많고, 휴지가 굴러다닌다. 복잡한 인도를 피하여 차도를 걸어가려면 불법 정차한 차량이 길을 막고, 하수구 맨홀로부터는 악취가 풍긴다.(2001년)

보도에 따르면, 도로교통안전 관리공단이 자체적으로 파악하고 있는 전국의 "사고 잦은 지점"이 1만 곳이 넘고, 그 중 2,000여 곳은 10년 이상의 세월이 흘렀음에도 방치되어 왔다(중앙 02. 4. 23). 그 중에는 1㎞ 당 매년 1명의 사망자가 발생하는 곳도 있었다.

고속도로를 달리노라면 휴게소 이외의 지역에는 가로등조차 없다. 저자는 1999년 1월 23일 초저녁에 진눈깨비가 날리는 대관령 고갯길을 차를 몰고 강릉 쪽으로 내려간 적이 있었다. 캄캄 절벽의 어둠 속에 미끄럽고 비탈지고 꼬부라진 길을 앞차의 꽁무니만 따라 가려니 식은땀이 저절로 솟았다. 불현듯 오던 길에서 보았던 동계올림픽 개최를 자랑하고 축하하는 수많은 입간판이 떠올라서 저절로 화가 났다.

"이 나라는 왜 매양 이 모양인가? 자기네 시민들을 위해서는 험한 길에 등불 하나 안 밝히면서, 허구(許久)한 날 딴 나라 사람들을 위해서 잔치나 벌이고 있으니…"

그런 마당에 예술적 도시경관, 문화적 생활환경을 바라는 것은 차라리 사치라고 할 것이다.

정부 당국자는 언필칭 예산 부족을 운위(云謂)하지만, 위에 적시한 일들을 고치는 것은 예산보다는 관심사의 문제라 할 것이다. 누군가가 조금만 신경을 써서 연구한다면 어렵지 않게 해결책을 찾을 수 있으련만, 오랜 세월 고쳐지지 않는다.

연속되는 사건과 사고

한국에는 수시로 발생하는 비슷한 유형의 사고가 있다. 해마다 여름철이면 맞는 홍수 피해도 그 중의 하나이다. 넓지 않은 국토이

건만 아무 데서도 홍수가 나지 않고 한 해를 넘기는 일은 거의 없다. 연천, 동두천 등을 포함한 경기북부 지역은 상습수재 지구이고, 월드컵 이후 강릉 지역을 비롯, 전국을 강타한 태풍의 피해도 따지고 보면 사전 대비 소홀 때문이다. 그래서 인재(人災)라는 비아냥거림을 받고 있는 것이다. 예로부터 치산치수(治山治水)는 치국(治國)의 근원이라 했거늘, 우리는 그것조차 제대로 하지 못하고 있다.

지하 유흥주점의 화재 사고도 끊이지 않는다. 인화성, 유독성 내장재를 사용해서 꾸미고 비상 출입구가 확보되지 않았기 때문에 불이 나기만 하면 수십 명이 한꺼번에 목숨을 잃는 똑같은 사고가 마냥 되풀이되고 있다. 1996년 9월 서울 창전동에서 12명이 사망하는 사고가 있었고, 1999년 10월 인천 인현동에서는 무려 52명이 사망하고 56명이 부상당했다.

전국 곳곳에 어린이와 청소년을 위한 수련원 시설이 있는데, 관리의 사각지대에 놓인 곳이 많아 자주 안전사고가 일어난다. 1999년 6월 경기도 화성군에서는 화재로 인하여 유치원생 등 23명이 사망했는데, 컨테이너로 만든 가건물 숙소가 대형사고를 부른 주 원인이었다. 선진사회 같으면 상상조차 할 수 없는 일들이 우리 주변에서는 끊이지 않는다.

이 밖에도 행정당국의 무관심으로 인해 발생하는 문제의 유형은 다양하다. 2001년 미국 항공청은 한국을 항공 2등급으로 분류하여 국제적 망신을 당했다. 불안전한 항공행정을 문제삼은 것이다(〔도표 3-1〕 참조). 2001년 1월에 서울 지하철 4호선 오이도역에서 장애인 부부가 리프트 추락사고로 숨졌고, 2002년 5월에는 5호선 발산역에서 리프트를 타고 계단을 오르던 장애인이 떨어져 목숨을 잃었다. 근본적으로, 한국은 장애인이 활동하기에 지극히 불편한 나라이다.

2001년 9월에는 청와대의 비서실 사물창고에서 1950년대에서 70년대에 걸친 대통령 관련 기록물이 대거 발견되었다. 그 중에는 반세기 동안이나 그냥 잠자던 희귀한 사료(史料)도 있었다. 체계가 잡힌 나라에서는 도저히 있을 수 없는 어처구니 없는 일이다. 2001년 9월에는 전국에 걸쳐 100명 이상이 콜레라를 앓았고, 12월에는 이질 환자가 집단으로 생겨났다. 이런 병은 주거환경의 관리가 부실하여 발생하는 것으로 전형적인 후진국 현상이다.

낯뜨거운 외교 실수

한국은 대외관계의 처리가 서툴기로 소문나 있다. 크게 두 가지 측면에서 문제점을 지적할 수 있는데, 그 하나는 협상력이 부족하다는 점이고, 그 둘은 대외 정보에 어둡다는 점이다.

미국 워싱턴의 통상전문 변호사들 사이에서 한국은 통상압력에 가장 약한 나라로 알려져 있다(e.g. 중앙 95. 12. 27). 강대국과의 교섭에서는 기가 죽어 정당한 요구도 제대로 말하지 못하는 반면, 후진국에 대해서는 무시하는 행동을 한다.

협상력이 모자라는 것은 그렇다 치고, 정보가 부족하거나 대응 조치가 늦은 것은 바로 무관심에서 기인된다. 엉뚱한 곳에 신경을 쓰다 보니 제대로 챙기지 못하는 것이다. 1999년 11월에는 북한을 탈출한 탈북자 7명이 중국을 거쳐서 러시아까지 갔으나 다시 북한으로 송환되고 말았다. 당시 정부는 그들을 북한에 보내지 말 것을 중국에 간청했으나, 정보와 협상력이 모자라고 의지와 관심이 부족해서 관철시키지 못했다. 결국 그들은 사지(死地)로 되돌려지고 말았다.

2001년 10월에는 한국인 여러 명이 중국에서 사형을 당했다. 그들은 마약사범으로 1997년에 체포되었지만 정부는 별다른 조치를 취하지 않았고, 중국은 중국대로 적절하게 정보를 제공해 주지 않았다. 한국 정부가 한 일은 사형집행 뒤에 중국의 외교적 결례에 대해 항의하는 것이 전부였다.

1990년대 후반 이후에 한국이 일본, 중국, 러시아 등과 벌인 어업협상은 모두 실패로 끝났다. 1999년 초에 "쌍끌이 어선" 소동으로 잘 알려진 바와 같이, 정부는 한일 어업협상에서 제대로 대처하지 못하여 실리를 잃고 뒤늦게 허둥대다가 망신만 당했다. 그 일로 말미암아 해양수산부 장관이 물러나기도 했다. 일본은 전문가들이 몇 년에 걸쳐서 온갖 준비를 했으나, 한국은 전문가도 아닌 몇 명의 공무원이 대충대충 일을 처리해온 당연한 결과였다.

[도표 3-1] 항공 2등국 망신

자료: 중앙일보 김상택 만화세상 2001. 8. 18.

2001년 4월에 타결된 한중 어업협상에서도 "일손이 부족하여" 신속하고 완벽하게 대비하지 못했다. 그해 10월에는 일본과 러시아가 남쿠릴 열도 주변에서 제3국 어선의 조업금지를 결정하여 다시 한 번 소동이 벌어졌다. 대책 없이 있다가 꽁치어장을 잃어버리고 만 것이다. 그 "꽁치 사태"에 대해 모든 언론들은 "꽁치가 보여준 국정의 무기력," "러시아에 속고, 일(日)에 당하고" 등의 표현으로 비판하였다. 정부가 마땅히 해야 할 일에 소홀했던 것이다.

일본의 역사교과서 왜곡, 총리의 야스쿠니 신사참배, 독도 영유권 다툼 등도 조직적이고 체계적으로 대응하지 못하기 때문에 잊을 만하면 다시 발생하고 있다. 정부 당국자 중 누군가가 책임의식과 관심을 가지고 꾸준히 관찰하고 대비한다면 문제가 커지는 것을 막을 수 있을 것이다.

4. 멀어지는 선진사회

정부 당국자는 올림픽과 월드컵은 한국이 선진사회로 진입하는 디딤돌이 된다고 말해 왔다. 그러나 행사를 거창하게 치른다고 해서 선진사회로 들어갈 수 있는 것은 결코 아니다. 각 분야의 수준이 고르게 높아질 때에야 비로소 선진사회에 도달할 수 있다.

이 절에서는 선진국이 되기 위해서 한국이 성취해야 할 매우 중요한 몇 가지 일을 짚어보기로 한다. 그런 일을 하지 못한 것이 월드컵 때문만은 아니다. 그러나 월드컵만큼 지극 정성을 기울였다면 상당 부분 해결되었을 것임에는 틀림없다. 그런 의미에서 한국은 월드컵 때문에 선진사회가 될 기회를 잃어버린 것이나 다름없다. 곧 월드컵의 기회비용인 것이다.

사회경제제도의 합리화

한국경제가 대외 경쟁력을 확보하기 위해 시급히 해결해야 할 과제는 "합목적적인 사회경제제도를 확립하는 일"이다.(참조: 안영도『국가경쟁력 향상의 길』, 비봉출판사)

시장경제 질서를 확립하고, 공정경쟁의 규칙이 만들어져야 한다. 모두가 질서를 지키도록 유인(incentive)을 제공하고, 탈법과 위규 행위를 사전에 방지해야 한다. 관치금융을 배제하여 자원배분이 효과적으로 이루어져야 한다. 개인과 기업에 대한 평가제도가 정립되어 성과가 뛰어난 개인 혹은 기업이 보상을 받고, 사회구성원 모두가 사회발전에 도움이 되는 행동을 하도록 유도해야 한다.

그런 일을 위해서는 지도층이 머리를 맞대어 의논하고, 정치인은 활발한 토론을 거쳐서 법규체계를 합리화 해야 한다. 이 모두가 사회 구성원 전체가 많은 시간과 노력, 꾸준한 관심을 투자해야만 가능한 일이다. 그런 일에 쏟아져야 할 사회적 자원의 많은 부분이 월드컵에 쏟아진 것이 사실이고 보면, 월드컵이 사회경제 질서의 확립에 방해가 되었다고 말할 수 있다.

월드컵을 목전에 둔 2002년 5월에 한국 정치권에서는 정쟁(政爭)을 일시 중단하자는 합의가 이루어졌다. 따지고 보면 그것도 우스운 일이다. 나쁘게 말하면 정쟁이지만, 좋게 말하면 정치적 토론이다. 그것을 국제행사 때문에 무조건 뒤로 미루어서는 안 될 일이다.

문제를 악화시킨 것은 지방자치 단체장 및 지방의회 의원의 선거가 월드컵 대회의 한 가운데에서 치러졌다는 사실이다. 깊이 따져

보지 않아도, 한 차례의 체육행사보다는 향후 4년간의 지방행정을 좌우할 선거가 훨씬 더 중요하다. 그런데 월드컵이라는 잔치판 속에서 선거에 대한 유권자의 관심이 멀어지고 말았고, 투표율은 평균 48%로 사상 최저를 기록하였다((도표 3-2)). 심각한 폐해가 아닐 수 없다.

선거 당일인 6월 13일에 수도권에는 차량 2부제가 강제로 시행되었다. 선거에 대한 국민의 무관심으로 말미암아 투표율이 낮을 것이 빤히 내다보였지만, 한국 정부에겐 선거보다 축구시합이 훨씬 중요했던 것이다. 그런데 사실은 그게 아니다. 어느 언론인(전진우)의 말대로, "축구가 8강에 진출한들 부패하고 무능한 인물들이 시장되고, 군수되고, 구청장이 되어서야 나라에 무슨 희망이 있겠는가."(동아 02. 6. 8)

저자가 더욱 희한하게 생각하는 것은 지도층 인사나 언론 역시 "선거일의 강제 2부제"를 문제삼지 않았다는 점이다. 야당에서 오직 한 차례 이의를 제기했을 뿐이다. 더구나 선거일은 공휴일이므로 굳이 2부제가 필요하지도 않았고, 일부 지역은 축구경기의 당일도 아닌 전 날이었다.

학교교육의 정상화

구태여 길게 설명할 필요 없이, 초등학교에서 대학까지 한국의 교육은 한 마디로 난맥상이다. 특히 고등학생들은 대학입시 제도의 실험대상에 지나지 않는다. 교육에 대한 불신으로 학교를 중퇴하는 중고생이 매년 6~7만 명이나 된다. 자녀 교육 때문에 이민가야겠다는 푸념은 주변 어디에서나 들을 수 있으며, 실제로 행동에 옮기는 사례도 많다.

[도표 3-2] 선거보다 월드컵에 쏠린 관심

자료: 조선일보, 조선만평 2002. 5. 31.

학교교육이 제자리를 잡는 것은 매우 시급한 일이다. 그것은 일반 시민에서 대통령까지 온 국민이 매달려서 해결해야 할 중차대(重且大)한 과제이다. 수십 년간에 걸친 시행착오가 말해 주듯이, 한국교육은 교육부에 맡겨 두어서는 백년하청(百年何淸), 아니 점점 엉망이 될 뿐이다.

월드컵을 위한 6년 동안의 지극정성과 관심을 교육 정상화에 쏟았더라면, 그것이 아무리 어려운 문제라 하더라도, 대회가 열린 2002년 6월쯤이면 해결되었으리라. 단 1개월간의 "월드컵의 성공적 개최"와 백년대계의 틀을 잡는 일의 경중(輕重)은 삼척동자라도 판별할 수 있는 일이다.

지식기반의 강화

현대사회가 지식에 기반을 두고 있다는 것은 상식이 되었다. 그런데 한국의 형편은 어떠한가? 기초기술은 낙후되었고, 문화예술은 내세울 게 없다. 희소한 국가의 자원과 관심이 체육에 집중되는 사이에 지식기반에 대한 투자는 뒤로 밀리고 말았기 때문이다.

한국의 과학기술 수준은 경쟁국에 비해서 뒤쳐진다. 예나 지금이나 주요 기술은 해외에서 빌려오고 있다. 그것은 과학자, 기술자, 기능인이 사회경제적으로 형편없는 대접을 받는 데에 기인한다.(제7장 참조) 그리하여 대학의 자연과학 교육이 붕괴되고 있다. 2002학년도 졸업생의 이공계 지원율은 27%에 불과했고, 그 중에서도 우수 학생은 의대와 치대를 지원한다. 거기다가 고급인력의 해외유출은 심각한 지경에 이르고 있다. 한국에서는 장래가 불투명하기 때문이다. 이공계 교육은 "총체적 위기"를 맞았고, 고급인력의 공동화가 우려되는 안타까운 현실인 것이다.(삼성경제연구소 2002)

자연과학 교육이 실속 없고 고급 연구인력이 부족한 나라에서 과학기술이 꽃필 것이라 기대할 수는 없다. 부실한 이공계 교육과 인재의 해외유출은 오래 전부터 지적된 사항이지만, 개선은커녕 악화되고 있다.

한국은 특허심사가 오래 걸리기로 소문나 있기도 하다. 프랑스가 평균 8개월, 독일 10개월, 미국 14개월인 데 반해 한국은 21개월이다. 요즘과 같이 기술의 수명주기(life cycle)가 짧은 시대에 심사에 2년 가까이 걸린다는 것은 특허의 의미 자체를 상실하게 만들 수도 있다. 정부는 언필칭 인력부족이지만 월드컵을 위해서는 아낌없이 인원을 배정한 바 있다.

한국이 과학자와 기술인력을 홀대하고 있는 데 비해 가장 강력한 경쟁국가인 중국은 극진한 대우를 하고 있다. 우선 강택민(江澤民) 주석과 주용기(朱鎔基) 총리 등 많은 테크노크라트가 정부의 요직을 점하고 있다. 외국에 있는 중국인 과학자를 유치하기 위해 파격적인 대우와 양호한 연구 여건을 제공하고 있다. 중국은 또한 온힘을 기울여 이공계 교육을 강화하고 있다. 머지 않은 장래에 중국의 과학기술이 꽃을 피울 것인바, 상대적으로 뒷걸음칠 한국의 대외경쟁력을 우려하지 않을 수 없다.

문화와 예술의 진흥

많은 사람들이 현대사회에서 차지하는 문화의 비중이 매우 크다고 얘기한다. 안온하고 쾌적한 생활환경을 조성하기 위해서는 다양한 문화예술 시설이 주거지 가까이 있고, 도시경관이 아름답게 가꾸어져야 한다고 말한다. 소비문화의 고급화와 더불어 문화예술 요소가 강화되어야만 상품의 가치가 증대된다고 주장한다.

한편, 한국인들은 5,000년에 걸친 찬란한 문화와 역사를 가지고 있다고 자랑한다. 외국에 과시할 것이 수없이 많다고 우긴다.

그러한 배경 설명과는 달리 한국의 문화예술 현실은 어떠한가? 우선 생활 주변을 살펴보자. 어디에서 문화예술의 정취를 느낄 수 있는가? [보기 3-6]에 한국 도시경관의 단면을 소개한 바 있지만, 어디를 가나 콘크리트 숲에 각종 간판이 어지럽다. 도시의 스카이라인이나 색상도 전혀 조화를 이루지 못한다. 도심지에는 녹지대가 없어서 숨쉬기에 답답함을 느낀다. 서울을 제외하면 전국 어느 지역에도 문화예술 시설이 턱없이 부족하다.

우리의 문화유적지는 제대로 보전되고 있고, 문화유산은 제대로 활용되고 있는가? 문화유적은 관광자원으로 "개발"되어 역사의 향기를 전하기보다는 유원지가 되곤 한다. 세계적 명소가 된 한국의 문화유산은 사실상 없다.

한국의 전통문화가 체화(體化)되어 외국에 알려진 것도 없다. 유구하다는 역사의 흔적을 발견하기 어려운 것이다. 어느 문화 전문가(유홍준)가 한탄하듯이, "우리는 한국의 고유 이미지를 담은 포장지 하나 찾아볼 수 없고, 상품마다 국적 없는 디자인으로 세계시장에 뛰어들고 있다."(조선 02. 1. 21)

한국에서 인문학이 퇴조하는 정도는 과학기술보다 훨씬 심하다. 월드컵의 개막식 다음 날인 2002년 6월 1일의 국내 일간지는 온통 월드컵 이야기로 칠갑(漆甲)되었다. 그날 한 신문의 이면에는 한국 인문학의 장래가 암담함을 보여주는 기사가 실렸다.

〔보기 3-7〕 **"〔서울대 박사〕 인문대 출신 260명 실업상태"**

"서울대 인문대의 L교수는 지난 3월 학위지도를 맡아 달라며 찾아온 박사과정 학생을 그냥 돌려보냈다. "지도교수가 되면 앞으로 취업까지 챙겨야 하는데 도저히 자신이 없었다"고 했다. 석·박사 제자를 얼마나 배출했느냐로 교수 업적을 평가하던 90년대 중반까지만 해도 보기 힘든 풍경이었다. L교수는 "78학번 제자가 13년째 시간강사로 일하고 있는 게 현실"이라며, "박봉에, 방학이 되면 그나마 수입마저 끊겨 번역거리를 찾아다니는 걸 보면 스승으로서 죄스럽기까지 하다"고 말했다.

지난 달 27일 서울대 박사과정 모집 결과 반 이상의 단과대가 정원 미달 사태를 빚은 데 대해 서울대 교수들과 대학원 학생들은 당연한 결과라는 반응들이었다. 권영민 인문대 학장은 "인문대 출신 박사 중 260명이 실업상태"라며 "매년 40~50명씩 배

출되는 박사들이 5~6년째 거의 일자리를 못구하고 있는 셈"이
라고 말했다.… (조선일보 2002. 6. 1.)

어느 사회학자(송복)는 "문·사·철(文史哲)이 죽어가고 있는 것
은 정신과 문화면에서 한국의 독자성이 없어짐을 의미한다"고 말했
다.(2002년) 새로운 용어, 새로운 개념은 문학(文)에서 창출되며, 역
사(史)는 그 자체가 경험의 보고이다. 철학(哲)은 객관적 사고의 바탕
이 되기 때문에, 그것이 없으면 독자적 학문의 수립이 불가능한 것
이다. 우리 말의 발전이 정지되어 지도층 인사가 외국어로 의사소통
하게 되면 한국인의 정신은 죽어버릴 수도 있다.

시장경제의 논리에 비추어 보면, 인문학이 궤멸하는 것에 대해
서도 걱정할 필요가 없다고 말할 수도 있다. 그러나 문화, 예술 그리
고 그 바탕이 되는 인문학은 경제학에서 말하는 공공재(公共財)이다.
시장에 맡겨 두어서는 안 되고, 국가와 사회가 관심을 가지고 육성
해야만 하는 것이다. 문화예술에 대한 국가적 관심을 체육에 대비하
는 것은 제5장에서 심도있게 다룰 것이다.

관광 진흥

이 절에서 지금까지 따진 것과 유사한 일은 너무 많아 한없이 계
속할 수 있지만, 관광에 관한 논의로써 마감하기로 한다.

우리는 올림픽이나 월드컵이 외래 관광객을 유치하는 데 크게
도움이 된다는 논리에 익숙해 있다. 그러나 찬찬히 생각해 보면 반
드시 그런 것도 아니다. 어느 나라를 여행 목적으로 방문하는 것은
그 나라를 안다는 것만으로는 부족하다. 더 중요한 것은 관광 인프
라이다. 그런데 우리는 어떤가? 모르긴 몰라도 중진국 이상을 통틀

어 이런 면에서 한국이 가장 열악하다고 해도 과언이 아닐 것이다.

한국에 대한 홍보자료를 외국 현지는커녕 인천공항에서도 제대로 구할 수 없다. 외래어 표기가 된 믿을 만한 지도조차 구하기 어렵다. 외국인들은 한국의 어디를 가나 의사소통에 어려움을 겪는다. 관광을 목적으로 호텔 밖을 빠져 나오면 방향을 잡을 수 없고, 차를 몰고 먼길을 가자면 길을 찾을 수 없다. 도로 표지판이 제대로 설치되어 있지 않고, 그나마 있는 것마저 부실하여 갈피를 잡는 데 도움이 되지 않는다. 어떤 것은 혼란스러워 차라리 없느니만 못하다. 택시를 타려면 말이 통하지 않고, 바가지 요금을 물기 십상이다.

많은 유적이 인위적으로 개조 혹은 변형되어 역사의 그윽한 향취를 맡기 어렵다. 선진국 같으면 가장 먼저 마련되었을 자료실과 박물관은 없고, 음식료를 파는 매점만 번성하다. 천연의 종유석 동굴 안에 분수를 만들고 울긋불긋 조명을 해야 직성이 풀리는 것이 우리의 관광개발이다. 기념품 가게에서 파는 상품은 역사나 문화, 지역특성이 없어서 전국 어디서나 비슷하다. 심지어는 중국 등지에서 수입해온 기념품들로만 채워진 곳도 많다.

한국에는 각종 정보를 실시간으로 제공하는 영어 방송이 없다. 아리랑 TV가 있으나 내용이 너무 빈약하고, 라디오 방송은 아예 없다. 그에 비해 중국 북경의 CRI는 오전 6시부터 자정까지 영어로 국내 뉴스를 전한다. 또 대만의 ICRT는 1985년부터 영어 뉴스를 아시아 전역으로 내보내고 있다.(조선 02. 5. 31)

한국에서 25년을 살아온 어느 외국인(원한광)은 한국생활의 어려움을 아래와 같이 전한다. 그가 그렇게 느낀다면, 잠깐 방문하는 관광객의 사정은 어떠할지 불문가지(不問可知)라고 할 것이다.

[도표 3-3] 월드컵의 기회비용 집계표

(단위: 억 원)

	직 접 적		간 접 적		합 계
	항 목	금 액	항 목	금 액	
기회비용	①시설의 기회비용 ②상실된 부가가치	10,000 10,000	③국민관심 분산 · 무시된 사회기본 · 멀어진 선진사회	거대한 비용 거대한 비용	20,000 +거대 순손실
	소 계	20,000	소 계	거대 순손실	

"거창하게 선전하는 독립기념관이나 지방 박물관에 막상 가보면 영어 자료가 없다. 해외영화제에서 많은 한국영화가 상영되고 있지만, 정작 한국 내의 외국인들은 영어자막 처리된 것이 없어서 한국영화를 볼 수 없다. 서울을 벗어나면 이런 불편함은 더욱 심해져 지방에 사는 미국인 친구들은 "한국이 티베트나 동티모르보다 살기 힘들다"고 말한다."(조선 01. 9. 19)

한국의 관광 인프라가 이토록 형편없고, 외국손님을 맞이할 기본 준비인 영어 방송이 없는 것은 무슨 까닭인가? 그것은 분명히 투자재원이 없어서는 아니다. 전국의 명승지, 유적지의 안내판을 만들고 자료를 풍부히 갖추는 것은 그저 몇 백억 원의 예산을 들이기만 해도 완벽하게 실행할 수 있을 것이다. 영어 방송국의 설립도 큰 자본이 들어가는 일은 아니다. 결국 모두가 전시효과를 노릴 뿐이지, 관광객 유치를 위해 진정으로 필요한 일에는 관심을 두지 않기 때문이라고 할 수 있다.

5. 다시 논하는 "종합적 판단"

제2장에서 실비용과 편익을 따져 보았고, 이 장에서는 기회비용을 다루었다.[3] 이제 월드컵의 기회비용을 집계해 보면 〔도표 3-3〕과 같이 되는데, 유형의 손실 2조 원과 막대한 무형의 손실이 초래되었다. 이것은 제2장에서 발생한 7조 원 이상의 직접손실 및 거대한 간접손실에 추가되어 발생한 것이다.

월드컵 축구대회나 올림픽으로부터 얻는 것은 매우 많다. 엑스포(EXPO)나 아셈(ASEM) 회의 등 국제행사에서도 소득은 분명히 있다. 그러나 세상의 모든 일을 평가할 때는 종합적 검토를 해야 한다. 모든 비용과 편익이 빠짐없이 집계돼야 하고, 기회비용도 반드시 감안돼야 한다. 단순히 이득이 있다는 사실보다는 그것을 얻기 위해 지출한 비용보다 더 커야만 해당 사업을 추진할 가치가 있다.

다소 낯선 말인 듯하지만, 기회비용은 일상 생활과 밀접한 관련이 있으며, 대부분의 사람들이 그것을 따지고 있다. 그럼에도 불구하고 유독 월드컵과 같은 국가 대사에서는 기회비용을 등한시하고 있는 것이 우리의 현실이다. 노벨 경제학상을 수상한 프리드만(M. Friedman)의 주장처럼, "모두가 나랏돈을 남의 돈(other people's money)이라고 여기기 때문"이다.

아래의 글은 저자가 어느 지방신문에 실었던 것이다. 비용·편익분석과 기회비용 감안의 필요성에 대한 보기가 될 듯하여 전재한다.

〔보기 3-8〕 **박정희와 김우중**

  "제3공화국과 대우그룹은 닮은 점이 많다. 둘 다 철저한 1인지배체제와 "부채에 의존한 외형 위주의 성장"이라는 개발연대 패러다임에 의존하였다. 둘 다 사라지고 없는 지금, 그들에 대한 평가는 각양각색이지만 긍정적인 측면을 지나치게 강조하는 이들이 적지 않다. "어쨌든 많은 사람들을 밥 먹여 주었으니 그 공적을 인정해 주어야 한다"는 것이다.

그런데 사람이 하는 모든 일에는 선과 악이 동시에 따르게 마련이므로 선악을 종합적으로 비교한 다음에야 정확한 평가가 가능하다. 일부분만 보고 좋거나 나쁘다고 말할 수는 없다. 예를 들면 아무리 의리(義理)와 순정(純情)이 덕목이라 한들, 그것을 이유로 조폭(組暴)과 창녀의 세계를 좋다고 평할 수는 없는 것이다.

어떤 일을 종합적으로 평가하는 데에는 "비용-편익 분석"이 흔히 쓰인다. 그 일과 관련된 모든 비용과 편익을 종합적으로 감안하는 것이다. 비용에는 치러야 할 온갖 희생, 모든 나쁜 것이 포함된다. 편익은 얻게 되는 온갖 혜택, 모든 좋은 것을 포괄한다.

편익이 총비용보다 많은 일은 추진할 가치가 있고, 그렇지 않은 일은 버려야 마땅하다.

이제 제3공화국과 대우그룹에 대한 비용·편익 분석을 시도해 보자.

제3공화국은 세계에 유례가 없이 빠른 경제성장을 이루어 내어 한국 국민들을 보릿고개에서 벗어나게 했고, 그 후광으로 1990년

---

3) 기회비용과 상대되는 개념으로 당연히 기회편익도 있지만 그 말은 잘 쓰이지 않는다. 비용이란 사실 부(負)의 편익이고, 편익은 부(負)의 비용이므로, 논리적으로만 따지면 비용과 편익의 범주를 굳이 구분할 필요가 없다.

대 중반에는 1인당 국민소득이 1만 달러에 육박하게 되었다. 문제는 거기까지가 한계였다는 점이다. 구식 패러다임으로는 1만 달러를 넘기기가 어렵게 된 것이다.

어떤 일을 하건 거기에는 순서가 있는 법이다. 10층이 넘는 고층빌딩을 짓자면 착실하게 기반을 다지고, 단단한 초석을 놓고, 튼튼한 골조를 세워야 한다. 그런데 우리는 그럴 겨를도 없이 서둘러 집을 지어서 초 단기간에 10층까지 올리는 데에는 성공했다. 그러나 1997년에 나라의 안팎에서 약간 강한 바람이 불자 그 빌딩의 몇 개 층은 어이없이 무너져 내렸다.

제3공화국으로 말미암은 비용으로서 우선 꼽을 수 있는 것은 합리적 사회경제질서가 파괴된 점이다. 개인간, 기업간의 경쟁이 업무능력보다는 인간관계나 정치력에 따라 좌우되었던 것이다. 그런 제도 위에서는, "정경유착"이나 "관치금융"과 같은 말이 나타내는 것처럼, 국가의 희소한 자원이 효율적으로 배분될 수 없었다. 적잖은 자원이 낭비된 것이다. 자원배분이 잘못되면 국가경제의 발전은 장해를 받는다.

역사가 증명한 바와 같이, 한 사회가 경제적으로 부강하려면 기본적으로 시장경제 질서를 확립해야만 한다. 어느 나라에서건 새로운 질서를 만들어 가는 일차적인 책임은 정치 지도자들에게 있다. 그런데 제3공화국은 우리의 정치를 적어도 50년은 후퇴하게 만들었다. 새로운 합목적적 질서가 한국에 확립되는 시기가 적어도 그 기간만큼 늦추어졌다. 한 번 잘못된 질서를 바로잡는 것은 살고 있는 빌딩의 기초와 골조를 바로잡는 것만큼 어려운 일이다.

대우그룹은 어느 재벌보다 앞장서서 수출실적을 올렸고, 국가 기간산업에도 적극적으로 참여했다. 누구보다 외형성장이 빨랐고, 수출액이나 매출액 면에서 한때는 국내 최고를 기록하기도 했다. 그 사이 많은 한국인이 대우그룹에 의존해서 생계를 유지했다.

그러나 대우그룹은 최소한 20수조 원에서 최대 50조 원에 이르는 부실채권을 국민들에게 남겼다. 그 돈은 공적자금 등의 이름으로 대충(代充)되어 있지만, 언젠가는 온 국민이 세금으로 갚아야 한다. 아울러 대우가 한국사회에 안긴 기회비용은 실로 막대하다. 대우그룹이 가져간 100조 원 대의 자금이 중소기업에게 돌려졌더라면 한국경제는 크게 달라졌을 텐데, 그 기회가 상실된 것이다.

비용과 편익의 집계에는 무형적인 것이 많이 포함되기 때문에 제3공화국이나 대우에 대한 종합평가는 사람마다 다르게 마련이다. 그러나 많은 사람들이 그래 온 것처럼 막연히 향수를 느낄 일은 아니라고 할 것이다."(경상일보 2002. 4. 22)

제4장 의심스런 국위선양 효과

이 장에서는 월드컵과 같은 국제행사가 정치, 외교, 사회, 문화 등의 경제외적인 측면에서 가져다 주는 이해득실을 따져보기로 한다. 일단 [도표 1-3]에 준하여 국위선양, 대외관계 개선, 문화적 성숙 등의 측면에 미친 월드컵의 영향을 살펴볼 것이다. 지금까지 적용해온 비용-편익 분석의 방법을 사용할 것인데, 각각의 분야에 미친 월드컵의 편익(긍정적 효과)과 비용(부정적 효과)을 비교할 것이다.

경제외적인 것은 계량화가 어려우므로 주관적 판단을 내릴 수밖에 없는데, 결론부터 말하면, 저자는 2002 월드컵은 경제외적 측면에서도 손실이 훨씬 크고, 88 올림픽도 큰 이득이 없었던 것으로 판단한다. 조금만 깊이 생각해 보아도 사정은 우리가 막연히 생각했던 것과는 너무나 큰 차이가 있음을 쉽게 알 수 있다.

올림픽을 개최하면서 정부가 내건 명분은 국가 이미지 개선, 국민화합 등 월드컵과 거의 일치하였다. 만약, 정부의 기대가 현실화되었다면 우리는 같은 효과를 기대하면서 월드컵을 개최할 필요는 없었을 것이다. 우리는 한편으로 올림픽 덕분에 한국사회가 "업그레이드"되었다고 하면서, 또 한편으로는 월드컵을 개최해야만 한국이 선진화될 수 있다고 말했다. 분명히 앞뒤가 맞지 않는다. 그런 점에 대해서도 생각해 볼 필요가 있다.

1. 국가 이미지는 겉보다 속에서

국위(國威)는 '국가 위신' 혹은 '국가 위력'을 말하는 것 같은데, 다르게 보면 국가 이미지라고도 할 수 있겠다. 국가 이미지가 좋으면 외국인들이 그 나라에 대해 괜스레 호감을 가지게 된다. 같은 값이면 그 나라 상품을 고를 수도 있겠고 그 나라로 여행을 갈 수도 있을 것이다. 그러나 그와 같은 경제적 효과보다는 외교적 입지가 강화되는 등의 무형적 효과가 더 클 듯하다.

어쨌거나, 한국처럼 국위라는 말이 자주, 그리고 널리, 쓰이는 나라도 없을 듯하다. 그것은, 한국인들은 겉모습을 가꾸어 단기간에 국가 이미지를 변화시킬 수 있다고 믿는 데 기인하는지도 모른다.

국위선양이 주목적인 월드컵

한국의 사회 지도층과 언론은 국제 체육행사의 국위선양 효과를 앞장서서 외친다. 그리고 일반 시민들은 그것을 당연한 것으로 받아들인다. 그리하여 국가, 정부, 지자체 차원에서 국제행사를 유치하여 성공적으로 치르자는 제안에 대해서는 쉽사리 공감대가 형성된다. [도표 0-1]에 나타난 것처럼, 한국에서 수많은 국제 체육행사가 열렸고, 2002년 중에만 월드컵에 이어 아시아 경기대회가 개최되었다. 그래도 성이 차지 않아서 다른 행사에 눈독을 들이고 있다.

그러나 국제행사를 성대하게 치름으로써 국위를 선양할 수 있다는 것은 대체로 착각이다. 개인, 기업, 국가를 불문하고 속이 차지 않으면서 겉만 번드르르한 것은 이미지 개선에 도움이 되지 않는다. 자칫 역효과가 초래될 가능성도 다분하다.

어떤 개인이나 기업이 화려한 잔치를 벌인다고 해서 남들이 그것만 가지고 대단하게 생각해 주지는 않는다. 그런 허풍의 이면에 있는 밑천이 형편없음을 알고 나면 오히려 경멸의 대상이 될 수 있다. 그런 이치는 국가라고 해서 다르지 않다. 그러므로 잔치 그 자체보다는 방문한 손님들에게 어떤 밑천을 보여줄 수 있느냐가 더 중요한 법이다.

올림픽 및 월드컵을 전후하여 작성된 KDI 보고서는 이들 행사에 따르는 경제외적 효과가 매우 크다고 설명한다. 경제적 유발효과보다 "경제외적 효과가 국제체육행사를 개최하는 주된 목적"이라고 분명히 적고 있다. 그런데도 그런 효과에 대한 설득력 있는 근거가 뒷받침되지 않는다. 아니면, 실현이 어려운 전제조건이 달려 있다. 주장의 근거가 약하다는 사실을 뒤집으면, "체육을 통한 국위선양"이라는 한국인들에게 보편화된 믿음이 허상일 수도 있다는 말이 된다.

주목받는 자의 고충

국위선양과 관련하여 KDI 보고서는 이렇게 말한다. "(월드컵) 대회의 성공적 개최는 국가적 이미지와 자긍심을 한층 더 높일 수 있으며, 국제사회에서 우리의 위상을 새로이 정립하고 선진화된 면모를 한층 강화시킬 수 있는 기회가 될 것임."(2001b: p.19) 이제부터 냉정하게 현실을 짚어보자.

앞서 지적했지만, 한국에서 "성공적 개최"는 행사를 성대하게 치르고 외국인을 극진히 대접하는 것을 의미한다. 축구장이 화려하고 문화행사가 성대하면 직접 혹은 TV를 통해 그 광경을 보는 사람은 일단 감탄할 것임에는 틀림없다. 그러나 그런 느낌은 오래 가지 않으며, 격에 어울리지 않는 화려함이 반드시 좋은 이미지를 남기는 것도 아니다. 더구나 월드컵은 축구경기 그 자체가 중심이므로 관람객이나 시청자는 문화행사 등 부수적인 것에는 큰 관심을 보이지 않는다.

월드컵 같은 국제행사를 개최하면 세계의 주목을 받게 되는 것은

〔도표 4-1〕 "말썽쟁이 삼형제"

자료: 중앙일보 해외만평 2002. 6. 22.

분명하다. 한국의 존재를 몰랐던 사람이 알게 되고, 이미 알았던 사람도 다시 한 번 주의를 기울인다. 그러나 한국을 아는 것이 곧바로 이미지 개선으로 이어지지는 않는다. 한국을 주목하고 그 결과 무엇을 알아냈느냐가 중요한 것이다. 나쁜 점을 새삼스럽게 발견했다면 이미지는 악화될 수도 있다.

보통 사람들로서는 주목받는 것은 괴로운 일이다. 특히 허점이 많을수록 고통은 심하다. 나라도 마찬가지다. 아무리 선진국이라고 해도 사회 시스템이 완벽하다고는 할 수 없으므로 부족한 부분은 여지없이 꼬집힘을 당한다. 애틀랜타 올림픽의 무질서와 혼란이 세계적 비난을 받은 것이 그러한 예라고 할 수 있다. 후진적 시스템을 가진 나라라면 그 고충은 배가(倍加)된다.

월드컵을 전후한 시점에서 한국 사회는 어떤 모습이었는가? 불행히도 온통 부정, 부패, 무원칙, 무질서에 관한 소식으로 얼룩져 있었다. 우선 세계의 대중매체가 연일 대통령의 아들이 연루된 부패행위를 상세하게 보도하였다. 지도층 인사가 줄줄이 구속되는 현상도 망신스럽기는 마찬가지였다. 때마침 월드컵 기간 중에 그 아들이 두 번째로 구속되어 대통령이 국민 앞에 사과하고 그 사실이 각국 언론에 보도되었다.([도표 4-1] 참조) 제대로 된 나라 치고 어디에서 그런 일이 일어나는가?

2001년에 한국은 국제언론인협회(IPI)로부터 언론탄압 감시 대상국으로 지목되고, 항공 2등국으로 추락하기도 했다. 과격 노동자는 월드컵을 담보로 파업하겠다고 위협했다. 그 밖에도 신용카드의 남발과 그에 따른 개인 부채가 누적되는 사회문제가 지적되고, 그에 따르는 연쇄 살인사건이 보도되었다.

올림픽에 이어서 월드컵 때도 한국인의 보신탕 문화가 유럽 각국의 인구에 회자되었다. 보신탕 자체는 문화의 차이에서 비롯된 것임이 분명하고 잘잘못을 따질 일은 아니다. "그러나 개들이 가혹하게 대우받고 도살당하는 것은 보편적 가치나 문화적 상대주의 측면에서도 용납될 수 없는 부분이다."(Guy Sorman) 어쨌거나, 대다수의 서양 사람들이 보신탕 문화에 거부반응을 보인 것이 사실이다. 저자가 느끼기엔, 보신탕 문제는 확실히 국제 체육행사 때문에 세계에 널리 알려지게 되었다.

일이 꼬이려다 보니, 월드컵을 개막할 당시에는 여야(與野)가 힘의 대결을 펼치는 바람에 국회의장이 선출되지 못하고 국회는 "식물"이 되어버렸다. 정치 지도자들이 그 정도의 타협조차 이루지 못하는 나라가 세상에 또 있을까? 그리하여 관계자들은 "월드컵을 계기로 입국하는 13개국 국가원수 가운데 6개국은 관례상 국회의장과 만나야 하지만, 의장이 공석이 됐다는 사실을 어떻게 설명해야 할지 막막하다"고 걱정해야만 했다(동아 02. 5. 30).

월드컵 폐회를 하루 앞두고 북한이 서해에서 무력도발(armed provocation)을 일으켜서 24여 명의 장병이 죽거나 다쳤다. 세계인들에게 한반도는 여전히 긴장지대(potential flashpoint)이고, 북한은 예측 불가능한 이상한 나라임이 더욱 뚜렷이 부각되었다. 그 일이 발생된 다음의 대통령과 정부의 언행은 세계인의 비판 소재가 되기에 충분했다(제9장 참조).

물론 월드컵을 전후한 시점에서 좋은 뉴스가 전혀 없었던 것은 아니다. 1997년의 경제위기에서 빨리 벗어나서 높은 경제성장을 달성한 일, 삼성전자가 빼어난 경영성적을 올린 사실, 정보기술의 생활화가 진척된 것 등이 그러한 예에 속한다. 미국의 경제 주간지 [비즈니스 위크] 국제판은 한국의 경제적 발전상을 특집으로 다루기도 했다(2002b). 그렇지만 질과 양의 측면에서 부정적 뉴스가 월등히 많았다.

자, 이제 판단해 보자. 월드컵으로 한국이 일시적으로 세계의 주목을 받아서 국가 이미지가 개선된 것인가, 나빠진 것인가? 차라리 개최하지 않았다면 창피스런 일들이 묻힐 수도 있지 않았을까? "월드컵을 성공적으로 개최"한 것이 그런 망신을 덮고도 남을 것인가? 여기까지의 판단은 일단 독자에게 맡긴다.

저자의 의견을 말하자면, 월드컵의 국가 이미지에 미친 영향은 일시적인 것에 지나지 않으므로 좋든 나쁘든 크게 신경쓸 일이 아니다.[1] 그리고 그 일시적 영향마저 좋은 쪽보다는 나쁜 쪽이 더 많지 않았을까 생각된다. 차차 논의하겠지만, 국가 이미지는 오랜 세월에 걸쳐서 내실을 다져야만 개선될 수 있다.

와 봐야 실망뿐

국제 체육행사를 통해 관광객이 어느 정도 증가할 가능성이 있고, 그 중에는 한국을 처음 방문하는 사람도 많을 것이다. 행사가 "성공적으로 개최되면" 많은 외국인이 감탄할 것이다. 그러나 외국인들은 그 행사만 보는 것이 아니다. 몇 배나 더 많은 시간을 한국의 사회를 둘러보느라 보내게 된다. 행사를 위해 아무리 많은 준비를 한다고 해도 사회 구석구석을 일시적 치장만으로 고칠 수는 없다. 직접 방문한 외국인들은 어렵지 않게 한국의 본모습을 보게 된다.

---

1) 이 책을 쓰면서 저자는 주위의 몇 사람에게 2000년 올림픽이 어디서 열렸느냐는 질문을 해 보았다. 그랬더니 시드니에서 열렸다는 사실을 벌써 잊은 이도 있었다. 2002년 동계 올림픽이 끝나자마자 대부분의 한국인들은 솔트레이크시티는 잊고 안톤 오노만 기억하는 듯했다.

맞선 자리에 나가는 사람은 누구나 큰 기대를 갖고 나가지만 실망하는 경우가 더 많다. 막연한 기대를 가지고 한국을 방문한 외국인들은 어떨까? 출신 국가별로 차이가 있음은 분명할 텐데, 염려스럽게도 중진국 이상의 나라에서 온 사람들은 실망할 가능성이 더 크다. 한국 내에서 여행하고 체류하는 것이 당장 불편하고, 목격하는 장면 중에 이해하지 못할 것이 적지 않다. 제3장에서 지적하였듯이, 사회의 기본이 갖추어져 있지 않은 까닭이다.

외국인이 한국에서 여행하거나 체류하기가 불편한 점은 제3장에서 상세히 지적했으므로, 여기서는 일본인의 경험을 적은 신문기사를 인용하는 것으로 설명에 가름한다.

〔보기 4-1〕 **"한국인의 자존심"**

… 그의 체험담은 우리의 자존심을 상하게 한다. "사인 보드가 설치되어 있는 장소에도 문제가 있다. 어느 지하상가에서 영자로 적힌 역 이름 옆에 직진하라는 화살표가 붙어 있기에 '이것을 따라가면 되겠거니…' 하고 안심하고 걸어갔는데 아무리 가도 역이 나타나지 않았다. 한참 후에 아무래도 도중에 있는 표시를 미처 보지 못했나보다 생각하고 되돌아갔지만, 역시 어디에도 표지판은 없었다. 그런데 도중에 갈라지는 길을 발견하고 혹시나 하고 이 길로 꼬부라져 들어갔지만 마찬가지로 길잡이가 될 만한 표시는 없었다. 그러나 한국인의 말로는 한글 표시는 되어 있다는 것이었다. …

노선 표시의 색깔도 통일성이 없다. 시청역에서 1호선을 타려고 노선도를 봤더니 붉은 선으로 표시되어 있다. 막상 시청역으로 통하는 지하도로 내려가서 아무리 찾아도 붉은 마크가 없었다. 자세히 보니 왠지 1호선의 표시에는 적(赤) 대신 청(靑)마크가 붙어 있었다. 이를 따라 걸어가니까 도중부터 표시가 갑자기 적(赤)으로 바뀌어 있었다…."

그러다 좀 안됐다는 생각이 들었는지 마치 병주고 약주고 하듯 다음과 같은 주석을 붙였다. "그렇지만 여행자로서는 너무 편리하고 편해지면 좀 재미가 없지 않겠느냐는 생각이 들지 않는 것도 아니다." 이만저만 한국인의 자존심을 건드리는 말이 아니다.(조선일보 2002. 2. 19: 홍사중 문화마당)

외국인이 한국에서 쉽게 목격할 수 있는 부끄러운 사회 단면은 너무나 많다. 우선 기초질서가 지켜지지 않는다. 사정이 하도 심각하여 한 일간지는 월드컵을 앞두고 무려 3년 6개월에 걸쳐서 "글로벌 에티켓"을 지키자고 일깨워 왔다. 그 신문은 "부딪치면 미안하다고 말하기, 길에 침 뱉지 않기, 식당에서 조용히 하기의 세 가지만이라도 확실하게 지키자"는 맺음말로 그 시리즈를 마감하였다.(조선 02. 6. 1)

한국에서는 야외음주, 고성방가, 노상방뇨가 묵인되지만 선진국에서는 결코 용납되지 않는다. 한국에서는 아래와 같은 일을 어렵지 않게 목격할 수 있다.

[보기 4-2] **"대낮 술판·화투·방뇨…독립공원 추태 규제해야"**

얼마 전 서대문 형무소를 찾았다. … 선열들에 대한 묵념을 하고 나서 호국순열탑 벽면에 독립운동의 과정을 형상화한 부조를 보았고 추모문을 읽었다. 거의 다 읽었을 때 믿지 못할 광경을 보고야 말았다. 15명 정도의 아저씨와 할아버지들이 뒤에서 화투를 치고 술을 마시고 있는 것이 아닌가.

심지어 한 아저씨가 탑 뒤쪽에 방뇨를 하는 장면을 보고 어이가 없어 말문이 막혀버렸다. 독립공원의 화장실과 거리는 매우 깨끗했다. 담당 관청에서 무척 신경을 쓰는 듯했다. 하지만 내가 본 '아저씨들의 추태'와 같은 일이 그 깨끗한 장소에서 일어난다면 과연 관리가 제대로 이뤄지고 있다고 할 수 있을까. … (중앙일보 2002. 5. 23: 독자투고)

한국에는 다른 나라에서는 보기 드문 외도(外道) 전문 호텔(속칭 "러브호텔")이 성업중이다. 그 중 상당수가 월드컵을 찾는 관광객을 위한 숙박업소로 공식 지정되기도 했지만, 막상 "숙박(宿泊)"은 종종 거부된다. 그런 시설, 그런 풍습도 남부끄러운 일이다. 실제로 한 일본인은 "월드인(world inn)을 호텔보다는 수준이 조금 낮은 숙박 시설로 알았는데 주차장 입구가 발로 가려져 있고, 에로 비디오가 진열돼 있어 당황했다"고 토로한 바 있다(동아 01. 5. 29).

심리학자들의 연구 결과에 따르면, 사람들은 처음보다는 마지막의 것을 더욱 중요하게 생각한다(e.g. Chase and Dasu). 사람들은 좋은 일보다 나쁜 일을 더욱 뚜렷하게 기억한다고 주장하기도 한다(e.g. Gratton and Henry: p.66). 그렇다면 외국인 여행객들에겐 방한 전에 가졌던 인상이나 화려한 축구장보다는 시가지와 숙박업소에서 경험한 일들이 더 깊게 남을 것이다.

한국을 찾은 방문객이 모두 망신스런 현장을 목격하는 것은 아니겠지만, 다수가 그러할 것이다. 그렇다면 결과는 어떨까? 그들이 차라리 와보지 않은 것이 나았을지도 모른다.

알려서 득되는 것은 좋은 모습일 때뿐

결국 월드컵을 통해 한국을 세계에 알리는 일이 중요한 것이 아니고 선진사회의 모습을 보인다는 것이 중요하다. 월드컵 대회 혹은 성대한 행사라는 "겉"보다는 한국사회의 진정한 모습이라는 "속"이 더 핵심이 되는 것이다. 그래야 월드컵을 통해서 국가 이미지가 제고될 수 있는 것이다.

월드컵 대회가 열린 2002년 6월에 한국이 많은 외국인들에게 특별한 인상을 준 것은 사실이다. 우선 48년간 월드컵 대회에서 단 1승도 올리지 못한 나라가 4위에 오른 것은 축구인이나 열성 축구 팬들에겐 충격이었을 것이다. 일반인들에겐 수백만의 붉은 인파가 열광하면서도 아무런 사고가 발생하지 않는 일이 신기했을 것이다. 3위와 4위를 가리는 터키와의 시합이 끝나고 나서 양 팀과 응원단이 서로 부둥켜 안은 일, 국가별 응원단을 공식적으로 만들어 준 일 등은 뜻밖이었을 것이다.

외국인들의 호기심을 충족시켜준 것은 확실하다. 그러나 반드시 한국의 이미지가 좋아졌다고 말할 수는 없다. 월드컵 직후의 대담에서 어느 서양 언론인(AFP 스포츠 편집장)이 지적했지만, "성공적 월드컵"이 끝나도 "한국의 이미지가 딱 어떻게 바뀌었다고 말하기는 어려울 것이다."(동아 02. 7. 1)

이제 결론을 내리도록 하자. 즉, 월드컵 대회를 통해서 한국은 국위선양의 효과를 얻었는가? 다르게 말하여 2002년을 전후하여 한국사회는 대외적으로 자랑할 만한 것이 많았는가, 아니면 망신스러운 점이 많았는가? 딱 부러지게 말할 수는 없지만, 저자의 판단으로는 아마도 부끄러운 일이 더 많았을 법하다. 그리고 스포츠 행사 그 자체와 국가 이미지는 별개이다. 수많은 외국 언론의 기사를 읽고 얻은 저자의 결론은, 적어도 외국의 지식인들은 스포츠와 국가 이미지를 구분한다. 수백만이 일체가 되는 응원이나, 남의 나라에 대한 기대 밖의 호의 등을 반드시 좋게 보는 것도 아니다.

겉모습이 그럴 듯한 사람은, 그를 자세히 모를 때는 막연한 동경을 가진다. 그러다가 사실을 알고 나면 실망한다. 이 두 가지 상태 중에서 어느 것이 나을까? "차라리 몰랐던" 것이 나았다고 말할 수도 있을 법하다. 한국을 알거나 방문해 본 경험으로 말미암아 한국에 대한 이미지가 오히려 망가질 수도 있기 때문이다. 그렇게 본다면, 월드컵의 **국가 이미지 개선효과는 별로 없었다**고 말할 수 있을 것이다.

올림픽이나 월드컵이라는 국제행사를 개최했다는 사실만으로 국가의 이미지가 크게 바뀌지 않는다는 사실은 예의 역지사지(易地思之) 방법으로 확인할 수 있다. 멕시코는 한 차례의 올림픽과 두 차례의 월드컵을, 브라질은 두 차례의 월드컵을 개최했지만, 아무도 그들 나라를 선진국으로 쳐주지 않는다. 스페인은 10년 사이에 월드컵과 올림픽을 개최했지만 우리에겐 그저 그런 나라일 뿐이다. 애틀랜타 올림픽은 상업주의가 판을 친 반면에 행사 자체는 무성의하여 "완벽한 혼돈(complete chaos)," "사상 최악의 대회" 등의 악평을 받았다. 한국의 기준에 비추어 보면 "대실패"인 대회였지만, 그 때문에 미국의 국위가 떨어지지는 않았다.

한 가지 덧붙일 것은, 국제 체육대회에서 거둔 성적과 국위 혹은 국가 이미지와는 큰 관련성이 없다는 점이다. 이 점에 대해서는 제5장에서 따져볼 것이다.

2. 대외관계 개선?

월드컵을 유치한 뒤에 한국정부는 한일관계와 남북한 관계가 개선될 것을 기대했다. "2002 월드컵 한일 공동개최를 화해와 공존을 통한 한일관계를 새롭게 정립하는 계기"로 본 것이다.(KDI, 1998: p.38)

그러나 결과는 정반대로 나타났다. 우선 유치 단계에서 한국이 일본의 비위를 크게 거슬렀다. 일본은 1986년부터 유치활동을 펼쳤고, 펠레를 로비스트로 동원하는 등 각고의 노력을 경주하였다. 최종 판정이 날 무렵까지 일본은 단독개최를 의심하지 않았다. 그랬던 것을 뒤늦게 경쟁에 뛰어든 한국의 집요한 공세에 밀려 공동개최로 결정되고 말았다.

준비과정에서도 사사건건 갈등이 일어났다. 유치 활동에서 발생한 감정적 앙금, 일제시대의 역사적 원한 등이 저절로 표출된 것이다. 국명의 표기 순서를 두고 다툰 끝에 한국을 먼저 쓰기로 하고 일본은 결승전을 가져갔다. 월드컵 로고, 주제 음악("Let' s Get Together Now"), 대진표 추첨, 개막식 행사 등을 두고도 신경전을 벌였다.

가장 심각한 것은 경기를 상대국보다도 더 화려하게 치르자는 경쟁이었고, 그것은 급기야 축구장 신축경쟁으로 발전하였다. 두 나라 모두 사후 활용은 제쳐 두고 각각 10개씩의 장엄한 축구장을 준비하였다. 한국은 10개 모두를, 일본은 8개를 새로 지었다. 이같은 대책 없는 경쟁을 두고 한 해외 언론은 "한국과 일본은 '한 발짝 앞서기 경쟁'이 어느 정도로 경제적 적정성을 깔아뭉개는지 시범을 보이느라고 바쁘다"고 비꼬았다(BusinessWeek 2002a). 다른 해외 잡지는 두 나라의 신경전과 월드컵 경기를 묶어서 "한풀이 경기(Grudge Match)"라는 제목을 달기도 했다.(FEER, 02. 6. 6)

그런 사정은 남북한 관계도 마찬가지였다. 당초 월드컵 조직위원회에서는 월드컵의 남북한 분산 개최를 희망했지만 아무런 소득이 없었다. 북한은 한국과 터키가 3·4위전을 치르던 날 마치 기다리기라도 한 듯이 서해안에서 무력도발을 감행했다. 월드컵이 없었으면 발생하지 않았을 일이다.

결국 월드컵은 외교적으로 별다른 성과를 낳지 못했다. 그 사실은 한국의 월드컵 조직위원장이 대회를 앞두고 여러 차례 시인한 바 있다.

그렇다면 유치 및 준비기간 동안에 쌓인 한일간의 갈등과 북한의 도발은 순부채(純負債)로 남는다고 할 수 있다. **대외관계의 악화**가 초래되었다는 말에 다름 아니다.

3. Korea Upgraded?

올림픽과 월드컵을 개최하면서 우리는 한국사회가 문화적으로 성숙할 것이라고 기대했다. 사회·문화적으로 한 단계 높아질 것(upgrade)이라고 입을 모아 말해 왔다.

그런데 여기에도 기본적인 문제가 있는 것이, 사회·문화적 현상이란 원래 그 정의상 잘 바뀌지 않는 것이다.[2] 특히 개선이나 향상되는 방향의 변화는 긴 시일을 필요로 한다. 비유를 하자면, 선량한 학생이 타락하는 것은 잠깐 동안에도 가능하지만, 그 반대의 경우는 오랫동안에 걸친 직·간접 교육이 필요하다.

이렇게 본다면, 월드컵이라는 일회성 행사로부터 문화적 효과가 크게 생길 것이라고는 처음부터 기대하기 어렵다. 이 절에서는 그러한 기대가 사실과 부합하는지 짚어보기로 한다. 제5절에서는 "88 올림픽"의 사회·문화적 효과가 신통하지 않았음을 밝힘으로써 월드컵 효과의 한계를 간접적으로 증명하기로 한다.

공동체 의식 함양의 현실성

월드컵을 앞두고 지도층 인사들은 국민화합이라는 말을 자주 사용했다. 그런데 그 말은 국민의 일체감 조성, 지역 혹은 계층간 갈등의 완화, 공동체 의식의 함양 등 몇 가지 요소로 나누어 생각해 볼 수 있다.

2002년 월드컵 대회가 국민의 일체감을 조성한 것은 사실이라고 할 수 있다. 그런데 그것은 월드컵을 성공적으로 개최하자는 "지도층"의 합의와 "한국 축구팀"에 대한 시민의 절대적 지지에 국한된다는 분명한 한계가 있다. 그리고 그것이 한국 사회에 어떤 좋은 효과를 남겼는지는 확실치 않다. 여기서 하나 짚고 넘어갈 것은, 한국 팀에 대한 시민의 절대적 지지는 미국이나 프랑스에서 열린 월드컵이라고 해서 다르지 않았다는 사실이다.

월드컵 대회가 한국의 지역간 혹은 계층간 갈등을 치유한 증거는 발견할 수 없을 듯하다. 오히려 그 반대의 것은 몇 가지 제시할 수 있다. 경기장 입장권이 잘 팔리지 않자 정부는 각급 기관, 단체, 사

---

2) "문화"란 한 집단 내에 뿌리박고 있는 가치관으로, 잘 바뀌지 않는 것을 말한다. 쉽게 달라지는 것은 "유행"이라고 부른다.

업장에 강매했다. 그래서 증권산업노조 등은 항의농성을 벌이기도 했다.

　필요 이상으로 확대 실시한 차량 2부제 등의 과도한 통제는 일부 민간부문, 특히 저소득층의 반발을 불러일으키기도 했다.([보기 3-3] 참조) 자율 2부제가 실시된 날에 참여율이 저조했던 것은 시민의 반감으로 해석될 수도 있다. 시민들은 "면제차량을 모는 공무원과 2대 이상의 차량을 보유한 사람들은 빠져나가고, 힘없는 사람들만 죽을 맛"이라고 불평하기도 했다.

　월드컵 대회 직전까지 지도층 인사가 월드컵 붐이 일어나지 않는다고 노상 걱정했던 것을 보면, 월드컵 유치에 대한 국민적 동의가 있었는지도 다소 의심스럽다. 대회기간 중에 붐이 일긴 했지만 그것은 축구경기에 대한 관심이므로 "월드컵 행사의 한국 개최"와는 일단 별개의 얘기다.

　지역사회에 몸담고 살아가는 개개의 시민은 자신뿐만 아니라 이웃과 사회 전체의 이익도 생각해야만 한다. 기초질서를 지켜서 남에게 피해를 주지 않아야 하고, 남을 위해 봉사하며, 자주적으로 지역사회의 문제를 해결하는 공동체 의식이 필요하다. 그래서 자신을 포함한 사회 전체의 순탄한 발전을 기약할 수 있는 것이다.

　올림픽이나 월드컵 기간 중에 시민들은 평소와는 달리 질서를 잘 지켰고, 또 수많은 사람이 자원봉사에 나섰다. 그러나 그것으로는 부족하다. 여기서 말하는 "의식의 함양"이란 그런 자세가 생활화되는 것을 의미하는데, 불행히도 그런 효과는 거의 기대할 수 없다. 그것은 올림픽 이후에 국민의 질서의식, 자주의식이 크게 달라지지 않았다는 사실로부터 미루어 짐작할 수 있다.

　결국 월드컵 개최는 시민의식의 선진화나 공동체 의식의 함양에

별 도움이 되지 않았다.

건전 여가문화 정착

1998년의 프랑스 월드컵이 끝난 직후 한국에는 프로 축구가 인기를 끌었다. 그러나 그뿐이었다. 얼마 지나지 않아서 그 붐이 사라졌다. 국내 축구팀의 실력이 늘지 않으면 관람객이 붙지 않고, 축구의 저변이 취약하고 축구장이 적으면 축구 인구가 증가하지 않는다. 요컨대, 축구의 생활화는 국내의 축구 인프라에 의해 좌우되는 것이지 단발성 행사의 영향은 크지 않다. 우리는 바둑이나 골프 등에서도 그런 현상을 자주 목격한다.

월드컵에 관한 KDI 보고서는 여가문화가 정착되려면 "국민의 여가의식을 선진화시켜야 한다"는 등 5가지 전제조건을 달고 있다 (1998: pp.48~50). 자세히 읽어 보면 모두 하나마나한 말들이다. 근거나 실제성에 대한 확신 없이 월드컵 개최로 인하여 건전 여가문화가 정착된다는 결론부터 내린 꼴이다.

결국 한 번의 월드컵으로 여가문화가 정착된다고 주장하기는 어렵다

한국문화의 세계화

앞서도 언급했지만, 월드컵은 공식적으로 식전(式前) 문화행사를 인정하지 않을 정도로 문화보다는 축구경기가 중심이 되는 대회이다. 그럼에도 우리는 막대한 예산을 들여서 전국 각지에서 문화행사를 벌였다. 그런 행사를 통하여 한국 문화가 어느 정도로 세계 각지에 알려졌으며, 그것이 어느 정도 외국인들의 뇌리에 남아 있을까? 아마도 크게 기대할 것은 없는 듯하다.

우선, 외국인들은 문화행사에는 큰 관심이 없다. TV를 통해 세계에 방영되는 것도 축구경기에 한정된다. 한국의 생활상을 취재해서 소개하는 외국의 언론도 있긴 하겠으나 얼마만큼의 효과를 가져올지 의심스럽다. 한 외국인 기자는 말한다.

> "유럽에서는 팬도 미디어도 축구 경기 외적인 요소에는 관심이 없다. 한국인들이 기대하는 만큼 한국문화 소개가 활발하지는 않을 것이다. 외신은 대부분 경기만 취재해도 바쁘다."(조선 02. 5. 30)

사실 체육대회에 부대되는 문화행사는 매우 제한적일 수밖에 없어서 외국인 관람객에게 문화를 소개한다기보다는 호기심을 자극하는 정도의 자극에 그친다. 88 올림픽의 문화행사 중에서 인상깊었던 것으로 한 소년이 굴렁쇠를 모는 장면이 있었는데, 그것을 한국 문화라 할 수는 없다. 그 밖에 한국색이 강한 놀이도 외국인의 머리 속에 오랫동안 남아 있으리라고 바라기 어렵다. 실제로 올림픽의 한국문화 홍보 효과가 없었다는 주장이 많다.(제5절 참조)

KDI 보고서는 월드컵 경기가 10개 도시에서 분산개최되기 때문에 지역문화를 알릴 좋은 기회라고 했지만, 아마도 정반대의 결과가 나타날 것이다. 한국문화를 집중 홍보해도 신통한 효과가 없을 텐데 중구난방식의 지역행사가 세계인의 머리 속에 각인(刻印)될 수는 없기 때문이다. 실제로 월드컵 기간 중에 전국에서 벌어진 수많은 문화행사의 내용이 빈약하고 구성이 엉성하여 한국을 대표한다고 하기가 민망할 정도였다.

결론적으로, 단발성 행사를 통해 한국문화가 세계화된다는 것은 기대하기 어려운 일이다.

국민의 사기 진작

88 올림픽의 경우는 후진국에서 큰 행사를 화려하게 치러 냈다는 자부심을 우리 국민에게 심어준 것은 확실한 듯하다. 그때에는 긍지가 자만심으로 이어져 도리어 문제가 되었다.

2002년 월드컵의 경우는 어떠한가? 정치 지도자들은 "행사의 성공적 개최" 그 자체에 크나큰 자부심을 느꼈을지 모른다. 그런데 일반 국민들의 사기(士氣)는 행사보다는 한국팀의 성적에 의해 더 크게 좌우된 듯하다. 월드컵 대회 출전 48년 만에 처음으로 1승을 올리고, 소위 "16강에 진출"하여 모두가 기뻐했고, 생각지도 못했던 "4강"까지 올라 그 기쁨은 극에 달했다. 국민이 자신감을 회복했다고 전국이 떠들썩했다. 만약 한국팀의 성적이 형편없었다면 많은 사람들은 심한 좌절감을 느꼈을 것이다.

그런데 사기진작이나 자신감 회복은 논리 구성으로 보면 월드컵 개최의 효과가 아니다. 프랑스나 일본 등 다른 나라에서 열린 경기에서 같은 성적을 올렸더라도 동일한 결과를 얻었을 것이기 때문이다. 그러나 경기가 한국에서 열려 홈그라운드의 이점을 얻은 대표팀의 성적이 나아졌을 것이므로, 그런 경로를 통하여 월드컵의 성공적 개최가 국민의 사기를 진작하는 데 기여한 것은 분명하다.

그러나 여기에도 한계는 있다. 사기진작이라는 자체는 일시적 현상에 불과하므로 그것은 사회·문화적 변화라고 말할 수는 없다.

문화왜곡

앞서 월드컵의 일체감 조성 효과를 지적한 바 있는데, 현대사회에서 "국민 일체감"이란 무턱대고 권장할 사항이 아니다. 자칫 획일성과 배타심을 조장할 우려가 있고, 그것은 국가발전에 심각한 장해가 되기 때문이다.

　각각 한 차례의 올림픽과 월드컵 그리고 수많은 국제행사가 한 국에서 개최되는 동안 한국 사람들은 국가가 체육을 진흥하는 것은 당연한 것으로 받아들이게 되었다. 이것도 큰 잘못이다. 체육대회에 대한 지나친 강조로 문화가 왜곡된 점에 대해서는 제7장에서 따질 것이다.

　이상의 논의를 종합하면, 월드컵에 따르는 **사회·문화적 성숙 효과는 별로 없다**는 결론을 얻게 된다. 무릇 문화적 요소는 진지하고 꾸준한 노력이 있어야 변화시킬 수 있다.

4. 전시성 행사의 역효과

　한국에서 개최되는 올림픽, 월드컵, 엑스포 등 행사의 공통적 특징은 관주도(官主導)라는 점이다. 강제력을 동원하여 일사불란하게 그리고 겉보기에 매우 화려하고 성대하게 치러진다. 그러다 보니 여러 가지 역작용, 역기능이 발생한다. 이 절에서는 전시효과에 치중하는 행사가 어떤 부작용을 낳는지 살펴보기로 한다.

분야별 균형이 정상적

　한국 문화에서 매우 중요한 자리를 차지하는 말에 "격(格)"이 있다. 사람에겐 사람의 격(人格)이 있고, 사물에는 사물의 격(品格)이 제각각 있는바, 그들이 어우러질 때에는 격이 맞아야 한다. 조금 구체적으로 말하면, 사회의 각 부문에는 일정한 균형이 취해져야 정상적인 것이며, 그래야 높은 평가를 받는다.

월드컵 준비과정에서 우리는 격과 균형을 무시하는 경우가 많았다. 단순한 예로 화장실을 들 수 있다. 화장실은 어딜 가나 다소 지저분하고 어느 정도의 냄새가 난다. 깨끗하게 관리하기만 하면 될 것을 우리는 몇 년에 걸쳐 도로변의 화장실을 "호텔 수준"으로 개축하고 꾸몄다. 뒷골목의 화장실과는 천양지차(天壤之差)가 있고 길거리의 무질서와도 어울리지 않는다. 어느 시인(최영미)이 말했다.

> "외국 사람들이 우리의 분수에 맞지 않는 호화판 화장실을 보고 과연 감동할까? 금방 칠한 페인트 냄새가 역겨워 코를 잡지 않을까? 갑자기 향수를 뿌리고 꽃을 꽂은 화장실이 나는 안쓰럽다."(중앙 02. 5. 11)

KDI 보고서는 월드컵 대회가 "경제위기와 IMF 금융지원으로 훼손된 우리 나라의 국가 이미지를 쇄신하고 신뢰도를 회복하는 계기가 될 것"이라고 말한다. 과연 그럴까? 그 어려운 와중(渦中)에 단 3경기씩을 치르기 위해 3조 원을 들여서 호화 축구장을 10개나 짓고, 유례가 없을 정도의 성대한 행사를 베풀 계획을 세우는 한국인을 외국인들이 좋게만 생각할 것인가? 저자의 주장(〔보기 0-6〕)처럼, 경제위기 당시에 월드컵 개최권을 반납하는 것이 옳았다고 생각하는 사람은 없을까? 잘은 모르지만 한 가지 확실한 것은, 사람이 남의 존경을 받으려면 하는 행동이 합리적이어야 한다는 사실이다.

우리는 올림픽이 국위선양에 크게 기여했다고 믿는다. 올림픽을 성공적으로 치를 수 있는 나라라면 그에 걸맞은 사회경제적 시스템이 갖추어져 있는 것이 상식이다. 그러나 불행히도 올림픽 이후에 한

[도표 4-2] 올림픽 국가의 사고 연발

자료: 조선일보 조선만평 1999. 4. 4.

국에서는 다리가 내려앉고, 백화점이 무너지고, 지하철이 침수되는 등의 어이없는 일이 계속 일어났다. 어딘지 앞뒤가 맞지 않는다.

한국사회의 분야별 균형이 맞지 않는 것을 목격하는 외국인들이 한국에 대해 가지는 느낌은 어떨까? 행여 "이상한 나라"라며 고개를 갸우뚱하는 사람도 있지 않을까 걱정된다. 만약 그런 우려가 사실이라면, 성대한 행사는 국위를 손상시킨 결과로 나타나게 된다.

과공은 비례

한국에서 국제행사의 성공적 개최란 다른 한편으로 극진한 손님 대접을 의미한다. 그러나 그것이 반드시 국위를 선양하는 것은 아니다. 예로부터 "과공(過恭)은 비례(非禮)"라고 했듯이, 손님맞이는 분수에 맞아야 한다.

일본도 마찬가지지만, 한국은 2002년 월드컵이라는 잔치를 잘 벌리기 위해 우선 막대한 예산을 들여 축구장을 신축하였다. 저자의 과문 탓인지는 모르나, 그 사실을 좋게 평가하는 외국의 언론 매체를 접해본 적이 없다. 반면에, 혹평 기사는 꽤 많이 보았다. 읽어보지는 않았지만, 스포츠 전문지는 호평했을지도 모른다. 축구를 위해서는 기막힌 운동장이 건설되었기 때문이다. 아래에 비판적 기사 중에서 2가지만 골라 소개한다.

[보기 4-3] **외국 언론의 월드컵 축구장 논평**
　○1억 달러의 비용을 들여 지은 서귀포 경기장은 과잉지출을 엿보게 하는 것. 이 경기장은 4만 2천명을 수용할 수 있으나, 월드컵 이후 이 경기장을 채울 관람객이 충분할 것인지는 의문임. 서울의 경우 올림픽 때에 건설한 경기장을 증축하는 것으로 만족할 수 있었을 터인데 185백만 달러를 들여서 새 경기장을 지었음.(Le Monde 2002. 5. 31: KDI 홈페이지에서 전재)

　○"세계 최대의 스포츠 제전인 월드컵 본선을 공동 주관하는 일본과 한국은 그 대회의 72년 역사상 최대의 축구장 건축 경연(競演)에 나섰다. 일본은 6개를 신축하고 4개를 증축하느라 46억 달러를 쏟아 부었고, 한국은 10개를 새로 짓느라고 27억 달러(3조 5천억 원 상당)를 투입하였다.

　이와는 대조적으로 직전 월드컵을 개최한 프랑스는 하나만을 신축하고 나머지는 개축하였다. 1994년의 개최국인 미국은 흑자 대회인 1984년 LA 올림픽을 거울삼아 기존 경기장을 축구장으로 전환하는 방법을 썼다. 미식축구장의 골대를 치웠고 바닥에는 축구경기장 선을 그었다.

〔도표 4-3〕 미국팀을 경호하는 사람의 장벽

자료: 조선일보, 2002. 5. 25.

동경에 주재하는 미국인 스포츠 컨설턴트 커너트 씨는 말한다. "일본이 월드컵을 위해 건축한 것은 경제성 측면에선 명명백백한 미친 짓(absolute fiscal insanity)이다. 대부분의 새 경기장은 (대회가 끝나면) 파산하고 말 것이다."

고지식한 경리쟁이의 시각에서 일본의 무모한 사업을 관찰하는 일본경제신문은 흥을 깨려고 작정이라도 한 듯이, '새 축구장 모두는 (월드컵 종료 후에) 이집트 사막의 폐허처럼 될 것이다'고 신랄하게 꼬집은 바 있다."(NYT 2002. 6. 2.)

또 한 가지 빼놓을 수 없는 과공은 외국인사에 대한 과잉 경호와 과잉 접대이다. 월드컵을 목전에 두고 친선경기를 가지기 위해 제주공항에 내린 영국팀에게는 일반인의 접근을 아예 막았다. 국내에 연습 캠프를 차린 외국팀에게는 거창한 환영식부터 시작하여 칙사대접을 하였다. 과공 자체도 문제지만, 그런 일에는 어김없이 한국 시민의 희생이 따른다. 외국 팀에 대한 과잉 응대의 압권은 미국팀을 경비하기 위해 만든 "인(人)의 장벽"이라고 하겠는데, 저자에게는 경비를 맡은 경찰들이 측은하기만 했다.([그림 4-3])

그러한 과잉 응대를 받거나 목격하는 외국인들은 어떤 느낌을 가질까? 확실히는 알 수 없지만 머쓱하거나, 최소한 호오(好惡)의 양 느낌(ambivalence)을 가졌을지도 모른다. 선진국 사람들은 인권이 무시되는 것을 좋아하지 않으므로 틀림없이 좋은 감정만은 아니었을 것이다.

위의 설명이 맞는다면, 그야말로 "돈 대 주고 뺨 맞기"가 아니고 무엇인가?

관광 역효과

한국정부가 관광을 진흥하고자 직·간접으로 투자한 자금의 규모는 상당하다. 올림픽과 월드컵 유치 목적의 일부를, 그리고 여러 차례 시행된 "한국 방문의 해" 등의 순전한 목적은 바로 관광 진흥이었다. 그런데 그와 같은 방법의 공통된 문제점은 하드웨어에 지나치게 치중한 나머지 아주 기본적인 소프트웨어도 소홀히 한다는 점이다.

관광 진흥은 요란한 선전행사가 아니고 외국인이 와서 편하게 지내면서 보고 즐길 것이 많아야 한다. 그런데 전시성 행사를 자주 벌이다가 보면 내실을 추구할 여유를 잃게 된다. 더 큰 문제는 자칫 행사만으로 할 일을 다했다는 착각을 불러일으킨다. 관광 진흥 목적의 행사가 역효과를 낳을 수 있는 것이다.

[보기 4-4]는 단편적인 예에 지나지 않지만, 지금까지 수 차례 시도된 "한국 방문의 해" 등의 행사가 그런 식으로 진행되었을 가능성을 짐작하게 한다. 행사로 인한 소득은 없고 부작용만 남는 셈이 되는 것이다.

[보기 4-4] **"겉치레 관광홍보 말길"**

"얼마 전 황금연휴를 맞아 많은 일본인 관광객이 한국을 찾았다. 나는 그 기간 중 김포공항에서 어떤 업체의 아르바이트생으로 관광공사의 홍보행사에 참여했다. 거다란 풍선, 마스코트, 사물놀이 패 등으로 한국을 찾는 외국인들을 맞으면 그들에겐 색다른 추억거리가 될 수 있겠거니, 생각했다.

그러나 그런 생각은 너무나 순진했다. 행사장은 이내 아수라장이 됐다. 우리는 수많은 카메라 기자들을 위한 그림거리였다. "어이, 아가씨. 그거 나눠 주러 나가지마. 카메라 가리잖아." "이 풍선 좀 들고 서 있어, 그래야 그림이 나와." 급기야 어떤 일본인은 자신의 아이에게 풍선을 쥐어주다가 카메라를 향해 등을 보여 "그림을 망쳤다"는 이유로 한 쪽으로 떠밀리기도 했다.

그런 전쟁이 1시간쯤 이어지고 나서 카메라 기자들은 철수했다. 그러자 관광공사 측도 곧바로 철수해 버렸다. 아르바이트를 끝내고 돌아오면서 내내 마음이 무거웠다. 외국인에게 한국을 홍보하는 것인지, 언론에 보여주기 위한 것인지 도무지 알 수 없는 일이었다."(조선일보 1999. 5. 11: 독자투고)

〔도표 4-4〕 한국인의 질서 의식의 겉과 속

〔표(表)〕 서울 시청 광장에서 한국 대 미국 축구 경기 응원을 마치고 쓰레기를 치우는 젊은이들　(중앙일보 2002. 6. 11)	〔리(裏)〕 "불꽃축제 행사장 쓰레기 그대로"　(동아일보 2002. 5. 11: 독자투고)
	2일 저녁 서울 여의도 광장에서 2002 한·일 월드컵 축하 세계 불꽃축제를 한다기에 식구들과 함께 갔다. 여의도 광장은 입추의 여지 없이 사람들로 꽉 찬 가운데 갖가지 색깔의 불꽃이 하늘을 환히 밝혔을 때 그곳에 모인 수많은 사람들은 함성을 질렀다. 　그런데 문제는 불꽃축제가 끝나고 귀가할 때부터 여기저기서 무질서한 광경이 펼쳐진 것이다. 그 모습은 "무질서의 극치"라고 표현될 정도였다. 많은 사람들이 타고 온 승용차들이 서로 먼저 인파 속을 빠져나가려고 경적을 마구 울려대는가 하면 또 각자 가지고 있던 쓰레기를 광장 바닥이나 인도에 마구 버려 마치 쓰레기장을 방불케 했다.

행사성 질서 지키기

월드컵 준비기간 동안 한국 국민들은 질서 지키기, 외국인에게 친절하기 등을 내용으로 하는 수없이 많은 캠페인과 교육에 참가하였다. 그런 일들이 "월드컵의 성공적 개최를 위해 꼭 필요하다"고 강조되었다. 그런데 바로 거기에 큰 함정이 숨어 있다. 질서와 친절은 월드컵 때만 혹은 외국인이 볼 때만 지키면 된다는 메시지를 줄 수 있다는 점이다. 거꾸로 말하면, 평소에는 잘 지키지 않아도 된다는 의미가 된다. 만약 그것이 사실이라면 그야말로 정말 큰일이다.

불행히도, 현실에서 그것을 뒷받침하는 증거를 쉽게 찾을 수 있다. 국제행사 중에는 외국인의 눈을 의식하여 한국인들은 누구보다

질서를 잘 지킨다. 그렇지만 평소에는 완전히 달라진다. 올림픽 때도, 월드컵 때도 그랬지만, 행사만 끝나면 그뿐이었다 (도표 4-4) 참조).

이상의 논의가 사실이라면, 월드컵이 사회·문화적 측면에서 한국에 기여한 것은 무엇인가? 이득인가, 손해인가?

한 가지 분명한 것은, 단발성(單發性) 행사를 통하여 사회·문화적 효과를 기대하기는 어렵다는 사실이다. 제3절의 결론을 다시 한 번 확인하게 되는 것이다.

5. 올림픽 국가의 후진성

1988년의 올림픽을 치르고 난 다음 한국 국민은 더 없이 만족해했다. 올림픽 덕분에 한국의 국위가 만방에 떨쳤고, 한국 사회가 업그레이드 되었다고 믿었다. 그런데 그런 믿음이 사실과 다른 것이 문제이다. 국가 이미지 문제는 앞에서 짚었기 때문에, 이 절에서는 올림픽 덕분에 한국사회가 선진화되었는지 생각해 보기로 한다.

올림픽의 효과

KDI가 만든 1989년의 올림픽 보고서와 1998년의 월드컵 보고서를 비교해서 읽어보면 많은 것을 생각하게 한다. 우선, 한국인 모두가 "성공적으로 개최하였으며, 엄청난 효과를 얻었다"고 자부하는 올림픽이 진정으로 남긴 것은 무엇인가 하는 의문이 남는다.

앞의 보고서는 "서울 올림픽은 우리 나라의 선진화를 촉진하는 계기가 된 대회"라고 평가하고 있다(서문). 그것을 통하여 국위가 선양되었고, 국민의 자긍심이 높아졌으며, 국민통합이 이루어졌다고 했다. 한국의 문화가 세계에 알려지고, 국민의식이 국제화되었다고, 시민의 협동심과 질서의식이 고양되었고, 요식·숙박업소의 서비스가 개선되었다고 했다. 다만, "올림픽 기간 중에 보여 주었던 가치와 규범의 변화는 올림픽이 끝난 뒤 곧 그 이전의 상태로 돌아갔다."(p.117)

한편, 월드컵 보고서는 월드컵 개최로부터 기대되는 "국가발전적 의의"를 열거하면서, 그것이 실현되려면 올림픽의 실수를 되풀이하지 않아야 한다고 강조하고 있다(1998: p.33, 46 등). 여기서 국가발전적 의의라는 것은 올림픽을 통해서 얻었다고 알려졌던 것과 거의 동일한 내용이다. 즉, 국위선양, 국민통합, 문화적 성숙, 한국 문화의 세계화, 그리고 "경제적 유발효과" 등을 말한다.([도표 1-1] 참조)

올림픽을 통해 "선진사회의 계기가 마련되었음"에도 불구하고 같은 목적으로 다시 월드컵을 개최해야만 하는 우리의 입장도 얄궂지만, 그렇게 믿었던 올림픽의 효과가 이제 와서 대단하지 않다니, 허망하다. 어쨌건 올림픽 당시에는 한국사회가 선진화된 줄 알았는데, 지나놓고 보니 아니었음은 분명하다. 그렇다면 올림픽의 성공적 개최를 위해 온 국민이 쏟은 노력은 그 행사만을 위한 것이 되고 말았다는 결론을 얻는다. 더 간단하게 말하면, 올림픽으로부터 기대되었던 국가발전적 의의는 현실화되지 않았다.

실제로 그런 추론이 맞다는 것은 우리의 주위에서 손쉽게 찾아볼 수 있다.

우선 한국사회에서는 기초질서가 지켜지지 않는다. 운동경기가 끝난 뒤의 관람석, 늦은 오후의 유원지는 온통 쓰레기 더미이다. 교통 및 보행질서는 더 없이 문란하다. 관광 인프라는 열악하기 짝이 없다. 말이 통하지 않거나 영어 메뉴판이 없어서 서울 중심가에서도 외국인은 음식을 시킬 수 없다.

올림픽 이후에 한국 문화가 해외에 알려진 것도 별로 없다(Guy Sorman).

월드컵을 앞두고 지도층 인사가 수없이 많은 글을 신문지상에 실었는데, 그 공통점은 3가지로 요약할 수 있다. 첫째, 우리는 올림픽을 성공적으로 치렀고, 그 덕분에 사회가 성숙하였다. 둘째, 월드컵을 통하여 한국을 업그레이드시키자. 셋째, 그 목적을 달성하기 위해서는 기초질서부터 확립하자. [보기 4-5]는 그런 글들 중의 하나인데, 아마도 정부의 입장을 대변한 듯하다.

그런 글들을 대할 때마다 저자는 기이한 느낌을 가진다. 어떻게 같은 글 속에서 그렇듯 앞뒤가 맞지 않는 얘기를 할수 있을까? 수많은 지도층 인사의 말이 어쩌면 그렇게 한결같을 수 있을까? 올림픽으로 사회가 이미 성숙했고, 유사한 행사인 월드컵을 통해 한 단계 도약하자면서 기초질서의 문란부터 문제삼고 있으니, 도대체 어느 말이 맞는가? 행사의 효과가 있다는 말인지, 없다는 말인지?

결국, 모두가 막연하게, 습관적으로 국제 체육행사의 효과를 꿈꾼다고 말할 수밖에 없다. 그리고 저자의 판단으로는, 그 꿈은 쉽게 실현될 성질의 것이 결코 아니다. 사회가 성숙하는 것은 오랜 기간에 걸쳐서 내실을 다지는 것뿐이며, 이것은 제3부의 주제가 된다.

[보기 4-5] **"월드컵 문화시민 협의회" 설립 배경**

"우리는 지난 88 서울 올림픽을 성공적으로 이루어 낸 경험을 가지고 있다. 전세계인이 주목한 가운데 평화와 화합의 지구촌 축제인 올림픽을 훌륭하게 치렀을 뿐만 아니라, 내재되어 있던 우리 국민의 수준 높은 문화의식과 자긍심을 여실히 확인할 수 있는 계기였다.

그러나 전세계인으로부터 '문화 올림픽'을 이루어낸 선진국으로 인정받았음에도 불구하고, 아쉽게도 우리 사회 전반에 뿌리내려야 할 문화시민 정신은 올림픽이 끝남과 동시에 자취를 감춰버리고 말았다. 우리 모두가 합심하고 노력하여 정착시켜야 하는 중요한 임무를 소홀히 했기 때문이다.

시설준비, 대회운영, 경기성적뿐만 아니라 일본과 우리의 시민의식 수준이 전세계에 비교, 평가되는 계기가 될 이번 한·일 월드컵 공동 개최를 앞두고 무엇보다 우선해야 할 것은 바로 온 국민이 참여하는 지속적인 문화시민 운동이다. 이에 우리는 개개인, 사회 각계, 그리고 전국 각지로 범국민적 문화시민 운동을 확산하기 위해 2002년 월드컵 축구대회 문화시민운동 중앙협의회를 설립하게 되었다."(협의회 홈페이지, 2002년 5월)

사기 진작과 허풍 조장

올림픽과 월드컵을 통해서 한국 국민의 자긍심이 높아지고 사기가 진작되었다고 말한다. 그것은 사실인 듯하다. 자긍심이야 나쁠 리 없지만 자칫 자만심으로 이어질 수 있다는 것이 문제이다. 아울러 잔치 뒤끝에는 누구나 마음이 풀어지는 경향이 있다.

저자가 보기에는 올림픽이 한국인에게 상당한 자만심을 불러 일으켰다.(안영도, 『국가 경쟁력 향상의 길』 pp.420~6) 자신감에 넘친 개인과 기업의 씀씀이가 커졌다. 해외여행이 갑자기 늘고, 투자의 규모가 커졌다. 근로자들은 열심히 일하기보다는 여가를 즐기고 육체노동을 기피하게 되었다. 정부는 경제개발협력기금을 만들어 후진국을 지원하였고, 첨단산업을 육성해야 한다고 나섰다. 적지 않은 한국인들이 "세상에서 한국보다 강한 나라는 일본, 독일, 미국 등 몇몇에 불과하다"고 믿었다.

KDI보고서도 그런 부작용이 있었다는 단서를 제공한다. 그 부분을 인용하면 아래와 같다.

> '공무원 의견조사'에 의하면, 조사대상 공무원 2명 중 1명은 서울 올림픽이 우리의 실상과 경제력에 비해 훨씬 화려하고 사치한 행사들이 계획되도록 많은 영향력을 주었다고 인식하고 있다. 따라서 서울 올림픽으로 인하여 정치·행정 분야에 더욱 만연하게 된 '르까프 증후군'(최초, 최대, 최고만 찾는 병)을 속히 치유하는 자세와 의지가 요구된다고 하겠다."(1989: p.206)

올림픽 이후에 위와 같은 KDI의 처방은 먹히지 않았다. 그리하여 한국인의 자만심은 "자기도취적 건방짐"(sense of hubris)으로 나타났고, 저자의 생각에 그것은 1997년 경제위기의 원인(遠因)이 되었다.

국제행사가 아직도 필요한가?

대한축구협회가 월드컵을 유치하자고 처음 결의한 것은 1989년이었고, 정부가 그것을 공식적으로 받아들인 것은 1993년이었다. 올림픽의 기분이 채 가시기도 전에 결정된 것이다. 한국 정부는 "르까프 증후군"을 치유하기는커녕 더욱 강화하기로 작정한 것이다.

월드컵도 끝난 다음, 한국은 다시 여자 월드컵, 동계올림픽, 엑스포 등의 대형 국제행사를 유치하겠다고 나서고, 그 명분은 전과 다름 없었다. 전 국민이 혼신의 힘을 기울인 행사를 그렇게 많이 치르고도 여전히 선진국의 대열에 진입한다는 명분으로 같은 일이 필요하다는 것이다. 정녕 우리는 국제행사가 아닌 다른 방법으로는 선진국으로 진입할 수 없는가? 선진국으로 진입하기 위해 앞으로 몇 차례나 더 요란한 잔치를 벌여야 한다는 말인가?

돌이켜 보면, 올림픽은 당시에는 작은 나라에 지나지 않았던 한국을 해외에 알리는 의미는 있었다고 할 수 있다. 그러나 월드컵은 달랐다. 세계화 시대에 알만한 사람은 이미 다 한국을 알고 있었다고 해도 과언이 아니다. 설사 월드컵이나 동계올림픽 등의 행사가 한국을 알리는 효과가 크다고 해도 알림 그 자체만으로는 큰 의미가 없다.

개인, 기업, 국가를 막론하고 막대한 비용을 들여 스스로를 홍보하고자 하는 노력에는 두 가지 전제가 필요하다. 하나는 좋은 점을 알리는 것이고, 둘은 그 사실을 안 사람이 어떤 형태이건 홍보의 당사자에게 영향을 미치는 것이다. 한국은 그 경제 규모에 비추어 전세계에 이미 웬만큼 알려졌다. 아직도 한국을 모르는 사람, 예컨대 아프리카 오지인(奧地人)에게 한국을 알려서 얻을 이득은 아마도 대단하지 않을 것이다. 그들은 한국과 사업을 하거나 한국을 방문할 경제적 여력이 없을지 모른다. 그렇다면 그들은 비싼 돈을 들여서 광고·선전할 만한 대상이 못된다.(제2장 각주 참조)

결국, 올림픽이 끝난 뒤에도 한국은 여전히 사회·문화적으로는 후진국을 면하지 못하고 있다. 올림픽이 "단군 이래의 쾌거"였다고 말하지만, 한국사회의 문화적 성숙에는 큰 도움이 되지 않았다. 일회성 체육행사만으로는 한 사회가 업그레이드될 수 없다는 제3절의 결론이 다시금 확인된 것이다.

6. 월드컵 효과의 종합평가

이 장에서 지금까지 월드컵이 국가 이미지 개선, 한일 관계 개선, 사회·문화적 성숙의 촉진에 크게 도움이 되지 않았음을 지적하였다. 계량화가 불가능한 경제외적 효과에 관한 논의이므로 어차피 주관적 판단이 불가피하다. 저자의 종합적인 판단에 의하면, 2002 월드컵 대회는 한국을 잘 아는 외국인에게는 좋은 인상을 주지 못했다. 다시 말하지만, 우리에게 중요한 것은 한국을 잘 아는 외국인이지 외국인 일반(foreigners at large)이 아니다.

당초에 큰 효과를 기대할 수 없었던 대회인데다, 마침 경제위기의 와중에서 구제금융을 받는 처지였는데도 우리는 엄청난 자금과 노력을 동원하여 월드컵 행사를 치렀다. 웬만한 상식을 가진 사람이라면, 스포츠 제전에 지나지 않는 행사를 그토록 장기간에 걸쳐서 그토록 공들여 개최한 한국인의 사고와 행동을 합리적이라고 생각하지는 않을 것이다.

외국의 지식인들은 부정과 부패로 얼룩진 FIFA라는 단체를 좋아하지 않는다. 그런 FIFA에 마냥 끌려다니는 국가를 호평할 리도 없을 것이다. 잘 알려진 대로, 월드컵 축구대회는 FIFA가 주최하며, 개최국은 대리인으로서 그 심부름을 한다. 2002년 월드컵의 경기장에서는 FIFA 인사들이 주인행세를 하고, 6년의 세월에 걸쳐 행사를 준비한 개최도시의 시장은 대중 앞에 나서 볼 기회조차 가져보지 못했다. 한 나라가 임의단체에 지나지 않는 FIFA와 형편없는 불평등 계약을 체결하고, 영토 내의 경기장에서 주권을 행사하지 못하는 것은 심히 자존심이 상하는 일이기도 하다.

제반 사항을 종합하면, 월드컵의 **경제외적 효과는 총체적으로 손실에 가깝다**고 할 것이다.

월드컵 개최의 비용-편익 종합

이제 제1부의 논의를 마감하기 위하여 월드컵의 비용과 편익을 총정리하기로 하자. 제2장에서 제4장까지의 논의를 종합한 결과가 〔도표 4-5〕에 요약되어 있다. 달리 보면, 이 표는 〔도표 1-3〕의 골격에 분석결과를 대입하여 만들어진 것이다.

우선, 계량화가 가능한 경제적 효과를 집계해 보자. 조직위원회 수입, 외국인 관광수입을 합하면 총수입은 대략 4천억 원이다. 반면, 실비용은 구장, 도로 등의 건설비 3조 원을 포함하여 총 7조 원을 초과한다. 다음, 효용성이 높은 사회간접자본 시설에 투자됐을 경우에 얻을 수 있는 국가경제의 생산성 증대효과 등의 기회비용이 2조원에 이른다. 종합하면, 2002년 월드컵을 개최함으로 말미암아 9조 3천억 원의 순수한 경제적 손실이 초래되었다.

다음으로 계량화가 어려운 경제적 효과를 보면, 당초 기대되었던 수출진흥, 관광진흥, 지역경제 활성화의 효과는 실현될 가능성이 작다. 반면, 시민이 부담한 불편비용과 환경파괴 비용은 상당하다. 가장 심각한 것은, 정부와 시민이 6년 동안 월드컵에 지극한 관심을 쏟았기 때문에 쾌적한 생활환경의 조성에 필요한 사회의 기본이 무시되었고, 합목적적 사회경제 질서를 확립하여 선진적 사회를 만들어 갈 기회를 상실한 점이다.

마지막으로 외교, 사회, 문화적 측면에서도 소기의 성과를 거두지 못했다. 단순한 체육행사로 국위가 선양될 리 없고, 월드컵 준비 기간 동안 일본과의 사이에 상당한 알력이 생겼다. 일과성 행사로 시민의 의식이 선진화될 수 없다. 오히려 여러 가지 부작용만 돋보인다.

10조원 짜리 잔치

총체적 결론을 내리면, 정부와 시민이 기대했던 것과는 달리 2002년 월드컵은 우리에게 크나큰 손실을 남기고 말았다. 아무도 진지하게 비용 – 편익 분석을 해보지 않았기 때문에, 우리는 지금까지 손해보는 일을 자청해서 맡아 왔고, 또 앞으로도 계속 그렇게 할 것으로 예측된다. 참으로 우려되는 일이라 할 것이다.

월드컵 기간 중, 정확히는 한국팀의 시합이 있는 날은 붉은 색이 전국 각지의 도심지를 뒤덮었고, 수백만의 젊은이들이 목청껏 한국팀을 응원했다. 그때마다 국내의 모든 TV와 모든 신문은 전국민이 일체가 되어서 한국의 저력을 보여주었다고 자평하였다. 대중매체의 보도에 따르면, 지도층 인사들도 거의 전부가 똑같이 그런 생각을 하는 듯했다. 그런데 과연 보여준 "저력"은 어떤 것이며, "일체감"은 무엇을 위한 것인가? 기이하게도 그런 기본적 질문을 하는 사람을 저자는 거의 보지 못했다.

제7장에서 논의하겠지만, 맹목적 일체감은 현대사회에서는 역작용이 더 크다. 현대사회에서는 일치 단결하여 무찔러야 할 "국가적 적(敵)"이 사실상 존재하지 않는다. 그러므로 일체감보다는 자유분방

[도표 4-5] 월드컵의 비용·편익 총집계표

(단위: 억 원)

| | 경제적 | | | | 경제외적
(외교, 사회, 문화) | |
| | 직접적 | | 간접적 | | | |
	항 목	금 액	항 목	금 액	항 목	금 액
편 익	①조직위원회 수입	4,000	③수출진흥	효과별무		
	②외국인 관광수입	증가없음	④관광진흥	효과별무		
			⑤지역경제활성화	효과별무		
	소 계	4,000	소 계	편익별무		
비 용	실 비 용 ①시설 건설비	30,000	⑥시민불편 비용	거대비용	**순효과** ①국위선양 ②대일관계 ③문화성숙	약간손실 약간악화 약간손실
	②여건 조성비	20,000	⑦환경파괴 비용	상당비용		
	③조직위원회 경비	4,000				
	④공공부문 경비	23,000				
	⑤민간부문 경비	작은비용				
	소 계	77,000	소 계	거대비용		
	기회 비용 ①시설의 기회비용	10,000	③국민관심 분산 · 무시된 사회기본	거대비용		
	②상실된 부가가치	10,000	· 멀어진 선진사회	거대비용		
	소 계	20,000	소 계	거대비용		
순편익	순 계	순손실 93,000	순 계	거대한 순손실	약간의 순손실(?)	

함이나 다양성이 오히려 덕목이 된다. 월드컵을 전후한 시점에서 주적(主敵) 논의가 분분했던 점에 비추어 보면, 한국에는 아직도 일체감이 필요할지 모른다. 그렇더라도 월드컵 기간 중에 젊은이들이 그것을 표현한 것은 결코 아니었다. 월드컵이 끝나면서 발생한 북한의 도발 때문에 "햇볕정책"을 두고 국론이 분열된 것은 또 무슨 아이러니인가? 그리고, 축구 응원을 위한 집단이 보여주었다는 "한국인의 저력"이란 도대체 무엇을 의미하는지, 저자로서는 짐작조차 되는 바가 없다.

한 가지 확실한 것은, 한국팀이 48년 만에 처음으로 1승을 올린 순간부터 월드컵이 끝날 때까지 절대다수의 국민들이 열광하였다는 사실이다. 그런데 엄밀하게 따지고 보면, 그것은 자기도취라고 할 수 있다. 우리는 반세기에 걸쳐 품고 있었던 한을 풀었는지는 몰라도, 외국인들의 눈에는 월드컵 대회의 1승, 16강은 그리 큰 성과가 아니다. 4강이 된 것은 다소 놀라왔지만, 그것도 있을 수 있는 일이었다. 당시의 국내 언론은 한국이 축구 강국이 되었다고 자랑했지만, 그것도 근거가 없다. 그 점에 대해서는 제7장에서 다시 생각해볼 것이다.

결국, 6월의 열광은 그야말로 "우리 사정"이었다. 어쨌거나 월드컵 덕분에 대다수 한국인들은 후련함을 맛보았고, 오랜만에 카타르시스를 만끽하였다. 그것이 큰 소득이었음은 분명하다.

우리는 6년에 걸쳐 10조 원에 가까운 순비용과 지극한 정성을 쏟아부어 한 달 간의 잔치를 흥겹고 질펀하게 벌였다. 월드컵 대회가 외국에서 열렸다면 첫 승리, 16강, 8강, 4강에 오르지 못하고, 그래서 한 차례도 잔치의 즐거움을 맛볼 기회가 없었을지 모른다. 그래서 그런 즐거움이 한국에서 월드컵을 직접 개최한 덕분이라고 말할 수도 있다.

이제 총정리해서 말하자면, "2002년 한·일 월드컵 축구대회"를 6년간에 걸쳐 국가의 총력을 기울여, 즉 경국지공(傾國之功)을 들여 준비하고, 그 결과 우리는 "6월 한 달 간의 국민적 열광"을 얻었다. 많은 국민들은 6월의 기쁨을 어디 쉽게 얻을 수 있느냐고 말할 터이고, 충분히 그럴 수 있다. 그것이 10조 원 이상의 가치가 있을지도 모른다. 부실한 기업, 형편없는 은행에 각각 몇 조 원씩의 공적 자금을 쏟아붓기도 했는데, 하물며 전국민을 위한 잔치임에랴!

6월 한 달 "축구 말고는 모든 것이 멈춰선 상태"였지만, 잔치 때야 원래 일 걱정은 않는 법이니 그것을 따질 필요는 없을지 모른다. 월드컵이 끝나고 소위 "금단 증상"이 나타난 사람도 있었고, 많은 직장의 근무 분위기가 흐트러졌지만, 그런 일 역시 어떤 잔치 끝에나 나타나는 법이다. 길게 잡아 한 달만 지나면 모두 정상을 되찾게 된다. 그러나 올림픽의 경우처럼 지나친 자만심, 정신이완이 따르지 않는다는 보장이 없다. 조금은 걱정스럽기도 하다.

저자는 월드컵을 한국에서 개최한 사실 그 자체를 문제삼고자 하는 것이 아니다. 잔치로서는 충분한 가치가 있을지도 모르며, 국민적 합의를 얻는다면 아무리 비싼 행사도 개최할 수 있다.[3] 그저 "경제적 유발효과"니, "국위선양"이니 하면서 여론이 마냥 오도되는 것이 안타까울 뿐이다.

---

3) 재무구조가 비교적 튼튼했던 쌍방울은 "1997년 동계 유니버시아드 대회"를 위하여 "무주 리조트"에 무리하게 시설투자를 한 결과 재정파탄을 맞았다. 다행스럽게도 국가의 금고는 매우 깊어서 10조 원을 훌쩍 넘는 국제대회를 수없이 개최해도 그런 일이 당장에 생기지는 않는다.

제2부
한국식 체육진흥의 폐해

❝ 마지막으로, 가장 기본적인 질문을 던져보자. 현대사회에서 체육이건 문예이건 공공부문의 지원이 필요한가? 그에 대한 대답은 체육은 아니지만 문화예술에 대한 지원은 필요하다는 것이다. 문화예술은 공공재이기 때문이다.[8]

누군가가 문화예술을 발전시키면 그것을 모든 시민이 공유할 수 있고, 또 공짜로 활용하는 것(free ride)을 막을 방법이 없다. 그러므로 민간부문에 맡겨두면 아무도 문화예술을 발전시키려 하지 않는다. 노력해 보았자 본인에게 큰 이득이 없기 때문이다. 스포츠에는 그런 성질이 없다. 자기가 좋아서 열심히 하면 그것으로 끝이며 남의 건강이 좋아지는 것은 아니다. 관람용 스포츠는 폐쇄된 공간에서 진행하는 방법으로 공짜 손님을 막을 수 있다.

그런 까닭에 스포츠는 시장에 맡겨도 되지만 문화예술은 정부가 진흥해야 한다. 정부의 지원이 없으면 한국사회가 필요한 정도의 문예발전이 불가능하다. 그런 현상을 "시장의 실패"라고 말하며, 그에 해당되는 상품을 공공재(公共財: public goods)라고 부른다. ❞

(본문 209페이지에서)

한국정부는 행사를 직접 개최하는 것뿐만 아니라 국제 경기대회의 상위 입상에 집착을 보여 왔다. 올림픽의 메달 수나 월드컵의 등위가 곧 국위라고 생각했다. 그리하여 수십년의 세월에 걸쳐 체육시설과 운동선수에 집중적 투자가 이루어졌다. 제2부에서는 그같은 체육진흥 정책이 남긴 부작용을 다룰 것이다. 한국식 체육진흥은 흔히 "엘리트 체육"이라고 불린다.

체육에 편중된 투자는 체육 엘리트의 양성에는 성공했을지 모르지만 심각한 사회적 문제를 낳았다. 체육에 비해서 다른 분야, 예컨대 문화·예술은 이류의 대접을 받아서 문화 열등국을 자초하였다. 그리하여 분야간의 균형이 깨지고, 그런 점이 결과적으로 국가발전의 장애가 되고 있다. 이것이 제5장의 주제이다.

체육진흥이 일반 국민의 체력 증진이나 여가 선용으로 이어지는 것도 아니었다. 체육 인구의 저변이 넓어서 각 경기종목의 선수층이 두꺼워진 것도 아니었다. 저변의 취약함이 국제경기의 상위 입상을 저해하는 요인인 것으로 지적된 바도 있다. 선수를 꿈꾸는 청소년들은 오직 운동에만 몰두하여 폭넓은 지식과 다양한 사고를 갖춘 인격자로 성장하지 못한다. 제6장에서는 체육진흥 정책이 체육 혹은 체육인에 미치는 악영향을 따져 보기로 한다.

한국식 체육진흥은 문화 측면에서도 적잖은 부작용을 낳는다. 국민들로 하여금 한국팀의 승패에만 관심을 가지게 만들어 외국에 대한 배타감을 양성한다. 스포츠에 관한 한 국민여론을 한 방향으로 몰아가서 획일주의적 사고를 조장하기도 한다. 사회생활의 여러 측면에서 체육만이 중요하다는 착각을 불러일으키고 있다. 제7장에서 과도한 체육진흥이 초래하는 문화왜곡 현상을 다룰 것이다.

제5장 맹목적인 체육 투자

제3공화국이 "체육은 국력"이라는 구호를 내건 이후로 체육의 우선적 진흥은 역대 정부, 그리고 대다수 한국인의 패러다임이 되었다. 그 결과 사회 각 분야에서 유독 체육에만 파격적인 국가자원과 국민의 관심이 집중되었고, 모두들 그것을 당연한 것으로 생각하게 되었다.

국가자원이란 유한하게 마련이므로 체육에 중점 투자되는 이면에서 과학기술, 문화예술 등 다른 분야는 홀대받을 수밖에 없다. 자연히 분야간의 불균형이 나타나게 된다. 그 전형적 현상의 한 가지만 예로 들면, 한국의 공·사립 도서관은 그 숫자가 형편없이 적고, 장서(藏書)의 양과 질도 남부끄러울 지경이다.

이 장에서는 체육에 대한 과잉투자와 과잉관심이 어느 정도인지 그 현상을 점검하고, 그 부작용을 따져보기로 한다. 여기서 "과잉"이라는 용어를 쓴 것은 다른 분야에 비해 체육에 대한 지원이 과도

하게 이루어졌음을 의미한다. 낙후된 분야가 많지만, 여기서는 비교가 용이하고 같은 문화관광부 소관인 순수 문화예술을 골라서 체육과 대비하기로 한다.

제4장에서는 체육행사를 성공적으로 개최한다고 해서 국가 이미지가 좋아지는 것은 아니라는 점을 설명하였다. 여기서는 대회개최 장소를 떠나서, 국제경기 성적과 국위는 큰 관련성이 없음을 짚으면서 논의를 시작하기로 한다.

1. 경기성적은 국위와 무관하다

이 책을 쓰면서 저자는 어느 국어사전(동아출판사, 1989)에서 "국위"라는 단어를 찾아보았다. "나라의 위력"이라는 설명에 "체육 진흥으로 국위를 선양하다"라는 용례(用例)가 덧붙여 있었다. 군사정부에 의한 홍보가 얼마나 주효했으면 한국인들은 이렇듯 아무런 의심 없이 체육이 국위선양의 지름길이라고 인식하고 있는가?

저자는 그런 믿음이 보편적 한국인의 관념 속에 뿌리깊이 박혀 있다는 사실을 경험하고 놀란 적이 있다. 1996년에 해외출장에서 돌아오는 길에 짐이 많아 통관검사를 기다리고 있었다. 줄 밖으로 조금 떨어진 곳에 20세 전후로 보이는 권투선수인 듯싶은 젊은이 다섯 명이 몰려 있는 것이 보였다. 그때 세관직원 하나가 나타나서 그들을 이끌고 줄선 사람들을 무시하면서 먼저 통관시키는 것이 아닌가? 저자가 항의하였더니, 세관직원은 "국위선양하고 돌아온 사람들을 두고 웬 시비냐!"면서 오히려 핀잔을 주었다.(안영도, 『국가경쟁력

향상의 길』, p.419)

　정치적 목적으로 출발된 체육진흥이 이렇듯 한국의 문화, 한국인들의 가치관이 되고 만 것이다. 그러나 국제 경기대회에서 상위 입상했다는 이유만으로 국가의 이미지가 개선되지는 않는다. 그런 사실은 한 발만 물러서서 생각해 보면 이내 알아챌 수 있다.

세네갈은 세네갈일 뿐이다

　1980년대 말까지 소련, 동독 등의 국가가 체육 엘리트를 집중 육성하는 방법으로 올림픽의 메달을 휩쓸곤 했다([도표 5-1] 참조). 그것으로 그들 나라의 국위가 선양되었는가? 결코 아니었다. 국제사회는 "스테이트 아마추어리즘"이라고 비꼬았을지언정, 그런 나라를 높이 평가하지 않았다.

　쿠바는 지금도 체육강국이지만, 가장 불행한 나라의 하나로 꼽힐 뿐이다. 축구라면 브라질과 아르헨티나를 떠올리지만, 그들 나라의 국위가 높기는커녕 경제력이 뒤쳐지고 정정(政情)이 불안한 나라의 대명사가 되어 있다.

　대중 매체는 2002년 월드컵에서 한국이 16강에 진출하자마자 세계가 한국을 다시 보게 되었다고 보도했다. 그러나, 크로아티아라는 조그만 나라는 1998년의 월드컵 본선에서 3위를 차지했고, 그 나라의 수케르는 6골의 최다득점을 기록하기도 했다. 그런데 한국인 중에 크로아티아를 알고 있는 사람이 몇이나 되는가?

　아프리카의 최빈국 세네갈은 첫 출전한 2002년의 월드컵에서 단숨에 8강까지 올라갔다. 그 나라는 1차전에서 우승 후보였던 프랑스에 이겼는데, 그 충격으로 프랑스는 1회전에서 탈락하고 말았다. 그렇지만 달라진 것은 없다. "축구 좀 잘 하는 이상한 이름의 나라가 있구나"하는 정도 이상으로 세네갈에 관심을 가지는 한국인은 별로 없다. 축구 때문에 그 나라의 이미지가 개선됐다고 보는 사람도 없다. 축구 8강에 들었다고 그 나라로 여행을 가거나, 그 나라에서 만들어진 물건을 사겠다고 하는 사람은 더더욱 없다.

요컨대, 축구를 아무리 잘 해도 크로아티아는 크로아티아이고, 세네갈은 세네갈일 뿐이다. 1회전에서 밀려났어도 프랑스는 여전히 축구강국이고, 변함없는 선진국이다.

외국인은 프로의 국적에는 관심이 없다

한국 사회는 외국에서 개인자격으로 활동하는 프로 선수가 좋은 성적을 올리면 당장 국가적 영웅이 된다. 지도층 인사의 언사(言辭)가 그렇고, 매스컴의 보도 자세가 그렇다. 미국의 수많은 골프대회 중의 어느 하나에서 우승하면 청와대에 초청되는 영광을 얻고 훈장까지 받는다.

정부가 직업선수를 융숭하게 대접하는 이유 역시 그들이 국위를 선양했다는 것이다. 그러나 그것도 오산이다. 국가 대표팀의 성적조

[도표 5-1] 88 올림픽의 국가별 메달 집계

	소련	동독	미국	한국	서독	헝가리
금메달	55	37	36	12	11	11
총계	132	102	94	33	40	23

	불가리아	루마니아	프랑스	이탈리아	중국
금메달	10	7	6	6	5
총계	35	24	16	14	28

자료: 서울올림픽기념 국민체육진흥공단

차 국위와 상관없는데 하물며 직업적 운동선수가 올린 성적임에랴!

프로 스포츠가 있는 나라는 대부분 선진국이고, 한국 출신의 유명 직업선수가 활동하는 곳은 미국이다. 미국 혹은 선진국의 국민들은 기본적으로 스포츠 성적과 국가 이미지를 결부시키지 않는다. 직업선수들인 경우에는 그들의 국적에 별 관심이 없다.

미국에서는 시민권자, 영주권자, 일시취업자 등 다양한 사람들이 뒤섞여 있어서 경제활동에 관한 한 국적은 별 의미가 없다. 그렇기 때문에 특별히 세계적 선수가 아닌 다음에는 미국 사람이겠거니 생각하면서 그 사람의 국적을 눈여겨보지 않는다.([보기 5-1] 참조) 그런 마당에 특정 선수가 좋은 성적을 냈다고 해서 한국의 국위가 높아질 리는 없다.

직업선수와 국가 이미지가 상관없다는 점 역시 역지사지(易地思之)의 방법으로 확인할 수 있다. 미국에서 활동하던 야구의 박찬호와 여자골프의 박세리가 1998년 11월에 한국에 왔을 때, 그들은 더 없는 환대를 받았다. 그런데, 같은 해에 여자 골프에서는 스웨덴 출신의 아니카 소렌스탐, 야구에서는 도미니카의 새미 소사가 훨씬 돋보이는 성적을 올렸다. 그럼에도 한국인 중의 몇 사람이 그들로 말미암아 도미니카를 다시 보고, 스웨덴의 이미지를 더 좋게 생각하게 되었는가? 김병현이 미국 프로야구 2002년 올스타에 뽑혔을 때 한국의 대중매체는 한껏 뽐냈지만, 도미니카 출신 선수는 적어도 7명이 포함되어 있었다.

테니스 선수인 이형택이 2000년 미국 오픈에서 16강에 오르자 국내 언론은 "한국의 테니스가 세계를 놀라게 했다"고 보도했다. 그런데 2001년의 윔블던에서 우승한 고란 이바니소비치라는 선수는 크로아티아 출신이다. 그럼에도 불구하고 한국인들에게 크로아티아는 여전히 알 수 없는 나라이다.

[보기 5-1]　**어느 여자 골프선수의 경우**

미국에서 그레이스(Grace)라는 이름으로 활동하는 한국 출생의 여자 선수가 있다. 그녀가 2000년 6월에 미국여자골프협회(LPGA)의 어느 시합에서 우승하였다. 그 소식을 받은 한국의 신문과 방송은 그 사실을 매우 크게 다루었다.

그 당시 저자는 어느 국제학 대학원에서 석사과정의 강의를 맡고 있었는데 수강생 중에는 외국인 학생도 끼어 있었다. 수업 중에 우연히 골프 이야기가 나왔다. 한 미국인 학생은 두 가지 이유를 대면서 자기로서는 한국 매스컴의 과열 보도를 이해할 수 없다고 했다. 첫째, 미국에서 LPGA는 관심 밖이다. 둘째, 그레이스는 미국인이다.

요컨대, "남의 나라 선수가 별것도 아닌 시합에서 우승했는데 왜 한국인들은 나라가 흔들릴 정도로 유난을 떠느냐"는 것이었다. 아는 사람이 보면 아주 자연스런 비판이지만, 대다수 한국인들이 그 말을 들으면 그저 얼떨떨하기만 할 것이다. 그만큼 우리는 무언가 잘못 생각하고 있는 것이다.

참고로, 국적법 제10조에 따라서 성인인 한국인은 다른 나라의 국적을 가질 수 없다. 뒤집어 말하면, 미국 국적을 가진 사람은 한국인이 될 수 없다.[1) 또 한 가지, 미국의 공중파 방송이 LPGA 게임을 중계하는 일은 거의 없다. 그렇게 할 정도의 인기가 없기 때문이다.

스포츠에 대한 집착은 후진국 현상

선진국이 국제 체육행사를 유치하는 것은 행사 자체의 수지타산에 근거한 경우가 대부분이다.

반면에, 후진국의 경우는 대체로 정치적이다. 정통성이 모자라거나 문제를 안고 있는 정부가 국민의 관심과 에너지를 분산시키기 위해 대규모 행사를 벌이는 일이 많다. 그리고 "국가 이미지 개선"을 내세우기도 한다.

국제행사에 대한 선후진국간의 또 하나의 차이는 정부의 역할이다. 선진국은 어디까지나 민간 베이스이지만, 후진국은 사실상 정부가 주관한다. 국제행사를 위해 온 나라가 혼신의 힘을 기울이는 것은 세계에서 한국이 최선두일 것이다. 일본도 정부의 역할이 크다. 그런데 정치에 관한 한 일본은 후진국이다. 경제적 효율성이 없는 사업을 정치적 이유로 벌이는 일(pet project)이 허다하다.

월드컵을 예로 들면, 한국과 일본은 그 행사를 전형적인 후진국 스타일로 준비했다. 사후 활용의 가능성이 거의 없는 축구장을 각각 10개씩이나 지었다. 합리성에 바탕을 두는 선진사회라면 예컨대 아래와 같이 비판받는 일은 하지 않을 것이다.

(스포츠 경제학자) 지맨스키 교수는 말한다. "일본과 한국은 엄청난 돈을 쏟아 붇는 방법으로(국제체육대회를 위한 대규모 건설은 적자투성이로 끝난다는) 여러 교훈에 정면으로 도전하고 있다. 나는 이들 두 나라가 신축한 구장의 절반이라도 지을 수 있는 여력(餘力)

---

1) 『두산 세계대백과』에는 그녀가 미국 국적을 가진 것으로 기록되어 있다. 보기에 적은 내용은 당사자를 비난할 의도로 인용한 것이 결코 아니라는 점을 밝혀둔다.

을 가진 나라를 본 적이 없다."(FEER Mar. 7, 2002)

경제력으로 따진다면 미국이나 영국은 축구장 100개쯤은 거뜬히 "지을 여력"이 있을 것이다. 그럴 가치가 없어서 그렇게 하지 않을 뿐이다.

선후진국 사이에는 경기 결과에 대한 평가에서도 큰 차이가 난다. 선진국은 우승한 선수들이 그저 대견하다고 바라보는 정도이다. 일부 팬이 열광하고, 행정수반이 축하전화를 하기도 하지만, 그저 그 정도이다. 전국민이 나서는 경우는 드물고, 대통령이 직접 분위기를 띄우는 일은 없다. 그들은 경기를 보고 즐기는 것이지 그 결과에 특별한 의미를 부여하지 않는다.

미국의 언론인은 "국익을 위해서 2002년 월드컵 8강전에서 미국팀이 패한 것은 다행한 일"이라는 등의 칼럼을 쓰기도 했다.[2] 승패는 상대적으로 덜 중요하다는 것이다. 부시 대통령은 자국 경기를 TV로도 시청하지 않았다. 만약 축구 성적이 진실로 국위와 국운을 좌우한다면, 부시는 한 나라의 대통령으로서 직무를 유기한 것이나 진배없다. 독일이 결승에 진출하기 전까지 그 나라 신문은 월드컵 대회를 1면에서는 1단 이상으로 다루지 않았다. 독일은 전형적인 축구 국가임에도 언론은 균형감각을 잃지 않는다.

세네갈은 2002년 월드컵의 첫 시합에서 프랑스에 이기자 온 나라가 들썩일 정도로 환호하였다. 그 사정을 한 언론이 아래와 같이 전한다.

---

2) e.g. "God bless America--and let U.S. lose." International Herald Tribune, June 20, 2002; "The Politics of F tbol." The New York Times, June 24, 2002.

〔보기 5-2〕 **"세네갈, 승리 자축 국경일 선포"**

　세네갈의 와드 대통령은 5월 31일 프랑스와의 개막전에서 세네갈이 승리하자 이 날을 "국경일"로 선포했다. 그는 모든 학교에 휴교령을, 모든 사업장에 유급휴가를 내리도록 지시했다.

　서울에서 날아온 승전보에 세네갈은 물론 아프리카 대륙 전체가 들썩거리고 있다. 개막전이 끝난 직후 수도 다카르 시내에는 수천 명의 흥분한 군중들이 거리로 뛰쳐나왔다. 이들은 중심가 독립광장에서 춤판을 벌이다가 대통령궁으로 행진해 와드 대통령을 연호했다. 대통령도 광장으로 나와 대형 국기를 펼쳐들고 "위대한 세네갈"을 외쳤다. 그는 무개차에 탄 채 오후 내내 시내를 돌며 카 퍼레이드를 벌였다. 대통령은 대표팀을 향해 "프랑스를 이겼으니 이제 돌아와도 좋다"고 말했다. 일부 군중은 "1960년 프랑스에서 독립한 뒤 가장 기쁜 날"이라며 눈물을 보이기도 했다.(조선일보 2002. 6. 1.)

　어디에서 많이 듣던 소리(deja vu)가 아닌가? 바로 한국의 얘기가 아니고 무엇인가?

　2002년 월드컵에서 얻은 성적에 대한 한국의 찬양은 아마도 지구상에서 그 유례가 없을 것이다. 16위를 확보하자 선수 전원에게 병역면제의 혜택이 주어졌고, 4위를 확보하자 대통령이 "단군 이래 가장 기쁜 날"이라고 평가했다. 그리하여 준결승전과 결승전이 있는 날을 임시공휴일로 지정하자는 논의가 있었다. 급기야 대회 종료 다음 날인 7월 1일이 임시 공휴일로 선언되었다. 마침 그날에는 새로 선출된 전국의 16개 광역, 232개 기초 자치단체장의 취임식이 예정되어 있었다.

병역면제, 공휴일 지정은 심각한 부작용이 있어서 주무부처에서 부결시킨 사항인데도 대통령의 말 한 마디에 따라 순식간에 초법적으로 확정되었다. 어느 법치국가에서 그런 일이 일어날 수 있는가? 선진국에서는 개인간의 약속도 함부로 바꾸지 않는다. 그런데 수많은 사람들이 참석하는 250여 개의 공공행사가 불과 일주일을 앞두고 취소되었다.

한국은 세네갈에 가까운가, 미국이나 독일에 가까운가? 한국은 선진국인가, 후진국인가?

상업적 스포츠와 국가간 갈등

월드컵은 원래 상업주의에서 출발한 것이다. 순수 아마추어 대회였던 올림픽은 1980년에 사마란치가 IOC위원장이 된 다음부터 상업주의에 오염되었다.

상업을 목적으로 관리되는 스포츠에는 2가지 특징이 있다. 하나는 친선이나 교류보다 승부가 목표가 된다. 특히 축구의 경우는 "총성 없는 전쟁," "패배는 죄악" 등의 표현이 있을 정도로 그 정도가 심하다. 둘은 FIFA 혹은 IOC 등의 관리조직에서 실권을 쥔 인사들이 부정의 유혹을 받고, 실제로 그들의 부패상이 국제적 이슈가 된다. 그래서 그런 조직은 복마전(伏魔殿)이란 비난을 받기도 한다.[3]

부정부패는 논외로 치고, 승부에 대한 집착은 경기 결과를 두고 당사국간의 갈등을 빚는 경우가 많다. 그리하여 올림픽이나 월드컵이 끝나면 거의 예외 없이 크고 작은 국가간의 분쟁이 일어난다. 오심(誤審) 혹은 편파 판정에 대한 시비가 국가간의 갈등으로 비약되는

---

3) 한 미국 언론인은 FIFA와 IOC의 부패상에 비기면 "엔론과 아서 앤더슨은 적정성의 화신(souls of propriety)처럼 보인다"고 비꼰 바 있다.(AWSJ 02. 6. 4: 칼럼)

사례는 비일비재하다.

판정에 대한 시비가 일어난 것은 2002년 월드컵이라고 예외는 아니었다. 특히 한국과의 시합에서 패한 유럽 몇 나라의 사람들이 한국에 대해 적대감을 드러내기도 했다. 그와 같이 사후 갈등이 생기는 대회라면 좋은 성적을 낸다 한들 개최국이나 상위 입상국의 이미지가 나아질 것은 무엇인가?

2. 체육에 대한 파격적 지원

이 절에서는 한국 정부가 얼마나 끔찍하게 체육부문을 받드는지 살펴보기로 한다. 그와 같은 체육진흥의 주목적은 국위선양이었다. 불행히도 스포츠의 국가 이미지 개선 효과는 의심스럽다. 사정이 그러하다면, 국위선양을 내세우는 한국정부의 과잉투자, 한국국민의 과잉관심은 맹목적(盲目的)이라 하지 않을 수 없다.

체육시설에 대한 편중투자

국제 체육행사가 있을 때마다 정부는 엄청난 시설투자를 해왔다. 체육시설에 대한 투자는 평소에도 계속된다. 지방자치제가 실시되고 난 뒤로는 단체간에 시설투자 경쟁이 치열해졌다. 체육시설이 단골 메뉴가 된 것은 당연한 일이었고, 월드컵 경기를 위하여 축구장을 짓는 노력은 그 압권이었다.

그리하여 전국 각지의 공공(公共) 체육시설은 빠른 속도로 증가하였다. 그 사정이 〔도표 5-2〕에 나타나 있다. 비교가 가능한 1995

년에서 1999년까지 4년간의 변화를 보면, 간이운동장을 제외한 정규 체육시설의 개수는 807개에서 1,005개로 25%가 증가했다. 연면적은 47%가 늘었다.(2001년 말 통계는 작성 기준이 달라서 비교할 수가 없다.)

월드컵 대회를 준비하느라 대규모 투자가 일어난 축구장을 보면 1995년에서 2001년까지 6년 사이에 46개, 82만㎡에서 97개 260만㎡로 증가하였다. 각각 2배, 3배 이상 늘어난 것이다. 지자체가 경쟁적으로 건축한 관공서 건물을 제외하면, 그와 같은 집중 투자의 사례는 없을 법하다.

국가자원은 유한하므로 체육시설의 과잉 여부는 다른 분야와 비교한 뒤에 종합적으로 판단할 사항이다. 제3절에서 문화예술 시설과 비교하기로 하고, 여기서는 활용도 측면에서 체육시설 그 자체의 필요성을 잠깐 생각해 보자. 설사 다른 분야에 대한 투자가 급하다 해도, 체육시설이 활발하게 이용된다면 그나마 위안이 될 것이다.

그런데 사정은 영 그렇지 못하다. 우선 한국의 대표적 시설이라 할 올림픽이나 월드컵 경기장이 잘 사용되고 있지 않다. 어느 연구보고에 따르면, 전국의 지자체가 운영하는 기존 체육시설의 연간 총수입은 평균적으로 경상경비의 40%에도 미달한다(송광태). 싼 입장료 혹은 적은 입장객, 둘 중 어느 한 가지 이유로 그런 현상이 초래되었건 간에, 그것은 효용도가 떨어진다는 증거에 다름 아니다.

각 지자체가 보유한 주 경기장의 좌석회전율은 평균적으로 연간 3회에도 미치지 않는다. 일년을 통틀어 딱 3차례만 관중이 만원이 되고, 나머지는 텅 비어 있다는 말이다. 주 경기장에 한해서 생각한다면, 기존의 체육시설은 무용지물에 가깝다. 형편이 이러한데도 계속해서 시설을 지을 개인이나 기업이 있을 것인가?

[도표 5-2] 공공 체육시설 현황

(단위: 개, 천㎡)

		1995년 말		1997년 말		1999년 말		*2001년 말	
		개소	면적	개소	면적	개소	면적	개소	면적
정규시설	육상경기장	153	8.904	173	12,160	174	13,445	150	10,491
	축구장	46	817	49	874	63	1,410	97	2,596
	야구장	20	552	21	552	21	569	20	692
	실내체육관	258	2,533	288	3,271	294	3,514	307	5,072
	수영장	77	664	82	761	82	761	103	978
	기 타	253	5,808	306	6,754	371	8,630	433	10,115
	소 계	807	19,278	919	24,372	1,005	28,329	1,110	29,944
간이운동장		2,500	12,147	3,167	17,341	3,969	19,448	5,042	16,218
계		3,307	31,425	4,086	41,713	4,974	47,777	6,152	46,162

* 주: 2001년 말 통계에는 건립중인 시설이 제외됨.
자료: 문화관광부

공공부문의 의무적 체육지원

앞서 "2002년 월드컵 축구대회 지원법" 등 국제대회 지원법이 특별법으로서 다른 법률을 초월하여 체육시설에 대해 온갖 특혜를 주고 있음을 지적한 바 있다. 그런 특별법이 한시적(限時的)인 것은 분명하지만, 정부가 국제경기를 끊임없이 유치하기 때문에 체육시설에 대해 사실상 언제나 유효하다.[4]

그래서 그런지, 어떤 이들은 국제대회 특별법이 환경을 파괴하는 요인 중의 하나라고 지적하기도 한다(e.g. KBS 환경스페셜 00. 4. 5).

---

4) 2002년 6월 현재 발효중인 국제경기대회 지원특별법은 "2002년 월드컵 축구대회 지원법," "제14회 아시아 경기대회 지원법," "제18회 동계 유니버시아드 대회 및 제4회 동계 아시아대회 지원법," "제22회 하계 유니버시아드 대회 지원법" 등 4개이다. 그에 비해 체육에 관한 일반법은 "국민체육진흥법"과 "체육시설의 설치, 이용에 관한 법률" 등 단 둘뿐이다. 특이한 것은, 이들 일반법들도 아주 "특별한" 체육지원 시책들로 가득 차 있다.

예컨대 1997년 동계 유니버시아드를 위한 무주리조트는 환경부가 반대했음에도 대회를 빌미로 허가가 났던 것이다. 체육지원의 부작용이 장기적으로 그리고 광범위하게 나타고 있는 것이다.

한국정부가 체육부문을 특별히 생각하는 기본정신은 "국민체육진흥법"에 잘 반영되어 있다. 그 법률의 전문(全文)이 부록 2로 권말에 수록되어 있는데, 그 주요 내용을 소개하면 아래와 같다.

체육시설의 건설　　　　정부와 지자체는 국민의 체육활동에 필요한 시설을 확보해야 한다. 직장별로는 근무자의 체육활동에 필요한 시설을 설치, 운영해야 한다. 정부와 지자체는 민간부문에 체육시설의 설치를 권장하고 건전하게 운영되도록 조치하여야 한다.

"체육시설의 설치에 관한 법률"에도 같은 의무조항이 담겨 있다. 정부와 지자체에게 국내외 경기대회의 개최와 선수 훈련에 필요한 운동장과 체육관을 일정 규모 이상으로 설치해야 할 의무를 부과하고 있다. 특히, 16개 광역 지자체는 "국제 경기대회와 전국 체육대회를 개최할 충분한 시설"을 마련해야만 한다.

체육대회의 개최　　　　지방자치단체는 행정구역 단위의 주민 체육대회와 관청내의 직장인 체육대회를 각 연 1회 이상 개최하여야 한다. 그와는 별도로 매년 4월의 마지막 주인 체육주간과 10월 15일 체육의 날을 전후하여 주민을 위한 운동경기 혹은 생활체육 행사를 실시하여야 한다.

중앙정부의 각 부처는 적어도 1년에 한 차례 직장 체육대회를 개최한다. 관청의 체육대회는 평일을 골라서 업무를 전폐하고 개최되는 것으로 악명이 높다. 많은 민원인들이 불평을 하고, 중대한 이슈

가 걸려 있어도 오불관언(吾不關焉)의 자세를 취하는 경우가 없지 않
다.([도표 5-3])

공공단체 경기단 운영　　　　　정부 및 각급 지자체는 직장체
육의 진흥에 필요한 시책을 강구해야 한다. 상시 근무자 1천 명 이상
의 국가기관, 공공단체는 체육 동호인 조직과 체육진흥 관리위원회
를 설치해야 하고, 생활체육 지도자를 두어야 한다.
　　모든 정부투자기관과 근무자 1천 명 이상의 공공기관 및 단체는
운동 경기단을 운영하고 경기 지도자를 두어야 한다. 체육 동호인
조직과 운동경기부가 결성된 단체 및 기관은 연 1회 이상 직장체육
대회와 직장대항 경기대회를 개최해야 한다.

[도표 5-3] 국무총리실의 평일 체육 대회

자료: 조선일보 조선만평 2002. 5. 9.

이런 법정신을 받아들여 전국의 248개 광역 및 기초 지자체는 472개의 경기단을 운영하고 있으며, 상당한 예산을 투입한다([도표 5-4]). 예컨대 한 소규모 광역 지자체는 6명의 코치, 28명의 선수를 고용하여 육상부, 펜싱부, 역도부 등을 직접 운영하느라 2002년 중에 12억원을 지출하였다. 연간 예산이 400억 원 정도인 어느 미니 기초 지자체는 코치 1명, 선수 7명의 씨름단을 운영하면서 연간 4억원의 비용을 쓴다.

1,000명 미만의 직장에는 법적 의무가 없는데도 대부분의 공공기관이 자발적으로 경기단을 설치한다. 운영을 담당하는 공무원에게 물으면 "운동선수들이 경비의 10배가 넘는 홍보효과를 가져다 준다"는 설명이다. 체육에 관한 한 신통하리만치 손쉽게 사회적 합의가 이루어지는 것이다.

민간 체육에 대한 지원　　　　　정부와 지자체는 학교, 대한체육회, 국민체육진흥공단, 기타 체육단체 및 체육과학 연구기관에 재정지원을 할 수 있다. 실제로 그런 지원은 대폭적으로 이루어지고 있다. 예컨대 대한체육회의 2002년도 예산총액 600억원, 국민생활체육협의회의 2002년도 예산총액 190억원 중에서 공공 지원금이 각각 94%를 차지한다. 이들 단체의 16개 시도지부 역시 광역시·도에 거의 전적으로 의존하고 있다.

기타 체육 지원책　　　　　정부와 지자체는 프로 운동경기의 건전한 육성을 위해 노력해야 하며, 경마(競馬), 경정(競艇), 경륜(競輪) 등이 건전하게 시행되도록 지도해야 한다.

체육진흥을 위해 "서울올림픽 기념 국민체육진흥공단"과 국민체육진흥기금을 설치한다. 공단은 기금을 관리하면서 그것을 확충할 목적으로 체육복권 및 체육투표권을 발행한다. 각종 체육시설 입장료의 10% 이내에서 부가금을 징수한다. 공단은 체육진흥과 선수 및 체육지도자 육성을 위한 각종 사업을 벌인다. 우수 체육용구 제조업체에는 융자를 해준다.(참고로, "체육투표권"이란 경마의 마권(馬券)처럼 우승자를 맞추면 배당금을 받는 것을 말하는데, 2001년부터 프로축구와 농구를 대상으로 시행되고 있다.)

앞에서 각급 공공기구가 체육지도자를 고용해야 한다는 것을 지적한 바 있는데, 일정 규모 이상의 민간 체육시설(예컨대, 골프 연습장)에도 체육지도자를 배치해야만 한다. 이처럼 한국 사회는 공사(公私)를 불문하고 체육인들을 의무적으로 고용하고 있다. 이는 제7장에서 설명할 우수선수에 대한 특별대우와는 별개의 체육 지원책이다.

프로 스포츠는 말 그대로 철저한 장사이다. 경마 등은 서양에서는 여가활동에 속하는지 몰라도 한국의 문화에서는 도박에 가깝다. 가산을 탕진한 사람이 많고, 선수들은 곧잘 승부조작의 당사자가 된다. 2002년에는 체육투표권 사업과 관련된 엄청난 비리사건이 터져서 온 나라가 시끄럽기도 했다. 이런 형편에 정부와 지자체가 나서서 민간의 장사 혹은 사행(射倖) 행위를 도와주려는 취지는 선뜻 이해가 되지 않는다.

민간부문의 체육지원

많은 기업체가 자의로 혹은 정부의 권유에 따라 스포츠 팀을 운영한다. 〔도표 5-4〕에 나타난 바와 같이, 전국의 기업체에 소속된 스포츠 팀은 1,800개가 넘는다. 그 중에는 동호인 조직도 있지만 구기 종목을 중심으로 전업(專業) 선수로 구성된 것도 적지 않다. "실업팀"으로 불리는 경기단에 소속된 사람들은 운동밖에 할 줄 아는 것이 별로 없다.

대한체육회에는 50개의 단체가 가맹되어 있다. 대한축구협회, 대한육상경기연맹 등으로 불리는 협회의 회장은 대부분 기업인이다. 자발적으로 맡는 경우도 있지만 마지못해 맡는 경우도 적지 않다. 기업인 회장이 해야 할 가장 중요한 일은 물론 기부금을 내는 것이다. 협회장이 운영 경비의 40%를 부담하는 경우도 있는 것으로 알려졌다. 협회 소속의 선수가 올림픽이나 아시아 대회에서 메달을 따면 협회장은 거금을 내어 포상을 해야만 한다. 그 모두가 결국 관련 기업의 부담이 된다.

한국에는 야구, 축구, 농구, 여자농구에서 프로 스포츠팀이 있는데, 각각 8개, 10개, 10개, 6개의 구단이 결성되어 있다. 미국이나 유럽의 프로 구단은 그 자체가 독립기업인 경우가 많지만, 한국의 프로 구단은 모두 재벌 혹은 대기업 소속이다. 종목을 가릴 것 없이 관중이 많지 않고 부대 사업의 성과도 신통치 않다. 각 구단 모두가 총수입금보다 훨씬 큰 금액을 기업으로부터 지원받고 있다. 야구, 축구, 농구 3종목의 프로 구단을 운영하기 위해 기업체가 부담하는 비용을 합하면 연간 2,000억 원에 육박하는 것으로 추정된다.

엄청난 적자가 발생하고 있음에도 불구하고 구단을 운영하는 기업체는 홍보효과가 크다고 말한다. 그러나 그런 말의 근거를 제시하는 사람은 없다. 그저 그렇게 믿을 뿐이다. 기존의 프로 구단이 창설된 과정, 프로 배구의 추진 경과를 보면, 기업에 따라서는 무언의 압력에 굴복하여 구단을 만든 것으로 보이기도 한다.[5] 홍보효과가 있는지 더욱 의심스럽게 하는 대목이다.

〔도표 5-4〕 대한체육회 스포츠 팀 등록 현황

(2001년 9월 현재)　　　　　　　　　　　　　　　　　　　　　　(단위 : 개)

		축구	야구	배구	농구	육상	태권도	산악	기타	계
학교	초등	270	120	79	72	1,392	224	0	2,091	4,248
	중등	187	85	61	69	718	389	0	2,142	3,651
	고등	118	54	50	64	295	303	153	1,850	2,887
	대학	62	24	19	27	100	81	173	936	1,422
	소계	637	283	209	232	2,505	997	326	7,019	12,208
일반	실업	14	5	11	7	28	29	445	1,316	1,855
	군대	0	0	1	0	2	0	0	28	31
	시도군청	0	0	3	0	65	47	1	356	472
	소계	14	5	15	7	95	76	446	1,700	2,358
합계		651	288	224	239	2,600	1,073	772	8,719	*14,566

* 남자 팀 9,650개, 여자 팀 4,916개
자료: 대한체육회

　　마지막으로, 민간 부문은 체육시설에 투자한다. 쌍방울이란 회사가 1997년 동계 유니버시아드를 위한 대규모 시설에 투자했다가 부도가 나고 만 것은 잘 알려진 일화이다. 1998년부터 시작되는 제2차 국민체육진흥 5개년 계획의 총투자액 3조 2천억 원 중에서 9천억 원이 민자(民資)로 조달될 예정이었다.(〔도표 6-1〕 참조)

운동선수의 보호와 특별 대우

국민체육 진흥법 제15조는 정부 및 지자체에게 선수 및 체육지도

---

5) 서양의 구단이라고 큰 돈을 버는 것은 아니다. 대부분이 적자상태를 면치 못하는데, 그렇더라도 한국의 경우와는 다르다. 구단주가 대부분 돈많은 개인으로 스포츠에 대한 열정, 자아(ego)의 충족, 매각 프리미엄의 향유 등을 목적으로 운영된다. 그러므로 "이윤 극대화"의 의무가 있는 일반 기업체와는 엄격히 구분되어야 한다.(e.g. Economist)

자를 보호·육성할 의무를 지운다. 체육장학제도를 마련하고, 직장을 알선하며, 장애연금을 지급하고, 상해보험제도를 활용하게 해야 한다. 정부, 지자체, 정부 투자기관, 상시 근무자 1천 명 이상의 공공단체 등의 직장은 문화관광부 장관의 요청이 있을 때에는 "아마추어 경기생활을 할 수 있게 하기 위하여" 우수선수 및 체육지도자를 의무적으로 고용해야 한다.

"직장의 장은 선수 및 체육지도자가 형의 선고 또는 징계에 의하여 면직되는 경우를 제외하고는 그 신분을 보장해야 한다." 정부는 우수선수 및 체육지도자의 육성을 위하여 필요한 표창제도를 마련해야 한다. 정부는 세계 대회에서 입상한 선수에게는 "경기력 향상 연구 연금"을, 지도자에게는 "경기 지도자 연구비"를 지급한다. 원로 체육인에게는 생활안정을 위한 보조금을 지급한다.

제7장에서 다시 살펴보겠지만, 세계대회에서 입상한 "우수선수"는 당장 영웅이 된다. 막대한 부를 얻고, 훈장도 받으며, 병역면제 등의 우대조치를 받는다.

체육진흥법을 보면 한국의 체육인, 특히 우수선수와 체육지도자는 특권계층임이 분명하다. 다른 어떤 직종에도 없는 특혜를 누리고 있기 때문이다. 이 사실은 대한민국의 건국이념이자 헌법정신(제11조)인 "모든 국민은 법 앞에 평등하다"는 원칙에도 어긋난다.

3. 이류(二流)에 불과한 문화예술

문화관광부는 문화예술 진흥, 문화산업의 육성, 관광 진흥, 체육진흥, 청소년 육성, 문화예술기관 지원 등의 업무를 관장하고, 외청인 문화재청이 문화재 관리를 맡는다. 이 절에서는 그 중 문화예술진흥을 위한 정부 및 지자체의 지원을 체육의 그것과 비교해 보기로 한다.

사회 각 분야의 상대적 중요성을 따지는 것은 어렵고 의미가 없을 수도 있다. 직접 비교가 불가능한 경우가 많은 까닭이다. 여기서 체육과 대비하기 위해서 문화예술을 고른 이유는 흔히 "예체능"이라고 불리다시피 둘이 유사한 분야로 인식되는 점이 있고, 같은 문화관광부 소관으로 되어 있기 때문이다.

문화를 경시하는 한국문화

한국사회가 체육만을 편애(偏愛)해 오는 사이에 반사적으로 문화와 예술은 음지 처지를 면하지 못했다. 그런 세월이 하도 오래되다 보니 체육을 중시하고 문화예술을 경시하는 것이 한국의 문화가 되었다. 국민 모두가 국위선양을 위해서 체육을 진흥해야 된다고 믿고 있는 반면, 문화예술이 낙후되어 있다는 것은 한정된 인사들만의 걱정거리이다.

근래에 와서 정부가 문화기술(culture technology)이란 다소 어색한 조어를 사용하면서 문예진흥을 내세우지만, 아직은 구두선(口頭禪: lip service)에 그치거나 "문화산업" 등의 단기적 효과에만 관심을 둔다. 설사 정부가 진정으로 문화예술을 진흥하고자 하더라도 일반 시민이나 지방자치 단체장의 인식을 바꾸는 데에는 오랜 시간이 걸릴 것이다. 또 하나의 문제는, 체육에 대한 편중지원이 해소되지 않는 한 문화예술을 지원할 여력은 제한적일 수밖에 없다. 그러니 앞으로도 오랫동안 문예는 이류 대접을 면치 못할 것이다.

　　정부가 문화예술을 경시하는 것은 손쉽게 확인할 수 있다. 문화 관광부가 조사, 발표하는 문화예술 통계 책자를 보면 한국의 문화예술이 주목받지 못한다는 사실을 당장 알 수 있다.[6] 예컨대 문화예술인 2,000명을 대상으로 조사한 2000년의 자료에 따르면, 문예활동과 관련된 월 평균수입이 61만 원으로 나타나서 그것만으로는 생계유지도 어렵다. 이것은 앞서 설명한 체육인에 대한 국가 차원의 극진한 대접과는 차이가 크다.

　　대통령은 "월드컵에 국운이 달렸다"고 여러 차례 말했지만, 2002년 새해 기자회견에서도 문화예술 정책에 대해서는 언급이 없었다. 문화관광부 장관은 메세나(mecenat) 행사에 가서도 기업의 월드컵 지원을 당부하였다. 월드컵 개최도시의 단체장들은 체육시설에는 몇 천억 원씩을 투자하면서 문화예술 행사의 지원에는 예산이 없다고 말하곤 한다.

　　정부는 "문화 월드컵"을 내세웠지만, 월드컵에 맞추어 개관하겠다고 국제적으로 홍보된 관악미술관은 월드컵 대회가 닥쳐도 착공조차 되지 않았다. 대회를 전후하여 열린 수많은 "문화행사"도 문예진흥보다는 체육행사를 거창하게 만들겠다는 의도가 더욱 강했다. 서글픈 문예현실을 한 지방 미술인은 이렇게 토로하기도 했다. "정부와 지자체가 문화 운운하면서 기껏 하는 일이 주유소 화장실 고치라고 보조금을 주는 일이다."(2001. 7)

　　우리는 문화유산의 보호에도 매우 소홀하다. 기록과 자료를 남기

---

6) 문화관광부가 3년에 한 번 실시하는 정기 설문조사는 문화 향수(享受) 실태, 문화예술인 실태, 문화예술단체 실태 등의 3분야로 나누어 실시된다. 2000년의 설문조사에서 문예인들은 창작발표 기회가 적고(61%), 지원이 부족하며(85%), 예술활동에 대한 경제적 보상이 미흡하다고(88%) 응답한 바 있다.

지 않는 것은 한국인의 약점 중의 하나이지만 유적의 보존에도 관심
이 적다. 개발의 논리에 밀려서 유산이 파괴되는 일이 많다. 프랑스
의 문명비평가 기 소르망은 "한국은 문화적 뿌리에 대해 외면한
다"고 지적하기도 했다. 미국의 시사주간지 타임(Time)은 "한국정
부는 외국인이 약탈해간 문화재의 반환에 무관심하다"는 요지의 보
도를 한 바 있다.(02. 2)

석굴암을 엉터리로 개수한 것이 밝혀져 물의를 빚기도 했지만,
유적지 복원사업은 시멘트 등으로 건물만 웅장하게 지어서 유원지
로 전락시키는 결과를 낳곤 했다. 문화가 경시되는 나라에서 역사적
정취나 문화적 안목이 발달할 리 없는 것이다.

문화예술 진흥법

한국 정부가 문예를 상대적으로 경시한다는 사실은 "문화예술
진흥법"에도 잘 나타나 있다. 파격적이고 구체적인 의무사항이 나
열된 체육진흥법과는 달리 이 법은 "선언적 규정(規定)"으로 구성되
어 있다.

정부와 지자체는 문화예술의 진흥시책을 강구해야 하고, 문화시
설을 설치해야 하는 것으로 되어 있지만, 구체적 기준이 없어서 강
제조항이 되지 않는다. 체육진흥법에는 많은 세부사항이 "해야 한
다"로 되어 있지만, 문예진흥법은 대부분 "할 수 있다"로 표현되어
있다. 정부 혹은 지자체가 의무적으로 설치해야 하는 문예시설로는
오직 "예술의 전당"이 있을 뿐이다.

연면적 1만 ㎡ 이상의 건축물에 미술장식을 설치할 의무를 부여
한 것이 민간부문에 대한 유일한 강제조항이다.

각종 우대조치가 자세하게 정해져 있는 운동선수의 경우와는 대

조적으로, 문예부문의 국제 경연대회 입상자에게는 장려금의 지급 혹은 시상이 가능하다고만 되어 있을 뿐, 그 이상의 구체적 언급은 없다. 운동선수에게는 꼭 해주어야 하지만, 문예인에 대한 대접은 해도 그만 안 해도 그만인 것이다.

체육진흥법은 시행령과 시행규칙이 만들어져 있지만, 문예진흥법은 시행규칙이 없다. 이 사실이 문예는 2류임을 상징하는 듯하다.

도서관도 없고 책도 없다

저자의 편견인지는 몰라도, "선진사회"라 하면 문화와 예술이 먼저 떠오를 뿐 체육은 연상되지 않는다. 체육이 문화의 일부인지는 몰라도, 운동경기 성적이 문화의 수준을 말하는 것은 아닌 듯하다. 우리는 선진사회를 지향한다고 말해 왔고, 1996년에는 선진국이 되고자 OECD에도 가입하였다. 그런 우리는 체육은 파격적으로 지원하고 문예는 경시했다. 그 결과 1999년 현재 국민 1인당 문예부문 공공지출은 1만원으로 OECD 10개국 평균치 5만 4천원의 20%에도 미치지 못한다.

이제 문화예술과 체육에 대한 관심의 차이가 공공지원이라는 측면에서 어떤 모습으로 나타나는지 살펴보기로 한다. 구체적 대비에 앞서서 한 가지 짚어 두어야 할 것은, 각각이 사회에서 차지하는 비중이다. 사람마다 다르겠지만, 한국사회에서 문예가 차지하는 몫이 체육보다 작다고는 말하기 어려울 것이다. 문화예술이 공공재라고 일컬어지고 있는 점에 비추어 보면, 공공지원에 관한 한 체육보다는 문예의 우선순위가 훨씬 높다. 그러므로 체육보다는 문예에 대한 공공지원이 더 큰 것이 바람직한 상태라 할 수 있다. 그런 전제로 논의를 진행한다.

공공부문이건 민간부문이건 자금의 지출은 시설투자와 경상지출로 구분할 수 있다. 시설투자는 여러 해에 걸쳐서 이루어지고, 그 흔적이 시설물로 남는다. 경상지출은 당해 연도의 체육 혹은 문예활동을 지원하기 위한 것이며 보이는 흔적은 없다. 이제 이 2가지 측면에서 체육과 문화예술을 비교해 보자.

우선, 과거에 이루어졌던 시설투자의 결실인 "현존하는 시설"을 보면 체육 분야는 [도표 5-1]에, 문예 분야는 [도표 5-5] (a)에 나와 있다. 둘을 비교해 보면, 문화예술 기반시설이 얼마나 부족한지 알 수 있다. 전국의 공공시설로 도서관이 404개, 박물관이 55개, 미술

[도표 5-5] 한국 문화예술의 현주소

(a) 전국 문화기반 시설 현황 (2001년 10월 현재)

	국립	공립	사립	대학	*기타	계
도서관	1	403	23	416	561	1,404
박물관	24	31	87	80	–	222
미술관	1	7	41	2	–	51
문예회관						101

* 초·중·고교 시설이 제외된 특수·전문 도서관
  자료: 문화관광부

(b) 정부의 전시물 및 도서 확충 예산(안)　　(단위: 억원)

		2001	2002
도 서	도서관 도서	92	111
	우수 학술도서	5	23
	소 계	97	134
유 물	중앙박물관	30	50
	민속박물관	3	13
	소 계	33	63
미술품	현대미술관	18	26
합 계		148	223

자료: 기획예산처 보도자료. 2001. 10. 3

관은 8개에 불과하다.

한국의 국공립 도서관 1개소에 대한 인구는 12만 명으로 OECD 국가 중에서는 사정이 가장 나쁘다. 일본(5만명), 말레이시아(4만) 등보다 훨씬 많고 프랑스(1만), 덴마크(5천), 독일(4천), 핀란드(3천) 등의 나라와는 비교가 되지 않는다. 1인당 장서 숫자는 더욱 형편없다. 한국의 경우는 1인당 0.5권에 불과하여 일본(2.2권), 미국(2.6), 덴마크(6), 핀란드(7.2)권 등과는 그야말로 천양지차이다.

정부는 2001년 10월에 도서구입 예산을 40%나 증액했다고 생색을 내었다. 그런데 2002년 예산 총액이라 해봐야 130여억 원에 불과했다. 한국에서는 연간 2만여 종의 신간도서가 간행된다. 책값이 평균 1만 원이라고 한다면 400여 공공도서관에 한 권씩만 보낸다 해도 800억 원이 필요하다. 그런 점에 비추면 도서구입 예산은 그야말로 "7년 가뭄에 이슬비"라고나 할까?

그런 사실은 단순히 장서 부족만 초래하는 것이 아니고 가뜩이나 어려운 출판업계를 더욱 위축시킨다. 어느 출판인은 말한다. "학술도서 한 가지를 1,000권 찍으면 다 파는 데 3년이 걸린다. 그런 여건에서 어떻게 양서의 출간을 기대하겠는가? 한국과는 달리 일본정부는 웬만한 학술서적은 2~3천 권 정도씩 구매하여 공공도서관에 뿌린다."(2000. 5) 학술서의 저술이 형편없는 나라에서 무슨 문화와 학문의 발달을 기대할 것인가?

전국에 16개 광역 지자체가 있음에도 국공립 미술관은 모두 8개뿐이다. 한국에는 제대로 된 자연사 박물관은 하나도 없다. 울산광역시에는 미술관도, 박물관도 없다. 전북, 경남은 2002년 현재 도립미술관을 건축 중인데, 사업비라 해봐야 건당 100~150억 원이다. 그런 사정과 10개 도시가 각각 2,000억 원 이상을 들여서 단 3경기를 위한 월드컵 축구장을 지은 일을 어떻게 비교해서 설명할 것인가?

도서관, 미술관, 박물관이 없는 도시는 문화도시가 아니다. 외국의 도시가 관광객을 위해 가장 강조하는 것도 바로 문화시설이다. 그렇기 때문에 문화시설을 증설하고 내용을 충실하게 하려고 애쓴다. 예컨대 인구 2백만의 독일 함부르크 시에는 7개의 박물관, 80개의 갤러리, 3개의 오케스트라, 1개의 콘서트 홀, 4개의 록 콘서트 홀, 56개의 공공도서관, 2개의 대학, 20개의 문화센터가 있다.

빈약한 문화예술계 지원

마지막으로, 체육계와 문화예술계에 대한 경상지출을 살펴보자. 여기서 문화예술이라고 하는 것은 어문학, 예술, 도서출판 등을 의미하는데, 그것과 체육을 견주자는 것이다. 문화관광부 소관 업무 중에서 문화산업이나 문화재 관리는 순수 문화예술의 진흥과는 거리가 있으므로 그 부분은 일단 제외된다.

공공부문의 예산을 분석하는 일은 매우 어렵다. 첫째, 정부회계는 단식부기라서 시설투자와 경상경비가 뒤섞여 있다. 둘째, 공공예산은 일반회계, 특별회계, 기금(基金), 공사(公社), 공단(公團) 등으로 구분되고, 지출 주체는 정부, 광역 및 기초 지자체와 각급 산하단체 등으로 나누어져 있다. 셋째, 보조금 혹은 지원금은 "정부 ⇒ 기금 ⇒ 광역 지자체 ⇒ 기초 지자체" 등의 경로를 통하므로 전달체계가 복잡하다.

그런 이유로 체육과 문화예술을 진흥하기 위한 경상지출의 전모를 파악하는 것은 사실상 불가능하다. 그래서 여기서는 몇몇 사례를 통하여 사정을 짐작해 보는 방법을 선택하기로 한다.[7]

체육과 문예 진흥에 대한 공공지출의 대종은 지자체에 의해서 이루어진다. 그런 의미에서 16개 광역단체의 예산내역을 확인해 보면 1999년에 체육 6,000억, 문화 1,500억, 예술 700억 원으로 구성되었다. 경기도를 제외한 15개 지자체의 2000년 예산은 문화 2,000억, 예술 900억, 체육 5,700억 원이었다. 문화예술과 체육 분야의 차별을 한 눈에 알아볼 수 있다.

위의 숫자에는 투자지출도 포함되어 있다. 투자지출은 체육과 문예 시설의 비교 때 이미 반영된 것으로 볼 수 있다. 저자로서는 경상지출만을 따로 뽑는 것이 불가능하였고, 그 대신 하나의 지표로서 민간 체육계와 민간 문화예술계에 대한 지자체의 보조금("이전지출")을 집계해 보았다. 그것이 [도표 5-6] 의 (a)이다.

16개 광역 지자체의 2001년 예산을 보면, 체육계에 710억, 문예계에 310억 원이 지원되었다. 2002년에는 각각 940억, 570억 원이 지원되었다. 2002년 문화계 지원액의 상당부분이 월드컵 문화행사를 위한 것인데, 그것은 사실상 체육을 위한 것이다. 그 점을 감안하면, 문화예술계에 대한 지원은 체육계의 절반에도 미치지 못한다. 특히 9개도의 경우는 1/4에 불과한 실정이다. 대도시를 제외한 지역에는 문화예술이란 아예 관심 밖인 듯하다.

문화관광부 산하에는 "서울올림픽 기념 국민체육진흥공단"과 "한국 문화예술진흥원"이 있어서 각각 문예와 체육 진흥을 담당하고 있다. 이 기관들은 각각 "국민체육 진흥기금"과 "문화예술 진흥기금"을 운영하면서 그 자금으로 지자체 혹은 민간 단체를 지원한다.

---

7) 연구조사를 위해서 관공서를 접촉해본 사람은 한 번씩 느끼는 일이지만, 개인 자격으로는 자료를 구하기가 어렵다. 책자로 혹은 인테넷 상에 공개되는 것 이외에는 거의 불가능한 경우가 많다. 때로 "대외비"라는 대답도 듣는다. 저자도 자료수집에 어려움이 많았음을 다시 밝힌다.

[도표 5-6] 체육계와 문화예술계에 대한 공공지원

(a) 광역 지자체 예산 중 민간이전 (단위: 억원)

구 분		체육계		문화예술계	
		2001	2002	2001	2002
특별시 및 광역시	서 울	75	157	81	95
	부 산	33	35	38	69
	대 구	52	53	22	23
	인 천	40	49	17	68
	대 전	55	58	14	54
	광 주	28	30	16	54
	울 산	38	40	15	20
	소 계	321	422	203	383
도 시	경 기	98	153	42	75
	강 원	43	38	9	13
	충 북	26	34	5	5
	충 남	52	62	3	4
	전 북	48	64	1	47
	전 남	41	49	7	7
	경 북	44	53	14	11
	경 남	20	41	10	10
	제 주	24	27	12	15
	소 계	396	521	103	187
합 계		717	943	306	570

(b) 진흥기금 지원 (기금 잔액은 2001. 12. 현재)

	2001 실적	2002 예산	기금잔액
체육 진흥	1,031	1,360	5,212
문예 진흥	393	319	4,004

(c) 기업(메세나 협의회)의 문화예술 분야 지원

		2000		2001	
		건 수	금 액	건 수	금 액
문 예	공연예술	506	151	473	105
	미 술	146	102	85	23
	문 학	35	24	25	23
	소 계	687	277	583	151
건축물 및 시설		13	173	19	641
문화교육		32	95	5	2
영상·뉴 미디어		32	19	127	16
축제 및 행사		266	48	275	15
기 타		120	14	25	104
합 계		1,150	626	1,034	929

* 공연예술: 국악, 음악, 뮤지컬, 무용, 연극, 전통 연희 등

자료: 각 지자체, 문화관광부

2002년 예산을 보면 문예기금 지원은 320억 원으로서 체육기금의 1,360억 원과 상당한 차이가 있다.([도표 5-6] b)

민간 기업도 체육과 문예에 대해 지원한다. 체육에 대해서는 앞서 지적한 것처럼 아마추어 및 프로 경기단 운영, 대한체육회 가맹 단체 지원, 체육시설에 대한 투자 등 다양한 형식으로 이루어진다.

반면에, 예술단을 운영하는 기업은 거의 전무하다. 문예단체장을 맡은 기업인도 없다. 그래서 기업의 문예지원은 "메세나(mecenat) 운동"으로 알려진 경로밖에 없는 셈이다. "한국 기업 메세나 협의회"에 등록된 기업체의 문화예술 지원 금액이 2001년 중에는 1,000 여건, 930억 원이었다([도표 5-6] c). 그 중에서 공연예술, 미술, 문학 등의 문화예술계에 대한 지원은 151억원에 불과하였다. 473건의 공연예술에 105억 원이 지원된 것은 건당 평균 22백만 원인 셈인데 그야말로 시늉에 그쳤다고 할 수 있다. 그 자금으로 제대로 된 음악회, 연극, 혹은 뮤지컬이 될 수는 없다.

문화예술은 공공재이다

마지막으로, 가장 기본적인 질문을 던져보자. 현대사회에서 체육이건 문예이건 공공부문의 지원이 필요한가? 그에 대한 대답은 체육은 아니지만 문화예술에 대한 지원은 필요하다는 것이다. 문화예술은 공공재이기 때문이다.[8]

누군가가 문화예술을 발전시키면 그것을 모든 시민이 공유할 수 있고, 또 공짜로 활용하는 것(free ride)을 막을 방법이 없다. 그러므로 민간부문에 맡겨두면 아무도 문화예술을 발전시키려 하지 않는다. 노

8) 공공재에 대한 보다 확실한 이해를 위해서는 안영도·박덕제, 『경영인 경제학』 (비봉출판사) p.115 참조.

력해 보았자 본인에게 큰 이득이 없기 때문이다. 스포츠에는 그런 성질이 없다. 자기가 좋아서 열심히 하면 그것으로 끝이며 남의 건강이 좋아지는 것은 아니다. 관람용 스포츠는 폐쇄된 공간에서 진행하는 방법으로 공짜 손님을 막을 수 있다.

그런 까닭에 스포츠는 시장에 맡겨도 되지만 문화예술은 정부가 진흥해야 한다. 정부의 지원이 없으면 한국사회가 필요한 정도의 문예발전이 불가능하다. 그런 현상을 "시장의 실패"라고 말하며, 그에 해당되는 상품을 공공재(公共財: public goods)라고 부른다.

결론적으로, 한국 정부는 시장에 맡겨도 될 스포츠는 기를 쓰고 육성하고, 내버려 두어서는 안 될 문화예술은 홀대하고 있다. 반면에 선진국 정부는 문예의 진흥에 각별한 관심을 보인다. 그리하여 "한국 정부의 체육에 대한 관심은 선진국 정부의 문예에 대한 관심에 비견(比肩) 되는 현상"이 초래되었다.(Sports is to the Korean government what cultural richness is to advanced governments.)

4. 스포츠에 대한 외국의 시각[9]

어떤 이들은 말한다. 국제 체육행사가 "손해나는 장사"라면 왜 미국, 프랑스, 일본, 중국은 올림픽이나 월드컵을 유치하기 위해서 치열한 경쟁을 벌이고 있는가? 그에 답하자면, "사정은 나라마다 다르다." 선진국은 선진국다운 목적으로, 후진국은 후진국 특유의 이유를 댄다. 한 가지 분명한 것은, 무슨 일이건 남이 한다고 따라 해서는 안 되며, 스스로의 계산에 따라 추진해야 된다는 점이다.

여기서는 외국의 체육행사 유치 사례를 간략하게 점검해 보기로
한다.

LA 올림픽과 1994 월드컵

선진국에서 국제 경기대회를 유치할 때에는 국가 이미지에는 관
심이 없고 거의 언제나 경제성에 초점을 맞춘다. 흑자대회로 유명한
로스앤젤레스 올림픽(1984)은 처음부터 수지타산에 초점을 두었다.
경기시설을 신축하지 않은 반면, 활발한 광고 판매전략을 통하여 수
입을 극대화시켰다. 그 결과 약 2억 달러의 이익을 남겼다. 시설투자
가 없고 정부지원이 없었으므로 LA의 경우는 조직위원회의 계산이
바로 비용-편익 분석에 따른 순편익이 된다.

지역경제에 미친 효과를 별도로 하면, 1994년의 미국 월드컵이
나 1996년의 애틀란타 올림픽도 철저한 상업주의에서 기획되었다.

월드컵을 위해서는 단 하나의 구장도 신축되지 않았다. 올림픽의
주경기장이 신축되었지만 그것은 프로 야구 브레이브즈의 홈구장으
로 예정되어 있었다.

1998년 프랑스 월드컵을 위해서는 단 하나의 구장이 신축되었
고, 경기장 관련 투자는 5억 달러에도 미치지 않았다. 2006년의 독일
월드컵에 필요한 시설투자는 4억 달러를 넘지 않을 것이다. 큰 적자
를 낸 몬트리올 올림픽(1976)도 사전에는 나름대로의 계산이 있었
다. 그 당시 몬트리얼 시장이 "남자가 애를 낳지 않는 한, 적자대회
가 되지는 않을 것이다"고 장담했을 정도였다.

---

9) 이 절에 인용된 자료는 권말의 "참고문헌"에 게재된 외국문헌에서 인용한 것인
   데, 번잡을 피하기 위하여 일일이 출처를 밝히지는 않는다.

정치인들의 계산

미국이나 유럽국가가 추진하는 스포츠 행사가 언제나 좋은 결과만을 낳는 것은 아니다. 비용이 예상보다 많이 드는 반면에, 기대효과는 나타나지 않아서 전체적 손실로 귀결되는 경우가 더 많다.

최근의 한 연구결과에 따르면, 애틀란타 올림픽을 위해서 16억 달러의 공공투자가 있었지만, 기회비용을 감안하면 부(負)의 고용창출이 있었다. 대회 자체는 흑자였지만 "경제유발 효과를 감안하면 득보다 실이 많았다"는 것이다. 1994년 월드컵은 40억 달러의 이익이 기대되었지만, "경기가 개최된 9개 도시의 경제성장률이 하락하여 줄잡아 40억 달러의 손실이 초래되었다"는 평가도 있다. 1992년에 개최된 프랑스 알베르 빌의 동계 올림픽도 약 3천만 달러의 부채를 남겼다.

계산상 흑자이면서 결과적으로 순손실이 발생하는데도 유사한 일이 계속되는 이유로 학자들은 크게 2가지를 들고 있다. 첫째, 정치인들이 의도적으로 경제효과를 과장한다. 체육행사, 그것을 위한 화려한 구장은 전시효과로는 그만이다. 대역사(大役事)를 벌임으로써 골치아픈 문제를 눈가림할 수도 있다. 혜택을 입는 지역주민의 표를 얻을 수도 있다. 그리하여 각종 분석자료 중에서 가장 유리한 것만 골라서 계획서를 만든다. 장밋빛 프로그램이 되는 것이다.

둘째, 행사가 끝나면 그뿐 아무도 사후평가를 실시하지 않고, 그 때문에 정치인의 의도적 과장은 그대로 잊혀진다. 그리하여 정치적 색채가 강한 체육행사의 유치, 프로팀을 위한 스타디움의 건축 등이 계속적으로 이루어진다는 것이다.

1990년대 이후에 미국이나 영국에서 체육시설에 대한 과잉투자의 사회경제적 부작용에 관한 연구가 다소 활발해지고, 그 결과가 널리 알려지고 있다. 저자가 접하는 외국의 언론에는 타당성 없는 체육투자를 비판하는 기사가 자주 실린다. 전문가들의 의견을 종합하여 한 해외언론은, 국제행사를 개최하는 비결로 ①시설투자를 최소화할 것, ②광고판매 등으로 민간 부문의 부담률을 높일 것, ③ FIFA, IOC 등과의 협상을 철저히 할 것 등을 제시하고 있다.(FEER) 경청할 필요가 있는 충고일 것이다.

일본과 중국의 올림픽

일본이 국제대회를 유치하고 준비하는 과정을 보면 그 목적이 경제성에 있는 것 같지는 않다. 앞서 지적한 바와 같이, 막대한 자금을 투입한 월드컵 축구장 건설은 서양 언론의 단골 비판거리가 되었다. 1998년의 나가노 동계 올림픽에 190억 달러를 투자했으나, 그 뒤에 지역경제는 "올림픽 불경기(post-Olympic slump)"에 빠져들었다.

2008년의 북경(北京) 올림픽은 여러 면에서 88 올림픽의 판박이가 될 것이다. 유치 명분은 국가 수준을 높이고, 대외 이미지를 개선하며, 외국자본을 끌어들이고, 관광객을 유치한다는 것이다. 경제적 유발효과도 빠지지 않는다. 그리고 정부가 발벗고 나서서 "성공적 개최"를 추진할 계획을 가지고 있다. 200억 달러의 사회간접자본 개선계획이 탄력을 받을 것이며, 수많은 대형 체육시설이 건설될 것이다.

이런 과정에서 시민의 희생이 따르는 것은 불가피한 일인데, 이 점도 88 올림픽과 비슷하다(AWSJ). 북경에서 1990년의 아시아 경기대회가 개최되었다는 사실도 한국과의 유사성을 더욱 강하게 한다.

재미있는 것은, 전시적 효과를 노린 올림픽이 중국의 공산당 정권에 상당한 부담이 되고 있다는 점이다. 외국의 주시를 받게 됨에 따라 불합리한 사회제도를 고쳐야 하고, 대외개방을 가속화 하지 않을 수 없게 된 것이다. 그런 일들이 중국의 국민들에게는 큰 도움이 되지만 중국정부가 원하는 바는 아닌 것이다. 마치 서둘러 가입한 OECD가 노동, 환경 문제 등과 관련하여 한국정부에 무언의 압력이 된 것과 같다.

참고로, 그리스는 2004년의 올림픽을 위해서 약 100억 달러의 예산을 투입할 계획인 것으로 알려져 있다. 그로 인하여 해외언론의 비판을 받고 있음은 물론이다.

제6장 거꾸로 가는 체육진흥

새삼스런 얘기지만 "체력은 국력"이라는 말은 2가지로 해석될 수 있다. 첫째, 국민의 체력이 강해야 무슨 일이든 잘 할 수 있다는 의미이다. 말하자면 "생활체육"을 강조하는 셈이다. 둘째, 국제 경기대회의 성적에 국위가 걸렸다는 뜻이다. 이것은 엘리트 체육, 법률용어로 "전문체육"을 강조하는 것으로 나타난다. 그런데 한국정부의 체육진흥은 뒤의 것, 즉 체육 엘리트에 대한 편중지원을 기본으로 한다. 국제대회의 상위 입상에 초점이 맞춰진 것이다.

엘리트 체육은 몇몇 선수를 집중적으로 훈련시키는 방법으로 단기간에 좋은 성적을 올리게 하는 데는 효과가 있을 수 있다. 그러나 장기 전략으로는 분명한 한계가 있으며, 자칫 역효과가 날 수도 있다. 한국의 엘리트 체육에서 그런 현상을 발견하기는 어렵지 않다.

원래 체육은 그 자체가 목적은 아니다. 신체를 건강하게 유지하여 일상활동에 지장이 없게 하고, 건전한 정신상태를 유지하자는 것이다. 청소년은 체육을 통해서 집중력, 지구력, 인내력 등을 기를 수 있다. 체육을 통해서 청소년은 인격자로 성장하고 성인은 건전한 생활을 영위할 수 있다. 그런데 한국의 엘리트 체육은 정반대의 결과를 낳기도 한다. 체육 엘리트를 운동 밖에는 아무것도 모르는 사람으로 키우기도 하고, 운동이 그들의 건강을 해치는 결과를 초래하는 경우도 있다.

이 장에서는 한국식 체육진흥이 초래하는 역효과를 짚어보기로 한다. 모름지기 정책을 수립함에 있어서 가장 먼저 피해야 하는 것이 역효과인데, 한국정부는 적어도 부분적으로 그런 우(愚)를 범해온 것이다.

1. 처방과는 다른 엘리트 체육

1980년까지의 올림픽은 아마추어의 친선 경기장이었다. 경기의 기본이념이 바로 공정 경쟁(fair play)이었다. 각국의 대표선수들 중에는 우체부, 가정주부 등의 고유 직업을 가진 선수가 많았다. 그런데 소련이나 동독 등의 공산주의 국가는 1970~80년대에 직업선수나 다름없는 체육 엘리트를 집중 육성하여 올림픽 대회에 참여시켰다. 그것을 두고 서양언론은 스테이트 아마추어리즘이라고 불렀다. 페어 플레이 정신에 어긋난다는 빈정거림이었다.

스테이트 아마추어리즘
그런 사정은 한국이라고 크게 다르지 않았다. 그것이 체육 엘리트에 편중된 지원을 가리키기 때문이다.

한 신문이 한국 스포츠의 가장 큰 문제점으로 엘리트 체육이 "대
중과는 무관한 별종 놀음"인 사실을 지적한 적이 있다. 어릴 적부터
선발된 체육 엘리트들끼리 선발전을 거쳐서 국가대표를 뽑기 때문
에, 그들은 일반인들과 아무런 연결고리가 없다. 그리하여 일반인은
선수가 될 기회가 없고, 별종들의 시합에 일반인은 관심이 없다. 국
가대표가 뛰는 경기에도 관중이 없다. 그 신문은 체육 전문가의 말
을 인용해서, "한 해 300일 이상 집단 합숙훈련을 하면서 선수를 육
성하는 나라는 세계에서 한국과 중구, 쿠바 정도에 불과할 것"이라
고 전하기도 했다.(조선 97. 12. 24)

아마도 많은 사람들이 동감하는 진단이리라. 2002년 월드컵만 해
도 한국팀이 기적처럼 좋은 성적을 올린 이면에는 오랫동안의 합숙
및 전지 훈련이 있었다. 한국팀에게 패했던 유럽 팀에는 월드컵을
보름 앞둔 시점까지도 소속팀에서 뛰어야 했던 선수도 적지 않아서
손발을 맞출 시간이 없었다.

대한체육회에는 50개의 가맹 단체가 있고, 등록선수는 2001년 9
월 현재 약 3만 8천 명이다. 그들이 말하자면 국가대표로 선발될 가
능성을 가진 사람들이고 체육 엘리트들이다. 그들을 육성하는 것이
전문체육이다. 이에 비해 일반인들의 체육활동을 진흥하는 것은 생
활체육이라 불린다. 이론적으로는 남한 인구 47백만 명이 모두 대상
자가 된다.

물론 운동선수와 전체 인구를 그대로 비교할 수는 없다. 아무리
그렇더라도 [도표 6-1]에 나타난 수치를 보면, 한국의 엘리트 체육
은 정상을 벗어났다고 볼 수밖에 없을 듯하다. 47백만 인구보다 4만
명이 채 안 되는 선수를 위한 지원이 더 많다. 표에 나타난 국제 체

육행사나 국제경기 예산도 따지고 보면 체육 엘리트를 위한 것이니 사정은 더욱 심각하다.

국민체육 진흥기금의 지원상황을 보면 차라리 "엘리트 체육진흥기금"이라 부르는 것이 나을 법하고, 그것을 운영하는 "서울올림픽 기념 국민체육진흥공단"은 "엘리트 체육진흥공단"으로 부르는 것이 더 정확할 것이다. 대한체육회는 정부의 보조를 받아서 선수, 즉 체육 엘리트를 양성하는 기구라고 보면 된다.

선수가 아닌 초·중·고등학교 학생에 대한 모든 사항은 교육인 적자원부가 관장하는데, 체육 예산은 거의 없다고 보아도 될 법하다. 왜냐하면, 입시 준비에 바쁜 일반 학생에게 운동은 일종의 금기 사항이기 때문이다. 실제로 각급 학교의 일반 학생을 위한 체육 예산은 거의 없다.([보기 6-1])

각급 지자체는 경기단을 운영하는 등의 방법으로 운동선수와 지도자를 지원·육성할 의무를 지고 있다. 지자체는 대한체육회 및 가맹 단체의 시·도 지부도 지원하고 있다. 그런 예산 모두가 체육 엘리트를 위한 것이라고 할 수 있다. 축구협회의 2002년 예산이 179억 원

[도표 6-1] 엘리트 체육과 생활체육 지원 예산

예산 주체	기준연도	부문별 예산 (단위 : 억 원)			
		생활체육	전문체육	국제체육	월드컵 등
문화관광부	1999	114	240	100	1,107
국민체육진흥기금	1989~2002	2,707	3,716		2,103
체육진흥5개년계획	1998~2002	6,350	4,077	6,665	15,041
대한체육회	2002		600		

주 1) 체육진흥5개년 계획 재원: 국고지원 6,637억, 진흥기금 3,273억원 포함
   2) 대한체육회 재원: 국고지원 315억, 진흥기금 247억원 포함
자료: 각 기관·단체

이니, 경기별 단체의 예산을 다 합치면 적지 않은 금액이 될 것이다.

종합하면, 공공부문의 예산 지원은 선수에 편중되어 있고, 절대 규모도 막대하다. 스테이트 아마추어리즘이라 아니할 수 없을 것이다.

소련이나 동독처럼 한국도 엘리트 체육을 통하여 국제대회에서 전반적 실력에 비해 좋은 성적을 올릴 수 있었던 듯하다. 온 국민이 염원하던 올림픽 금메달을 1976년 몬트리올에서 처음 획득한 이래, 1988년에는 12개나 획득했다([도표 5-1]). 경제력에 비해서는 실로 엄청난 성과였다. 그 뒤로 올림픽 메달을 10개 이상 획득하는 것이 국가적 목표가 되었다. 축구에서는 "월드컵 1승"에 목말라 했지만, 한정된 숫자의 선수에 대한 "족집게 과외"를 통해 2002년에는 4강까지 올랐다.

취약한 체육의 저변

한국이 "국력"에 비해 빼어난 스포츠 성적을 올렸지만 엘리트 체육은 정도(正道)가 아니란 것이 전문가들의 한결같은 진단이었다. 국제대회에서 성적을 향상시키기 위해서 "체육 인구의 저변확대가 필요하다"는 말은 "체육은 국력"만큼이나 오래도록 들어온 애기이다. 그럼에도 정부의 체육진흥 정책은 언제나 그 정반대였다.

월드컵을 앞두고 KDI가 작성한 보고서만 해도 그랬다. 한국 축구의 발전을 위한 첫번째 조건으로 축구선수의 저변(底邊)을 확대해야 한다고 지적하고 있다: "축구 발전의 기반과 저력은 선수층에 의해 결정되므로 … 특히 유소년(幼少年) 축구 인구의 확대가 필요하다."(1998: p.56) 족집게 과외의 효과가 눈에 띄기 전인 2002년 4월까지만 해도 한국 대표팀은 일본에 비해 실력이 뒤쳐진 것으로 평가되었다. 지적된 이유는 언제나 일본의 넓디넓은 유소년 축구 저변이었다. 예컨대 한국의 등록된 축구 선수가 1만 5천 명이지만 일본은 83만 명이라는 것이었다.(조선 99. 5. 5)

한국정부의 체육 지원은 종목에서도 편중된다. 소위 인기 종목이나 메달의 가능성이 많은 종목에 지원이 집중된다. 모든 종목을 통틀어 축구는 단연 "황제 종목"이다. 대중적 인기는 야구가 높지만, 월드컵이 있어서인지 정부의 첫째 관심은 축구이다. 양궁이나 태권도는 메달의 가능성이 높아 집중 지원을 받는 경우이다.

국제 대회에서의 메달 획득에 초점을 맞춘 엘리트 편중, 종목 편중의 체육 진흥정책이 초래하는 문제점을 교육계 인사(황수연)는 아래와 같이 전한다.

[보기 6-1] **모래 위에 세운 체육정책**

"… 제27회 시드니 올림픽을 지켜보면서 느끼는 바가 한두 가지가 아니었다. … 금메달은 양궁과 태권도 등 일부 종목에만 편중되었다. 정부의 많은 지원을 받으며 육성되어온 인기 종목들은 거의 탈락했다. 반면에, 설움받고 아무도 돌보지 않던 취약종목 펜싱이 금메달을 획득하고 남자하키가 선전한 것은 우리의 정책이 무언가 잘못되어 있음을 느끼게 해주었다. 복싱, 유도, 역도 등 그동안 한국의 메달 밭 종목의 참패 또한 의미하는 바크다. …

정부는 우선 학교체육 진흥에 집중적인 예산을 지원해야 한다. 체육예산이 현재처럼 대한체육회와 선수촌 방향으로만 편중 지원되어서는 안 된다. 빈사상태에 놓여 있는 우리나라 체육의 뿌리, 학교체육을 육성시키지 않는 한 스포츠의 발전이란 기대하기 어렵다. 학교체육은 국민체육의 근간이다. 엘리트 체육, 사회체육의 활성화는 바로 학교체육의 뿌리에 달려 있는 것이다. 1980년도 대한체육회의 연간 예산은 20억 원 정도였지만, 2000년도의 대한체육회 예산은 450억 원이 넘는다. 그러나 전국의 모든 초등학교는 체육예산이 한 푼도 없다. 중등학교는 학교당 300만 원 정도에 불과하다. 이 예산은 20년 전과 똑같은 수준이다. 체육회 예산은 20배 증액되었으나 일선 학교 체육비는 20년 전 그대로이다. 학교체육이 얼마나 소외되고 열악한지를 말해 준다. 무엇인가 크게 잘못된 것이다. …"(조선일보 2000. 10. 4.)

저자로서는 어느 방식이 옳은지 정확하게 알지 못한다. 다만 전문가들의 공통된 처방과는 정반대인 점으로 미루어 보아, 정부의 체육정책은 장기적 관점에서 볼 때 "메달 획득"이라는 목표 달성에 비효과적이었다는 결론을 내릴 수밖에·없다. 뒤집어 말하면, 생활체육과 학교체육을 활성화하는 방법으로 스포츠 인구의 저변을 확대했더라면 올림픽의 메달 수는 대폭 증가하고 월드컵의 축구 성적은 훨씬 나아졌을 것이다.

썰렁한 프로 경기장

한국에 프로 스포츠가 도입된 것은 1982년의 야구가 처음이다. 이듬해에 프로 축구경기도 시작되었다. 현재는 남녀 프로 농구가 있고, 남녀 배구의 프로 전환도 논의되고 있다. 약간 성격은 다르지만 경마와 경륜이 있고, 경정이 도입될 것이다. 프로 축구와 농구를 대상으로 체육복표가 발매되고 있다.

프로 구단의 수는 2002년 6월 현재 모두 34개이다. 문제는 모든 구단이 큰 폭의 적자를 기록하고 있다는 점이다. 적자의 근본 원인은 관중이 적은 데 있다. 관중의 호응도에 관한 한 야구는 그래도 나은 편이고, 축구장은 그야말로 썰렁하다. 월드컵의 열광이 끝난 다음 "국가적 걱정"은 월드컵의 축구 열기를 이어가는 것이었다. 평균 관중이 1만 명을 넘지 않는 형편에 수용인원 4만 명을 초과하는 월드컵 축구장을 어떻게 할 것인가는 오히려 작은 일이고, 4강에 올랐던 기세를 어떻게 유지하느냐가 핵심이었다. 그러면서 이구동성으로 내려지는 처방은 프로 축구의 활성화였다.

어떻게 보면, 그와 같은 논의는 앞뒤가 어긋나 있다. 월드컵을 위해 프로 축구를 활성화하는 것이 아니고, 프로 축구가 활성화되면 월드컵의 성적은 "저절로" 좋아진다고 생각하는 것이 순리이다.

여하튼, 정부가 나서서 프로 축구를 활성화할 필요까지 있는가? 그것도 아니다. 국민이 축구경기를 좋아한다면 프로 축구는 "저절로" 활성화된다. 정부가 굳이 달려들어야 할 이유는 없다. 프로 스포츠는 사업(business)이기 때문에 시장에 맡겨두어야 할 일이다. 시장의 논리에 비추어 볼 때, 관중이 없다는 것은 가치가 없다는 말에 다름 아니다.

저자가 판단하기에는 프로 경기장이 썰렁하고 구단이 적자를 면치 못하는 진짜 이유는 다른 곳에 있다.

첫째, 정부의 과잉 의욕이다. 한국에 프로 구단의 수가 많은 것은 정부의 엘리트 체육 진흥정책에 힘입은 바가 크다. 여러 분야에서 전업선수의 장래를 보호해 주려고 프로 경기를 도입했기 때문이다. 미국에서도 1997년에 와서야 비로소 여자 프로농구가 생겼는데, 우리는 1998년에 만들었고, 그것도 부족해서 프로배구도 넘보고 있다.

한국의 인구, 소득수준, 광고시장의 규모 등에 비추어 34개의 프로 구단은 이미 지나치게 많다. 어느 프로 스포츠, 어느 구단도 제대로 경영될 리 만무하다. 일본만 해도 프로야구의 역사는 오래되었지만 나머지 구기(球技)에서는 한국보다 늦다. 일본의 경험에 비추어본다면, 한국에는 프로야구 한 종목만 있는 것이 맞을지도 모른다.

둘째, 프로선수의 실력이 뛰어나지 않아서 경기가 재미없다. 경마와 경륜은 다른 재미가 있어서 관중이 많지만, 프로 시합은 경기 수준만이 흥미를 유발한다. 프로 경기란 선수 소모전이다. 선수층이 두꺼워서 비슷비슷한 실력의 뛰어난 선수가 많아야 한다. 그것은 전문가들이 오랜 세월 주장해온 학교체육, 생활체육의 강화를 통해서만 달성될 수 있는 것이다. 저변을 얇게 만든 엘리트 체육의 폐해가 다시 나타나는 것이다.

다소 역설적으로 들릴지 모르지만, 정부의 체육 엘리트에 대한 집착이 프로 경기장을 썰렁하게 만든 진짜 이유가 되는 셈이다.

그것은 기적이었다

축구의 저변이 허약한데도 한국은 2002년 월드컵 축구대회에서 4위를 차지했다. 무엇이 아무도 생각지 못했던 결과를 낳게 했는가? 여러 가지 분석이 가능하겠지만, 단순하게 "기적"이라고 볼 수도 있다. 도저히 이루어질 수 없는 꿈을 성취한 것이다. 한 스포츠 전문 기자의 글을 인용한다.

"사실 "월드컵 4강"은 한국의 축구 실정을 조금이라도 들여다본다면 기적 같은 일이다. 한국 대표팀이 4강까지 파죽지세로 진군하면서 온 국토에 뜨거운 축구열풍이 휘몰아칠 때, 한국 프로축구연맹의 실무자들은 7월 7일부터 시작될 K리그 스폰서를 잡지 못해 동분서주하고 있었다. 이들은 한강시민공원에 전광판을 보기 위해 수만 명이 모이고, 축구 티켓 한 장이 인터넷상에서 수십만 원씩에 거래되는 현실을 보면서 도저히 현실감을 느낄 수가 없더라고 털어놓았다." (조선일보 2002. 6. 26.)

저자는 그것이 꼭 기적이었다고 말하고 싶지는 않다. 그것이 기적이었다고 결론이 난다면 가분이 매우 찜찜해질 것이다. 월드컵 4강을 두고 시민들이 열광하는 것은 충분히 이해가 된다. 실력이든 기적이든 이겼다는 사실은 마찬가지고 또한 즐거운 일이니까. 그러나 지도층이 흥분하는 것은 아무래도 이상하다. 그것이 어쩌다가 생긴 기적 같은 일이라면 한국의 경제와 사회가 크게 달라질 것은 무엇인가? 기적에 기대어 국운이 융성하고 국가가 발전하도록 추진하는 것이 올바른 길인가?

2. 감독 하나 잘 쓰면 될 일을

"월드컵 4강"이 기적이 아니라면, 다른 해답 중의 하나는 훌륭한 감독을 영입한 덕분이다. 아마도 16강까지 오른 것은 그것을 주요인(主要因)으로 지적할 수 있을 법하다.

"한국사 최고의 영웅" 히딩크

2002년 월드컵을 통하여 대표팀의 네덜란드인 감독 거스 히딩크(Guus Hiddink)는 한국의 국민적 영웅이 되었다. 대회가 끝나자마자 그는 역사상 처음으로 명예국민이 되는 영예를 안았고, 최고의 훈장을 받아서 국가적 영웅으로 공식 인정받았다. 그는 두 곳의 대학으로부터 명예박사 학위를 받았고, 명예 서울시민이 되었다. 전국 각지에 그의 흉상이 세워지고 공원, 건물, 시설물에 그의 이름이 붙여지기도 했다. 여러 민간기업으로부터 이런저런 선물을 받았고, 50억 원의 금전적 수입도 올렸다.

그는 정말 영웅이었는지 모른다. 대통령이 한국팀의 4위가 확정된 날을 "단군 이래 가장 기쁜 날"이라고 말한 점에 비추어 본다면, 그는 "단군 이래 최고의 영웅"임에 틀림없다.

저자 역시 히딩크의 공적을 인정한다. 그러면서도 마음이 썩 유쾌한 것은 아니다. 40년이 넘는 세월 동안 우리가 그렇게 염원했고, 그래서 경국지성(傾國之誠)을 바쳤음에도 이루지 못했던 일을 외국인 감독이 해낸 것이다. 그가 외국인이라서 배가 아픈 것이 아니다. "능력 있는 감독 한 사람만 찾아내면 되는 그렇게 간단한 일"을 아무도 눈치채지 못하고 그 긴 세월 동안 헛고생만 한 것이 안타까울 뿐이다. 우리가 "16강"을 위해 2002년까지 바친 돈과 정성이 그 얼마였던가! 휴!

리더십이 아닌 시스템의 문제

한국팀이 1승을 올리자 한국사회는 히딩크를 칭찬하기 시작했고, 16강이 되자 그를 가히 신의 경지로까지 밀어 올렸다. 그의 리더십을 배우자는 소리가 방방곡곡에 메아리쳤다. 다음은 비교적 초기에 나온 히딩크 칭송사(稱頌辭)의 하나이다.

〔보기 6-2〕　〔사설〕 "히딩크식 경영 리더십"

월드컵 출전 48년 만에 한국이 거둔 첫 승은 거스 히딩크 감
독의 전술과 용병술·지도력의 결과였다. … 무엇보다 그의 용병
술은 스포츠뿐 아니라 우리 정치권과 사회에 시사하는 바가 크
다. 그는 대표팀 사령탑을 맡은 후 철저히 능력 위주로 선수를
선발했다. … 한국 축구의 고질이던 학연·지연 등의 연고에 의
한 선수선발은 그에게 통하지 않았다. 능력 있는 선수라도 방심
하면 대표팀에서 제외시켰다. … 히딩크 감독은 원칙과 규율을
지킬 것, 열정과 긍정적인 사고를 지닌 프로가 될 것을 강조했
다. 한때 비난 여론에 부딪치기도 했지만 그는 자신의 소신을 굽
히지 않았고, 결국 그의 축구철학이 오늘의 감동을 일군 것이다.
…"(조선일보 2002. 6. 6.)

본시 리더십이란 조직의 구성원이 잘 따라오게 하는 능력이다.
히딩크의 리더십이 탁월했던 것도 사실이지만, 위의 보기에서 지적
된 것은 리더십이라기보다 제도(institution) 혹은 시스템(system)에
관한 문제이다. 다시 말하면, 한국의 축구에, 나아가 사회 시스템에
고유한 문제를 히딩크는 외국인이라는 지위를 십분 활용하여 해결
했던 것이다. 어쨌거나 그것은 분명 그의 능력이었다.(참고로, 꼬집어
말할 수 있는 것에는 "리더십"이라는 이름을 붙이지 않는다.)

프로는 인기에 연연하지 않는다

저자가 히딩크를 높이 평가하는 진짜 이유는 축구 성적이 아닌
다른 데에 있다. 무엇보다 먼저 그는 축구를 통하여 사회 시스템의
고질적 문제점이 무엇인가를 새삼 일깨웠고, 그것을 고쳐야만 한국
이 발전할 수 있다는 메시지를 전국민에게 전했다. 그 사람 말고는

누구도 전할 수 없는 강렬한 전갈(傳喝)이었다.

그는 또한 프로페셔널리즘의 진수를 보여주었다. 스스로 축구인일 뿐 영웅이 아니란 것을 알았고, 그것을 행동으로 보여주었다. 월드컵과 함께 계약기간이 끝나자 조금의 미련도 없이 그는 한국을 떠났다. 축구인은 운동장에서 경기성적으로 말할 뿐, 인기에 영합하지 않는 것이다. 월드컵 시합에서도 그는 프로의 진면목을 보여주었다. 일부 스포츠 기자들이 "벤치만 지켰던 선수들을 딱하게 생각해서 3·4위전에서 뛸 기회를 줄 것"이라고 어쭙잖은 추측을 하기도 했지만, 그에게는 가당치도 않은 일이었다. 프로는 오직 실력과 경기만이 관심의 대상인 것이다.

한국에는 잘 알려지지 않았지만, 그는 고등학교 중퇴의 학력을 가진 사람이다. 그런 그가 영어, 독일어, 스페인어 등의 외국어를 자유자재로 구사할 줄 알았고, 질문자의 모국어로 답변하는 위트도 갖추었다. 평소에 독서를 많이 하는 것으로 알려졌고, 어느 한국 신문은 그를 시인이라고 추켜세우기까지 했다. 그는 한국의 지도층과는 다르게 물러날 시기를 정확히 알았다. 그는 단순히 스포츠 전문가일 뿐만 아니라 여러 가지를 고루 갖춘 인격자였던 것이다. 한국의 프로 선수와는 사뭇 다른 모습이다.

3. 결손성인(缺損成人) 양성의 위험성

"건전한 신체에 건전한 정신이 깃든다"는 격언이 있다. 체육의 진정한 의의는 심신을 건강하게 유지하여 인격을 갖춘 사람이 되게 하는 데에 있다. 쿠베르텡이 근대 올림픽을 부활시킨 명분 중의 하나도 청소년 교육수단으로서의 스포츠였다. 스테이트 아마추어리즘 국가를 제외하면, 체육은 인격도야의 한 수단으로 진흥되고 있다. 그것은 학교체육이고 생활체육이지 엘리트 체육은 아니다.

운동만을 강요받는 운동선수

한국의 각급 학교에 등록된 운동선수는 공부는 제쳐두고 운동만 하도록 강요받는다. 연중 계속되는 시합에서 좋은 성적을 올려야 하기 때문이다. 학교체육이 "오직 승리만을 추구하는 비인간적이고 병적인 모습"으로 존재함으로써 교육의 목표와는 크게 유리되어 있는 것이다.(KDI 1989: p.54)

학교에서 엘리트 체육이 얼마나 비교육적으로 진행되는지는 아래의 [보기 6-3]에서 극명하게 드러난다. 애기의 전후를 미루어 보면, 보기와 같은 현상은 매우 일반적인 것으로 짐작된다. 정말 우려되는 현실이라 아니할 수 없다. 명색이 학교인데, 그곳에서 청소년들에게 무엇을 가르치고 있는가?

관련 보도에 따르면, 보기에 나오는 학생은 공부도 잘하여 언제나 우등생이었다. 그런데 선수가 아닌 일반 학생으로 다른 학교에 전학을 가려다가 "선수 출신이니 당연히 공부를 못할 것"이라고 거절당하곤 했다. 그 학생의 입장에서 보았을 때, "한국은 경기에서의 승리만이 중요한 '이상한 나라'였지만, 일본에서 운동은 수업의 연장이었다."

전업선수는 직업병을 앓는 경우도 많다. 88 올림픽에서 최고의 인기를 끈 선수 중에 여자로는 그리피스 조이너, 남자로는 칼 루이스가 있었다. 조이너는 39세에 죽었고, 루이스는 척추 연골이 닳아서 38세의 나이에 휠체어 신세를 지기도 했다. 테니스 선수 마르티나 힝기스 역시 발목의 관절이 심하게 상한 것으로 알려졌다. 한국에서는 18세의 여자 유도선수가 체중을 줄이려다 사망하는 사고가 있었다(1999년). 건강을 위한다는 스포츠가 정반대의 효과를 낳기도 하는 것이다.

[보기 6-3]　**일본으로 피신한 농구선수 학생**

"…남매간인 승진과 은주는 모두 한국 남녀 농구의 역대 최고 신장을 자랑하는 '꿈나무들.' 이들이 커서 대표팀에 합류하면 남자는 중국을 누르고 아시아 최강이 될 수 있고, 여자는 세계대회 우승도 바라볼 수 있다는 게 농구 관계자들의 말이다. …

은주와 승진은 어려서부터 부상을 당해 큰 수술을 해야 했다. … 은주는 결국 치료도 하고 농구도 계속할 길을 찾아 일본으로 건너가는 생이별을 했다.

S초등학교 4학년 때부터 농구를 시작한 은주가 무릎을 다친 것은 6학년 때. 1m70을 훌쩍 넘는 은주는 이 해 모든 대회 우승을 이끌었다. … S여중 1학년 말, 병원에서 찍은 MRI촬영 결과는 무릎 연골이 모두 삭아 없어졌고, 무릎 뼈까지 파손됐다는 것이었다. 은주는 뼈에 구멍을 내서 안에서 액이 나와 뼈와 연골이 재생되도록 하는 큰 수술을 받았다.

중3 때 두 남매의 아버지인 하동기씨는 딸의 전학을 요청했다. 그러나 학교측에서는 '만약 다른 학교로 가면 우리에게 결정적인 경쟁자가 될 수도 있다'며 농구 포기각서를 요구했다. 은주는 결국 각서를 쓰고 농구팀이 없는 명지중학교로 전학했다.

은주에게 길이 보인 것은 중3 말에 일본 농구 명문 오카여고 농구 코치를 만나게 되면서부터. 10년 이상 이 학교 코치와 일본 청소년대표팀 코치를 겸하고 있던 이노우에씨는 '운동이든 공부든 맘대로 할 수 있다. 은주를 최고의 학생으로 키워 주겠다'고 말했다. …"(조선일보 2001. 9. 26.)

인생을 도박에 거는 선수들

운동만 하던 한국의 선수는 특기생으로 대학까지 무난히 진학할 수 있지만, 대학에 가서도 공부는 하지 않는다. 청소년기를 전업선수로 보내는 것이다. 불행히도 운동만 한 젊은이가 인격과 능력을 고루 갖춘 성인으로 자라기를 기대하기는 어렵다.

저자는 운동선수 출신으로 은행 등에 특채된 사람을 더러 본 적이 있다. 그런데 그들은 직장인으로서의 기본 자질을 전혀 갖추지 못하고 더부살이 신세를 면치 못했다. 이를테면, 할 줄 아는 것이라곤 운동밖에 없는 사람들이었다.

항간에는 농담 반 진담 반으로 떠도는 말이 있다: "체육과 출신의 진로는 3가지다. 프로 선수, 경찰, 아니면 건달이 그것이다." 저자로서는 그 말이 얼마나 진실에 가까운지 정확하게 알지 못한다. 다만, 주변에서 듣고 보아온 일화(episode)에 비추어 보면 전혀 엉터리는 아닌 듯하다. 그 말이 부분적으로라도 사실이라면, 그건 정말 큰일이다. 엘리트 체육이 수많은 한국 젊은이들의 장래를 망쳐온 것이다. 프로선수나 경찰이 되어 생계 유지가 가능한 경우는 일부에 지나지 않는다. 그러면 나머지는 어떤 사람이 되어 어떻게 살아가고 있는가?

그럼에도 불구하고 한국의 많은 학부모들은 상급학교에 진학시킬 목적으로 자녀를 운동선수로 만든다. 상당수는 체육 엘리트로서 국가의 보호를 받고, 운동만 하면서 성장기를 마친다. 더러는 프로 선수가 되는 것을 꿈꾸기도 하는데, 그럴 경우는 부모가 가업(家業)까지 버리고 자녀의 뒷바라지에 나서기도 한다. "골프 대디(golf daddy)"라는 말이 함축하듯이, 성공한 프로 선수 뒤에는 헌신적 부모가 있는 경우가 많다(조선 01. 9. 25). 어느 여자 골프선수는 운동만 하느라 친구 한 사람 제대로 사귀지 못했다. 그녀는 "삶을 운동과 바꾸는" 파우스트(Faust) 식의 거래를 하고 말았는지도 모를 일이다.

전업선수의 소질이 뛰어나고 체력이 뒷받침되며 운이 좋아 프로 선수로 성공한다면, 그것은 그나마 다행이다. 몇몇 야구, 축구, 골프 선수는 스포츠 재벌이라 할 정도로 큰돈을 벌기도 했다. 아마추어도 올림픽에서 메달을 획득하면 병역면제도 받고 연금도 받는다. 그러나 그렇게 성공할 확률은 매우 낮고, 실패하면 갈 곳이 없다. 한 사람의 성공한 선수 뒤에 실패한 사람이 아마도 수백 명, 아니 수천 명은 될 것이다.

그렇게 본다면, 한국의 많은 젊은이들은 본인의 장래, 때로는 부모의 사업까지 걸고 운동에 뛰어들고 있다. 그리고 그 뒤에는 엘리트 체육을 강조하는 정부의 체육진흥 정책이 있다. 아이러니가 아닐 수 없다. 한국을 제외한 다른 나라에서 오직 운동에만 부모와 자식의 인생을 거는 일은 아마도 흔치 않을 것이다.

체육 지도자가 없다

선수의 저변이 약하다는 점과 함께 한국 체육이 가진 문제점으로 자주 거론되는 사항은 "체육 지도자가 없다"는 사실이다.

저자가 판단하기에 지도자가 부족한 데에는 2가지 이유가 있다. 첫째, 체육 지도자가 되어야 할 성인은 성장과정에서 운동만 했기 때문에 자질이 떨어지는 경우가 많다. 지도 대상인 선수의 심리 파악에도 어둡고, 리더십도 갖추고 있지 못하며, 스포츠 이론에도 약하다. 외국에 연수를 가려 해도 의사소통이 되지 않는다.

둘째, 정부의 엘리트 체육은 당장 메달을 딸 선수의 육성에만 관심이 있지 지도자의 양성에는 소홀하였다. 일본과 중국의 경우에는 외국에 장기 연수를 다녀온 코치나 감독이 많으나 한국의 경우에는 그런 사람이 거의 없다.(조선 97. 6. 29)

프로 축구 선수 중에는 한국에서 각광을 받다가 외국에 가서 적응하지 못하는 이가 더러 있다. 언론에 보도되는 사정을 들어보면 그들의 능력과 자세에 심각한 문제가 있다. 이탈리아에 갔던 선수는 말이 통하지 않고 음식이 입에 맞지 않아 고생했으며, 그리하여 벤치 신세를 면하지 못했다. 이력서만 보면 멀쩡하게 대학교육을 받은 선수가 외국어 한 마디 하지 못하는 것이다.

히딩크는 고등학교를 중퇴했음에도 영어를 포함한 3가지 외국어를 구사하였다. 그가 지도하였던 한국인 선수들 중에 그의 말을 알아듣는 선수는 거의 없었다. 대학까지 졸업한 선수들이 많았건만 영어도 통하지 않았다. 그리하여 항간에는 작전지시를 전달하기 위하여 독일에서 성장한 어느 선수를 일부러 투입한다는 농담 같은 얘기가 돌기도 했다. 그 말의 진실 여부는 제쳐 두더라도, 대부분의 한국 선수들은 세계인으로 살아가야 하는 현대인으로서는 결격(缺格)이라고 할 것이다.

무엇이나 해내는 외국의 운동선수

[보기 6-3]에서 일본에서는 운동선수도 정상적인 교육을 받고 있음을 지적하였다. 모든 면에서 비교대상이 되는 미국은 어떤가?

미국은 상업체육, 즉 프로 스포츠의 왕국이다. 그 나라에서 다양한 국적의 수많은 프로 선수가 활동하고 있지만 "정상적 교육을 받지 않은 미국인 선수"는 거의 없다. 미국의 각급 학교에 전업선수는 없다. 설령 있다고 해도 규정된 수준의 학업성적에 미달하는 한, 그들은 고등학교건 대학교건 졸업할 수 없다.

요컨대 미국의 학교에는 운동을 잘 하는 학생은 있어도 운동만 하는 학생은 없다. 학교를 대표하는 선수는 있어도 우리와 같은 "운동선수"는 없다. 그러므로 스포츠에서 학교를 대표하던 학생은 자라서 학자도 되고, 정치인도 되고, 경영인도 되고, 직업선수도 된다. 결코 운동에만 인생을 걸지는 않는다. 운동이란 교육과정의 한 측면일 뿐이다.

한국에서는 운동선수가 아닌 대부분의 학생들은 입시준비에 바쁜 나머지 아무런 운동도 하지 않으며, 할 줄도 모른다. 반면에, 미국의 학생 중에 운동을 하지 않거나 할 줄 모르는 사람은 없다. 너나 할것 없이 고등학교까지는 오후 3시의 방과(放課) 이후에, 대학교에서는 주말에 농구, 야구, 미식축구, 축구, 테니스 등의 스포츠에 빠진다.

저자는 운동에 특히 소질에 없어서 학교 다니면서 체육은 언제나 기본 점수였다. 그러나 저자의 두 딸은 최상급의 체육점수를 받았다. 그 애들이 운동을 잘 한 것이 아니고 급우들이 너무 못했기 때문이다. 미국에서 초등학교 혹은 중학교를 다니면서 농구, 테니스 등의 기초를 배워온 까닭에 아무것도 못하는 동급생보다는 뛰어났던 것이다.

요컨대 미국에서 운동은 누구나 하고, 누구나 운동을 할 줄 안다. 한국과는 완전히 다르다.

어쨌거나 미국의 사회 지도층 인사 중에서 학창시절에 학교, 주 (state), 국가를 대표하는 스포츠 선수였던 사람은 부지기수다. 저자가 알고 있는 예들도 무수히 많지만, 몇 사람만 소개하기로 한다.

경영전략론을 체계화한 하버드 대학의 "대 교수" 포터(M. Porter)는 고등학생으로서 미식축구와 야구의 주 대표였고, 대학시절에는 전국 대표 골프선수로 활약하였다. GE의 최고경영자였던 웰치(J. Welch)는 고교 때 하키 선수였고, 그의 후임인 이멜트(J. Immelt) 역시 고등학생일 때 미식축구와 농구에서 올스타로 뽑힐 정도의 기량을 가지고 있었다.

프로 야구(MLB)에서 투수로 활약한 바 있는 볼드윈(D. Baldwin)이란 사람은 은퇴 후에 대학원으로 돌아가 생태 유전학(ecological genetics)을 전공한 다음 연구원 생활을 하였고, 종국적으로 경영 컨설턴트가 되었다. [보기 6-4]는 2000년 민주당 대통령 후보 경선에 나섰던 브래들리(W. Bradley)에 관한 글이다. 한국과 미국의 체육이 완전히 다르다는 사실을 예증(例證)한다고 할 것이다.

체육이 전인교육의 일환인 점은 유럽의 국가라고 해서 다르지 않다. 저명인사 중에는 청소년 시절에 운동선수로 활약했던 사람들이 많다. 한 예만 들면, 노벨 문학상을 받은 까뮈(A. Camus)는 대학시절에 축구 골키퍼였다.

[보기 6-4] **"뉴스의 인물 빌 브래들리"**

"… 프린스턴 대학에 입학한 브래들리는 3년 연속 전미(全美) 우수선수로 선발되는 등 스포츠 스타로 이름을 날렸다. 1964년 동경 올림픽 때는 국가대표 농구팀 소속으로 금메달을 목에 걸었고, 1965년에는 "올해의 대학농구 선수"로 뽑혔다. 대학시절

출장한 경기에서 득점한 점수를 합산하면 3천 점이 넘고, 게임 당 평균득점 30점, 리바운드 12개를 자랑했다. 공부도 잘했다. 브래들리는 농구경기가 열리는 토요일 밤에도, 게임을 마치고 10~11시에 기숙사로 돌아온 뒤 곧바로 책을 싸들고 도서관으로 향해 동료들을 놀라게 했다. 졸업식 때 브래들리는 "우등생" 명 단에 드는 데 성공했다.

1964년 여름방학 때 워싱턴 국회의사당에서 인턴으로 일하던 브래들리는 흑백 평등을 명시한 공민권법이 통과되는 소용돌이 를 눈으로 보고 나서, 공화당에서 민주당으로 돌아섰다. 로즈 장 학생으로 옥스포드 유학을 마치고 돌아온 브래들리는 1968년 뉴욕 닉스팀에서 프로 농구선수로 뛰기 시작했다. 1977년 은퇴 할 때까지 10년 동안 그는 뉴욕 닉스 주전멤버였고, 2차례 NBA 우승을 거머쥐었다. CF 제의는 모두 거절했다.

"내가 주목받은 건 흑인 선수들 틈에 낀 유일한 백인이었기 때문이다. 백인 팬들이 '브래들리가 유일한 희망'이라고 말하고 다닌다는 이야기를 듣자, 광고 찍기가 싫어졌다."

1974년 뉴욕에서 다큐멘터리 영화를 찍던 독일인 여교수 어 니스틴 슐랜이 "지적인 운동선수" 브래들리에게 인터뷰를 청해 왔다. 다큐멘터리는 미완성으로 끝났지만, 결국 8세의 연상 어 니스틴과 브래들리는 결혼에 골인했다. 1977년 은퇴한 브래들리 는 1978년 뉴저지주 상원의원 선거에서 최연소 당선기록(35세) 을 세웠고, 이어 1984년, 1990년에도 연이어 당선됐다."(월간조선 1999. 10.)

4. 편법의 전형인 체육 특기생

한국의 엘리트 체육은 또 다른 측면에서 인격형성에 나쁜 영향을 미친다. 체육 특기생 제도가 바로 그것인데, 청소년에게 공공연하게 편법(便法)을 가르치고 심한 경우는 부정행위까지 조장한다.

타이거 우즈와 그레이스

인류 역사상 가장 뛰어난 골프선수가 될 것이 거의 확실한 미국의 타이거 우즈는 1994년에 장학생으로 스탠포드 대학에 입학했다. 골프 실력이 참작된 것은 사실이지만, 그렇다고 그가 한국의 운동선수들처럼 운동만으로 대학에 입학한 것은 아니었다. 일정 수준의 학업성적에 미달하면 고등학교를 졸업할 수 없고, 대학 입학도 불가능하다.

스탠포드에서 2학년을 마친 그는 1996년 여름에 프로로 전향하였고, 학업을 계속할 수 없어서 자퇴하였다. 공부하지 못하면 졸업이 안 되기 때문이었다. 자퇴할 당시 그는 "은퇴 후에 다시 학교로 돌아와서 학사학위를 받겠다"고 부모에게 약속했다.

[보기 5-1]에 소개된 그레이스 선수가 LPGA 시합에 출전하면 한국의 신문과 방송은 그녀를 소개하면서 "한국의 E대학 재학생"임을 꼭 표시해 주곤 했다. 그런데 막상 그녀는 한국에 오는 적이 없었다. 그녀는 애리조나 주립대학에 다니다가 프로가 되었고, 타이거 우즈의 경우처럼 자퇴할 수밖에 없었다. 이제 생각해 보자. 공부할 시간이 없어서 자기 나라의 대학조차 다닐 수 없는 사람이 남의 나라 대학에 버젓이 재학중이라니! 그런 사실을 천하가 다 알고 있는

데, 자칭 명문이라는 한국의 E대학은 망신스러운 느낌이 들지 않는지 저자로선 신기하게 여겨진다.

스티븐 스필버그는 "영화에 미쳐서" 다니던 캘리포니아 주립대학을 중퇴하였다. 그는 이내 영화감독으로 두각을 나타냈고, 급기야 세계 최고의 감독이라고 불릴 정도의 명사(名士)가 되었다. 그러나 모교는 그에게 그냥 졸업장을 주지는 않았다. 다시 등록하여 별개의 프로젝트와 논문을 통해 모든 학점을 이수하게 했다. 그의 전공이 영화였으니 그보다 나은 교수는 아마도 없었을 것이다. 그런데도 학교는 기본요건을 갖추도록 요구하였고, 그는 37년 만에야 학사학위를 받을 수 있었다.

지금의 일본 천황이 대학생일 때 엘리자베스 여왕의 대관식에 참여하느라 수업일수가 모자랐고, 그래서 졸업이 1년 늦어졌다.

그런 일들과 "E대학의 그레이스"는 어떻게 비교해야 할까?

사실 한국에서 운동선수가 수업 받지 않고 졸업하는 것은 새삼스런 일이 아니다. 그것은 초등학교에서 대학까지 동일하다. 아주 어린 나이부터 편법을 가르치는 것이다. 대학의 경우는 "전공"이라는 것이 있는데 운동선수는 마음대로 고른다. 어차피 공부하지 않고 간판만 딸 바에야 체육이면 어떻고 법학이면 어떠냐는 것이다. 2002년 월드컵이 끝난 뒤에 히딩크에게 박사학위를 수여한 어느 대학은 주요 일간지 1면에 그 사실을 광고하면서 동교 출신의 축구 대표선수 4명을 소개하였다. 그들의 전공은 각각 경제학, 중문학, 정치외교학, 지리학이었다. 운동선수들에겐 참 편리한 세상인 것이다.

여기서 잠깐 미국 대학체육의 본산인 대학체육협회(NCAA)의 규칙을 살펴보자. NCAA는 모든 스포츠 종목의 대학간 경기를 관장하는데, 신입생 선수 등록에 매우 까다로운 규정(Proposition 16)을 적용하고 있다. 13개 필수과목을 이수하면서 고등학교를 졸업해야 되고, 고등학교 평점평균(GPA)이 4점 만점에 2점 이상이 되어야 하며, 대학입학 자격고사(SAT) 성적이 1,600점 만점에 820점 이상을 받아야 한다는 것이다.

혹인학생 그룹의 경우 820점은 대학진학자의 상위 57%에 해당하는 점수이다. 학업성적도 그만큼은 되어야 대표선수 자격이 생기는 것이다. 일단 등록이 된 선수라도 공부하지 않으면 학교 규정에 따라서 졸업이 불가능한 것은 물론이다. 어느 추산(推算)에 의하면, NCAA 등록선수의 졸업률은 60%를 조금 상회하는 정도이다. 미국에선 아무리 재능이 뛰어난 선수도 학생인 이상은 "교육이 먼저(Education comes first)"인 것이다.(Paterno)

참고로, 타이거 우즈는 NCAA 챔피언이 됨 다음에 프로가 되었다. 스탠포드 대학에 그냥 들어간 것은 결코 아니었다.

진학 수단으로서의 운동

한국에서 체육은 진학 수단으로 곧잘 활용된다. 학업성적이 아무리 나빠도 전국대회 4강에 들어가기만 하면 웬만한 대학에 진학할 수 있기 때문이다. 그래서 "'대학 진학'이란 최종목표를 올리기에 급급한 것이 현 한국 '학원 축구'의 현실인 것이다."(조선 02. 7. 2)

그리하여 전국대회 성적을 두고 온갖 말썽과 잡음, 부정과 비리가 생긴다. 그 여파는 중학교, 초등학교로 이어져 퍼져 나간다. "감독이 심판을 구타하고 코치와 학부모가 멱살잡이를 하는 일이 유독 8강전에서 자주 발생하는 것은 우연이 아니다. 중학교 체육 감독은 체육명문 고등학교에 많은 선수를 진학시키기 위해 관계자와 끈끈한 로비의 사슬을 맺어야 한다. 주전 선수로 뛰지 못하는 청소년들

은 자신의 실력보다 부모를 먼저 탓한다."(조선 97. 6. 28)

1998년 11월에는 특기생 입학과 관련된 부정행위로 대학과 고교의 축구감독, 심판, 학부모 29명이 무더기로 검찰에 적발되었다. 그 중에서 국가대표 출신의 감독 등 7명이 구속되었다. 우수선수에 뒤떨어진 선수를 끼워서 대학에 진학시킨 다음 학부모들로부터 돈을 받았고, 그것을 대학과 고교의 감독이 나누어 가진 것이다. 그런 와중에서 힘없고 돈없는 "소년의 집" 축구팀은 시합에서의 편파판정과 진학에서의 차별대우 등 뜻하지 않은 피해를 입었다. 그 팀은 "3경기에서 6개의 페널티킥"을 선언당하기도 했다.

결국, 엘리트 체육이 편법으로, 그리고 부정과 비리로 이어진 것이다. 이런 과정에서 "봐서는 안 될 것"을 보면서 자란 청소년은 어떤 사람이 될까? 그렇게 해서 대학에 입학한들 무슨 소용이 있을까? 그런 학생이 인격과 능력, 삶에 대한 진지함을 갖춘 성인이 될 수 있을까? 걱정되지 않을 수 없다.

5. 프로 정신을 해치는 엘리트 체육

저자는 다른 책에서 한국의 국가경쟁력이 취약한 근본 이유 중의 하나로 프로페셔널리즘(professionalism)의 부족을 지적한 바 있다(안영도, 『국가경쟁력 향상의 길』: 제8장). 이 점은 직업적 운동선수라 하여 다르지 않다. 문제는 엘리트 체육이 그것을 조장한다는 점이다.

참고로 프로 정신은 1. 직업능력, 즉 직업의 수행에 필요한 지식

과 기술, 2. 직업에 대한 애착, 3. 직업윤리의 3가지 기본요소로 구성
되어 있다.

메달에만 집착

제7장에서 자세히 다루겠지만, 한국의 운동선수는 국제대회에서
메달을 따기만 하면 병역면제, 훈장, 연금 등 엄청난 혜택을 받는다.
선수 개개인을 두고 보면 그것이 바로 엘리트 체육의 진수이다. 그
들의 입장에서는 "국제대회의 메달"에 의해 "인생 도박"의 승패가
갈린다. 그들이 메달에 집착하는 것은 너무나 당연한 일이다. 경제
학자 맨키우(G. Mankiw)의 원리대로 "사람은 누구나 인센티브에 반
응하게 마련"이기 때문이다.

프로는 자신이 몸담은 직업의 성과로서 말하는 것은 분명하다.
그러나 결과에만 집착하는 것이 반드시 프로페셔널리즘인 것은 아
니다. 결과가 나빠도 그것에 승복하고, 자기개발을 다짐하는 계기로
삼아야 하는 것이다. 결과도 중요하지만 경기의 진행 과정이나 경기
의 수준도 그에 못지 않게 중요한 것이다. 모든 직업에서 기본요
소인 "직업윤리(professional ethic)"는 자신의 직업에서 통용되는 이
념과 규칙을 엄수하는 것을 의미하기도 한다. 운동선수라면 페어 플
레이가 바로 그 직업윤리에 해당한다.

그런데 한국의 운동선수들이 그런 자세를 갖추고 있는가? 불행
히도 저자가 보기에는 그런 것 같지 않다. 2002년 동계올림픽에서
어느 쇼트트랙 선수가 국민적 영웅이 된 적이 있다. 메달을 따서가
아니라 따지 못한 것이 그 이유였다.

그런데 저자는 그 선수를 칭찬하고 싶은 마음이 전혀 없다. 그는
심판의 판정이 편파적이었다고 일방적으로 생각했고, 흥분한 나머

지 꺼내서 흔들던 태극기마저 빙판에 "내동댕이쳤다."([도표 6-2])
결코 프로가 지닐 태도가 아닌 것이다. "날아간 메달"이 그가 그토
록 흥분한 이유 중의 하나였는지도 모를 일이다

  그 밖에도 한국 대표선수가 경기의 결과에 과민하게 반응하는
사례는 아주 손쉽게 접할 수 있다. [보기 6-5]도 국가대표 선수의
주된 관심은 메달임을 보여주고 있다. 그 내용을 보면 무엇이 목적
이고 무엇이 수단인지 헷갈리고, 본말이 전도된 듯하며, 희극적이라
는 느낌까지 받는다. 엘리트 체육 정책, 지나친 포상제도가 빚은 촌
극(happening)이라고 할 것이다.

[도표 6-2] 국가 대표 선수의 프로페셔널리즘

"도둑맞은 금메달, 떨어진 태극기"
OOO이 21일 열린 겨울 올림픽 남자 1500m 결승에서
1위로 골인했으나 실격으로 판정받자 들고 있던
태극기를 떨어뜨린 채 멍하니 서 있다.(중앙일보 2002. 2. 22.)

미셸 콴이라는 미국의 피겨 스케이팅 선수는 세계 제1인자임을 인정받고 있었지만 1998년 나가노 동계 올림픽에서는 미끄러져서 은메달에 그쳤다. 방송 인터뷰에서 진행자가 "금메달을 놓쳐서 섭섭하냐"고 묻자, 그녀는 "금메달을 잃은 것이 아니고 은메달을 땄다"고 명쾌하게 대답했다. 그 나라에는 메달 색깔에 따르는 차등이 없어서 그랬는지는 알 수 없지만, 그녀의 말이 정답인 것은 틀림없다. 금메달을 잃었다고 국기를 바닥에 내팽개칠 일은 절대 해서는 안 될 것이다.

[보기 6-5]　【아시아 대회】"동(銅) 뺏긴 3위의 눈물"

"3위가 4위보다 못하다니…. 여자볼링의 차미정과 여자 양궁의 이미정은 3위를 하고도 동메달을 목에 걸지 못했다. "동일 국가가 한 종목에서 금, 은, 동메달을 휩쓸 경우 3위는 4위에 양보한다"는 규정에 따라 "억지 양보"를 한 탓이다. 이미정은 시상식에서 자신에게 졌던 린상(중국)이 동메달을 목에 거는 모습을 보면서 끝내 눈물을 흘렸다.

이들은 여자골프의 장정과 승마의 최명진을 보면 더 화가 난다. 장정은 4위를 했지만 대만이 1, 2, 3위를 독식하는 바람에 어부지리로 동 메달리스트가 됐고, 최명진은 한국이 1, 2, 3위를 모두 차지했지만 국제승마연맹의 규정에 따라 그대로 동메달을 목에 걸었기 때문이다. 이들을 더 좌절시킨 것은 포상금이나 연금대상자도 되지 못한다는 점이다. 장정은 아시안게임 연금점수 1점도 따고 선수단이 주는 포상금 1백 달러도 받았는데. …" (중앙일보 1998. 12. 17.)

프로가 아닌 직업선수

프로는 자기 직업에 대한 애착을 가져야 한다. 직업을 버려서도 안 되지만 "성과 거양(擧揚)에 대한 열정(passion for excellence)"이 있어야 한다. 자기 개발을 위해서 끊임없이 노력해야 된다. 당장의 결과보다 장기적 기량증진에 힘을 써야 한다. "신이 아니고 인간에 불과한" 심판이 내리는 판정에 일희일비하기보다 길게 보면 사필귀정(事必歸正)이라는 여유를 가질 줄도 알아야 한다. 그래야만 직업능력 측면에서 뛰어난 선수가 되는 것이다.

그런데 한국의 운동선수들이 자기개발을 위해서 끊임없이 노력하는가? 저자가 보기엔 그렇지 않은 선수가 더 많은 듯하다. 프로 선수가 시합을 앞두고 도박을 하거나 폭음을 한다는 것이 헛소문인지 모르지만, 만약 그렇다면 그것은 프로가 아니다. 특정 종목의 프로 선수들은 기량 향상보다는 접대경기에 나가서 돈벌이 하는 것을 즐긴다는 말도 들린다.

선수가 언제라도 뛸 체력을 유지하는 것은 기본 중의 기본이다. 그런데 이탈리아 구단으로 이적한 어느 축구 선수는 음식이 입에 맞지 않는다고 아이스크림과 초콜릿만 먹었다는 보도가 있었다. 만약 그 보도가 사실이라면 이는 사소한 문제가 아니다. 그는 연예인 못지 않은 인기인이었고, 2002년에는 병역면제를 받았지만 프로정신으로 무장된 사람은 아닌 듯하다. 2001년 8월에는 태릉선수촌에서 합숙훈련을 받던 양궁선수 4인이 "힘이 든다"면서 극기훈련에 불참한 일이 있었다. 그 사건 때문에 그들은 대표자격을 박탈당했다. 그들 모두는 올림픽에서 메달을 땄기 때문에 이미 병역이 면제된 상태였다.

어떤 연유로 한국의 많은 선수들에게 프로 정신이 부족하게 되었는가? 여러 가지 요인이 있겠지만, 저자는 엘리트 체육도 그 중의 하나라고 생각한다. 엘리트 체육은 우선 승패를 지상의 목표로 삼는다. 다음, 그것은 승리자로 하여금 엄청난 환대(歡待)를 받게 한다.

국제대회에서 금메달을 따는 선수가 귀국하면 당장에 영웅이 된다. 온갖 혜택이 주어지는 것은 기본이고, 인기종목이거나 외모가 좋은 선수는 대중 매체 인터뷰와 TV 쇼 출연에 바쁘다. 그런 일 모두는 선수의 생명을 단축시킬 위험을 내포하고 있다. 사람은 누구나 대접을 받으면 우쭐해지고 마음이 풀린다. 정신 이완은 끊임없이 자신과 싸워야 하는 직업선수에겐 가장 무서운 독이다.

사회적 환대 때문에 실패한 운동선수들을 우리는 자주 본다. 앞의 축구나 양궁 선수도 그런 현상의 초기증상이라고 볼 수 있다. 히딩크가 지적했다시피, 축구 대표선수 중에는 대중적 인기에 휩쓸리는 사람도 많았다. 특히 인기가 높았던 몇몇 선수는 2002년 시합에서 뛰어보지도 못했다.

1986년 아시아 경기대회에서 라면만 먹을 정도로 가난했던 어느 여자선수는 불모지나 다름없는 육상에서 3관왕을 차지했다. 장래가 촉망되었지만 이내 무대에서 사라졌다. 모르긴 몰라도 금메달 3개에 따르는 사회적 환대에 마음이 풀어졌을 수도 있다. 1992년 바르셀로나 올림픽에서의 마라톤 우승자는 그 시합으로 끝이었다. 그와 동갑인 이봉주는 그 뒤로도 10년 이상 선수로 활동하고, 이름있는 여러 대회에서 우승했다. 신체 조건은 올림픽 우승자가 이봉주보다 나았지만 그는 TV에 자주 출연했고, 어떤 사건으로 사회적 물의를 빚기도 했다.

2000년 시드니 올림픽의 사격에서 은메달을 받은 어느 여자 선수는 귀염성 있는 외모 때문에 매체의 각광을 받았는데, 그럴수록

성적은 점점 뒤처져 갔다. 미국 프로야구에서 활동하는 어느 선수는 1998년 말에 귀국하여 거국적 인기를 누렸지만, 1999년 6월의 시합에서 상대선수를 발차기로 공격하는 추한 모습을 보였고, 그 뒤로도 성적에는 큰 기복이 있었다.

진정한 프로가 되려면 인기에 연연하지 않아야 한다. 인기가 프로 정신을 좀먹기 때문이다. 2002년 월드컵의 종료를 앞두고 히딩크의 계약연장에 관한 논의가 분분했을 때, 영국인 칼럼니스트는 이렇게 말했다.

> "지금 한국인들이 아무리 많은 영광과 부를 약속할지라도 그는 스포츠에서, 인생에서, 칭찬은 덧없는 것이란 걸 누구보다도 잘 안다. 지나친 칭찬은 등 뒤의 비수가 되기 쉽다. 히딩크 감독은 여기서의 임기가 끝나면 과도한 친절과 히스테리로부터 피난처를 찾을 것이다."
> (동아 02. 6. 25. 발췌)

월드컵이 끝나고 한국 축구선수들의 성장배경과 가정생활이 공중파 방송을 탄 적이 있었다. 이영표란 선수는 방송국이 가족의 양해 아래 이미 제작한 프로그램이 있었음에도 나중에 그 사실을 알고 방영을 중지시켰다. 이치로 스즈키라는 일본인 야구선수는 2001년 미국 프로야구에서 신인왕과 최우수 선수(MVP)의 영예를 동시에 안았다. 그해 말에 일본 정부가 그에게 "국민 영예상"을 주겠다고 했지만, 그는 "야구에서 은퇴할 때에 상을 주는 것은 고맙겠지만 아직은 젊다"고 수상을 거부했다.

히딩크, 이영표, 이치로는 진정한 프로는 운동장에서 실력으로 말해야 된다는 것을 알았다. 다른 일에 신경을 쓰는 일은 기량 향상에 해가 된다는 것을 깨닫고 있었던 것이다.

역효과를 내는 상금

경영학도인 저자는 금전적 포상이 동기 부여에 역효과가 날 수도 있다는 사실을 배워서 알고 있다. 예컨대 기업체 직원들의 제안 실적을 높이려면 우수 제안에 대해서 상금을 주기보다는 "제안의 가치를 진정으로 인정해 주는 일"이 더 효과적이다.(Robinson and Stern) "금전적 부"는 "자기실현"보다 훨씬 더 하위의 욕구이기 때문이다.

1990년대 초반에 한국의 프로 야구단은 "홈런 한 방을 친 공격수에게 얼마, 1승을 올리는 투수에게 얼마" 하는 식으로 그때그때 상금을 준 적이 있었다. 동기부여 이론에 따르면, 그 방법은 역효과를 낼 가능성이 크다. 경제적으로 여유가 있는 프로 선수들이기에 "내가 돈에 팔려서 홈런을 쳐야 하느냐"는 의문을 가질 수 있기 때문이다. 다행스럽게도 그 제도는 없어졌다.

한국의 엘리트 체육은 국제경기에서 메달을 딴 선수에게 온갖 금전적 보상을 부여하는 것을 기둥으로 삼고 있다. 그 정책으로 한국 정부는 1990년대 초반의 프로 야구와 같은 어리석음을 범하고 있는지도 모를 일이다.

포상할 것은 프로페셔널리즘

이치로는 일본 최고의 상을 거절했지만, 한국의 수많은 선수 중에서 정부가 주는 훈장을 받지 않은 경우는 없었다. 그렇게 영예스러운 것을 거절할 이유가 없는지도 모른다. 그럴 것이다. 한 나라가 주는 훈장은 더할 바 없는 영예일 것이다.

따져 보면 포상에는 2가지 의미가 있다. 과거의 실적에 대한 보상(報償)이 그 하나이고, 장래의 행동에 대한 지침이 그 둘이다. 한국 정부가 국제대회에서 메달을 따거나 성적이 뛰어난 프로 선수들에게 훈장을 수여하는 것은 어떤 의미인가? 그들이 국위선양이란 업적을 이룬 바에 대한 것이라면 그것은 보상이다. 저자는 이 책에서 운동선수가 국위선양에 기여한 바는 그리 크지 않다고 주장해 왔지만, 정부가 그렇다고 판단하면 포상할 수도 있다.

그런데 포상의 두번째 의미, 곧 일반 청소년들에게 주는 메시지에 관한 한, 메달 그 자체보다는 "프로 정신"을 포상하는 것이어야 한다. 종목을 불문하고 실력과 다른 성적이 언제든지 나올 수 있기 때문이다. 아무리 성실하게 훈련하고 빼어난 실력을 가져도, 한 순간의 오심(誤審), 한때의 불운으로 전혀 엉뚱한 결과가 나올 수 있다. 실제로 그런 일은 어느 시합에서건 일어난다. 그러므로 청소년들에게 어떻게 하든 메달을 따라고 하기보다는 성실히 살면서 실력을 높이라고 가르쳐야 되는 것이다.

어리거나 젊은 수많은 선수들이 정부로부터 크고 작은 훈장과 포상을 받았다. 그러나 대중가수 조용필이나 야구투수 김용수는 나이가 각각 50, 40이 넘을 때까지도 그런 영예는 누리지 못했다. 저자가 볼 때에는 인기 직종의 사람들 중에서 그들만큼 프로페셔널리즘에 투철하고, 그래서 청소년의 귀감(龜鑑)이 되는 경우는 드물다. 그들은 "나이 30만 넘으면 환갑을 맞는다"는 분야에 종사했지만 엄격한 자기관리와 피나는 훈련으로 직업생명을 오래도록 연장했다. 그리하여 그들은 각각 가요계와 체육계에 큰 공헌을 남겼다.

정부는 아니했지만 다행스럽게도 한국사회는 조용필과 김용수를 인정한다. 조용필은 누가 뭐래도 한국 최고의 대중가수이다. 김

용수는 39세의 나이로 "100승－200세이브"를 달성한 1999년 4월에
그의 등번호 41번이 영구 결번(缺番)되는 영광을 안았다.

제7장 문화적 후진성의 조장

　"체력은 국력," "스포츠를 통한 국운 융성" 등의 말은 정치적 수사(修辭)인지도 모른다. 설사 그렇다 해도, 그런 말이 40년 가까이 계속되다 보니 청소년은 물론 대다수 성인의 의식구조에 깊이 박히게 되었다. 스포츠를 통해서 모든 문제가 다 해결될 것같은 착각을 가지게 된 것이다.

　체육의 과도한 강조는 문화의 측면에서 나쁜 결과를 낳기도 했다. 획일주의, 배타적 애국주의, 폐쇄성 등이 그러한 예이다. 다양하고 개방된 사회를 지향하는 현대에서 그런 성향은 국가발전에 장애가 될 수도 있다.

　이 장에서는 한국의 체육진흥 정책이 어떤 문화 왜곡을 낳았는지 살피기로 한다.

1. 운동선수들만 애국자?

정부의 포상제도, 대중매체의 보도 경향, 지도층의 언행 등을 보면 한국에서 웬만한 성적을 올린 운동선수는 모두 영웅이고 애국자인 것처럼 보인다. 그럴지도 모른다. 그러나 한 가지 분명한 것은, 그들만이 애국자인 것은 아니다.

신문 제1면 기사의 가치

옛날에는 언론을 가리켜 공기(公器)니 사회의 목탁이니 하고 말했었다. 이제 한국의 공중파 TV 방송을 보고 그런 말을 할 사람은 아무도 없을 것이다. 저자는 한국의 TV 방송은 일체 보지 않을 뿐더러 기대를 접은 지도 오래다.[1] 그렇지만 신문은 다르다. 신문마저 포기하면 사회의 발전을 위해서 바라볼 데가 없기 때문이다. 그런데 스포츠에 관한 한 종합지인 신문도 방송과 큰 차이가 없는 듯하다.

2002년의 월드컵 축구대회 기간 중에는 한국을 대표한다는 신문들도 축구 얘기로 도배가 되었다. 사람들은 "모든 신문이 스포츠 전문지가 되었다"고 비아냥거리기도 했다. 한국팀이 이긴 다음 날의 제1면은 스포츠 신문의 그것과 똑같았다. 그리하여 신문이 방송을 흉볼 때 자주 써왔던 말처럼 "독자의 선택권을 뺐고 말았다."

---

1) 시장경제에서 민간기업인 공중파 TV가 시청률을 중요시하는 것 자체를 나무랄 수는 없다. 다만, 시청률은 광고효과의 척도일 뿐이지 그 자체가 목표는 아니다. 정체를 알 수 없는 사람들을 모아놓고 벌이는 잡담 혹은 노닥질 프로의 광고효과는 매우 낮을 수도 있다. 시청률보다는 시청자의 구매력이 중요하기 때문이다. 또한 모든 TV가 똑같으면 시청률은 유지될지 몰라도 전체 시청자의 숫자가 감소할 수도 있다.

[도표 7-1] 스포츠만이 국가대사?

월드컵 대회 기간은 "만사 제쳐 두기로 국민이 합의한" 축제였
으니 그렇다 치자. 그러나 신문은 평소에도 다른 직종의 사람들은
언감생심 넘보지 못할 제1면과 사설에 유독 운동선수는 자주 등장
시켰다. 박세리, 김미현, 박지은, 박희정, 최경주 등은 대회의 비중
과는 상관없이 우승하면 어김없이 제1면에 등장했다. 박찬호와 김

병현 등은 성적이 뛰어나거나 올스타에 뽑히면 나타나기도 했다. 쇼트트랙의 김동성도 나온 적이 있다. 누구라도 처음 우승할 때면 사설에서까지 "인간승리"니, "국위선양"이니 하면서 칭찬했다.

종합지의 제1면은 종합면이다. 모든 분야를 통틀어 가장 핵심적인 소식, 중요한 읽을 거리가 거기에 실린다. 대다수 독자들은 그 위치의 가치를 알고 있다. 그런데 운동선수를 제외한 어떤 직종의 누가 종합지의 제1면에서, 그리고 사설에서 그와 같은 대접을 받은 적이 있는가? 저자가 알기로는 없다. 그렇다면 다른 직종의 아무리 빼어난 성과도 수많은 스포츠 대회 중의 하나에서 우승한 것만한 가치가 없다는 말이 된다.

[도표 6-1]은 2002년 월드컵에서 한국이 미국과 비긴 것을 보도하는 특정 신문을 인용한 것이지만, 다른 신문들도 똑같았으므로 그리 특별한 것은 아니다. 그것이 남다르지 않으니 더 큰 문제라고 할 수도 있다. 국가의 중대사인 지자체 선거가 이틀 앞으로 다가왔음에도 광고만 외로울 뿐이고, 본문에는 "미국에서는 알아 주지도 않는," 그것도 주말마다 치러지는 대회의 우승 소식을 한가하게 전하고 있다. ([보기 5-1] 참조) 스포츠 신문이 아닌 종합지가 갖추어야 할 균형감각이란 찾아볼 수 없다.

메달 획득자에 대한 특혜

한국사회가 운동선수를 특별대우한다는 사실은 그들에게 주어진 각종 특혜에서 여실히 드러난다. 우선, 제6장에서 지적한 특기생 제도만 해도 엄청난 특혜다. 전국의 중·고교생과 부모들이 진학 문제로 겪는 고생을 떠올리면 그것이 얼마나 큰 혜택인지 쉽게 짐작이 간다. 체육진흥법이 정부 및 지자체가 운동선수 모두를 보호할 의무를 지우고 있다는 점도 제5장에서 설명했다. 여기서는 "영웅이 된 선수"에 한정하여 사회적 환대를 확인해 보기로 한다.([도표 7-2])

체육진흥법 제15조는 정부로 하여금 우수선수에 대해 표창할 것을 의무화하고 있다. 그리하여 올림픽 등에서 입상한 선수들은 대한민국체육상을 수상하고, 상훈법에 근거하여 훈장이나 포장을 받는다. 미국에서 직업선수로 활동하면서 야구나 골프를 잘한 사람도 훈장을 받는다. 월드컵 축구에서는 1회전만 통과해도 훈장을 받는다. 평소생활 혹은 인격의 다른 측면이 어떠하든 시합에 나가 메달만 따면 표창의 대상이 된다. 운동선수에 관한 한, 나이에 상관없이, 10대건 20대건 훈장을 받는다.

체육행사가 끝나면 우수선수들은 청와대에 초청되어 대통령을 만나는 영광도 얻는다([도표 0-2] 참조). 그런 장면은 TV와 신문에 크게 보도되어 뭇 청소년의 부러움을 산다. 1998년 11월에 프로 골프의 박세리와 프로 야구의 박찬호는 청와대에서 대통령으로부터 체육훈장 맹호장을 직접 받은 후 오찬을 함께 했다. 그 뒤로도 그들은 지도층이 주최하는 행사에 불려 다니느라 정신이 없었다.

체육진흥법은 정부로 하여금 올림픽, 세계선수권, 유니버시아드, 아시아 경기대회에서 입상한 선수와 코치에게는 장려금(연금)을 지급할 것을 의무화하고 있다. 하계 혹은 동계 올림픽에서 금메달을 하나만 따도 평생 동안 매월 1백만 원의 연금을 받는다(점수는 90점이지만 특례가 적용됨). 추가되는 메달은 점수화되어 일시불로 거액을 받는다.

전이경이란 선수는 1994년 동계 올림픽에서 금메달을 땄고, 1998년 대회에서 메달을 추가했다. 22세의 나이에 이미 월정 연금 1백만 원을 확보한 데다가 3억 1천만 원의 장려금을 일시불로 받았다. 2002년 월드컵 대회에 참여했던 선수 23명은 축구협회에서 4위 성적의 대가로 각각 3억 원씩의 포상금을 받았다. 생활수준이 한국보다 훨씬 높은 독일의 대표선수들은 같은 대회에서 2위에 입상했지만, 그 나라에서 고작 1인당 9천만 원을 받았다.

병역법 제26조는, 공익근무요원은 행정관서나 "문화창달과 국위선양을 위한 예술, 체육 분야"에 근무하도록 되어 있다. 그것을 음미하면, 예술인은 문화창달에, 운동선수는 국위선양을 담당한다는 말인데, 그것부터 어째 좀 수상쩍다. 어쨌거나 공익근무로 현역복무를 대체할 수 있는 체육인은 개인 혹은 단체로 올림픽에서 3위, 아시아대회에서 1위, 월드컵 축구에서 16위 이상의 성적을 거둔 사람들이다. 예술인은 지정된 국제경연대회에서 2위 혹은 국내대회에서 1위 이상의 성적으로 입상한 사람이 대상이 된다.

공익근무 대상자인 운동선수는 아마추어건 프로건 아무런 제약 없이 선수생활을 계속할 수 있다. 다른 모든 경우와는 달리 운동선수들은 말이 "공익근무"이지 해당자가 된 그 순간 병역의무가 사실상 없어진다. 그리하여 월드컵 당시의 언론보도처럼 아예 "병역 면제자"라고 불린다.

1998년 방콕 아시아 대회에 파견된 야구 선수단은 병역면제를 노려서 미필자인 선수들로만 구성되어서 논란을 빚었다. 어쨌거나 한국의 프로 팀은 일본의 아마추어 팀을 꺾으면서 우승했고, 선수들은 "군대 걱정 없이" 높은 연봉을 받는 직업생활을 계속할 수 있게 되었다. 그 덕분에 박찬호는 자유인이 되었고, 2001년 말에는 5년간 65백만 달러를 받는 계약을 체결하기도 했다.

박찬호 외에도 야구와 축구에는 병역면제를 받고 난 다음에 수억에서 수십억 원에 이르는 연봉을 받는 프로 선수가 다수 있다. 그 숫

〔도표 7-2〕 우수 선수에 대한 특별 대우

항목 (근거)	내 역	수혜자	비고 (우수 예술인)
표창(상훈법)	· 체육훈장	· 2001년 3,650명	· 문화훈장 수훈자 : 696명
연 금	· 대회별 점수를 합산함*	· 2001년	· 해당 없음
(문화부 규정)	· 110점 이상 월 1백만원	500명 내외	(시행규칙 미 제정)
병역 특례	· 올림픽 동, 아시아 금	· 2001년 총 451명	· 2001년 총 119명
(병역법)	월드컵 축구 16위	· 많은 프로선수가	· 근무처 제한
	· 근무처 제약 없음	· 국내외에서 활동	(교직, 국공립예술단)

＊점수: 올림피 금90, 은30, 동8, 세계선수권(4년 주기) 금45, 은12, 동7, 아시아대회
　　　　금10 등
상한선: 연금이 월 1백만원을 초과하면 올림픽 금메달 45백만원 등 일시
　　　　포상금 수령
*과학기술 훈장 수훈자: 2001년 말 현재 총 28명
자료: 행자부, 문화관광부, 병무청, 체육진흥공단

자는 점차 늘어날 것이다. 1998년, 2001년에도 그랬듯이, 야구 대표팀은 병역미필자 중심으로 구성될 것이고, 2002년 대회에서 "축구 강국"이 되었으니 축구 대표팀의 월드컵 16강은 따놓은 당상일 테니까.

2등 시민인 예술인과 과학기술인

과도한 체육진흥은 제3공화국에서 시작되었다. 같은 제3공화국 정권은 신통하게도 과학기술의 발전에도 깊은 관심을 보였고, 그 한 표현이 기능올림픽 입상자에 대한 국가적 환대였다. 그런데 지금은 어떤가? 그들을 아무도 돌아보지 않는다(〔보기 7-1〕). 보도에 따르면, 사회의 냉대에 실망한 입상자가 기능올림픽에 참여한 것을 후회하는 사례도 없지 않다. 매우 상징성 있는 현상이라 할 것이다.

기능올림픽뿐만이 아니다. 이름이야 여러 가지이지만 분야마다

경연대회와 제전이 열린다. 세계적 규모의 음악제, 연극제, 영화제. 수학·과학 올림피아드 등의 행사가 있다. 그런 대회에 입상하면 스포츠보다는 국위선양의 정도가 더 높을 게 분명하다. 세계적 명문학교에서 우수한 성적으로 졸업하는 학생도 있고, 세계적 학술지에 우수한 논문을 게재하는 학자도 있으며, "최우수 논문상"을 수상하는 사람도 있다. 작품의 수준이 높아서 세계적 명성을 얻은 문화예술인도 있다. 세계에 알려진 기업인들도 있다. 그들도 야구나 골프 선수 못지 않게, 아니 그들보다 더 국가 이미지를 개선할 수 있다.

앞에서 구매력 없는 사람들 100억 명이 광고를 보아야 아무 소용이 없다고 지적했다. 국가 이미지 전달의 경우에도 경로와 대상자에 따라 큰 차이가 있다. 어쩌면 예술작품, 학술저서, 경영능력 분야에서 한국을 알게 된 사람들의 영향력이 스포츠의 경우보다 클지도 모른다. 외국의 정치인, 학자, 기업인 등의 사회 지도층은 문화예술, 과학기술 수준, 사회질서 등을 체육성적보다 중요하게 생각하기 때문이다.

제반 상황을 종합하면, 한 사회가 체육인들만 유별나게 환대할 이유는 없고, 적어도 선진국에서는 그렇게 하지 않는다. 정치가들이 인기 높은 스포츠 스타와 접촉하기도 하지만 어디까지나 정치적 몸짓에 불과하다.

그러나 한국은 어떤가? 정부와 사회가 예술이나 과학기술 등의 분야에서 세계대회에 입상하거나 세계적 명성을 얻은 사람들을 어떻게 대하고 있는가? 어느 누구도 체육인만큼 대우를 받은 경우는 없다.

우선, "기타 분야" 종사자들이 훈장을 받는 일 자체가 드물다. 2001년 말까지 모두 3,700여 명의 체육인들이 훈장을 받았지만, 문화예술인은 700여 명뿐이다. 과학기술인은 고작 28명에 지나지 않는다. 체육인 이외의 인사가 훈장을 받으려 청와대에 초청되는 일은 더더구나 없다.

국제경기에서 메달을 따서 연금을 받는 운동선수는 500여 명이나 되지만, 다른 어떤 분야에도 그런 일이 없다. 협회로부터 포상금을 받는 경우도 없다. 예술인의 경우에는 장려금 지급의 법률적 근거는 있으나 시행규칙이 제정되지 않아서 사문화되었다. 예체능을 제외한 과학기술 등의 분야에는 아예 그런 개념조차 없다.

병역법에 따라서 우수 예술인도 병역특례자가 될 수 있다. 그러나 근무조건은 체육인과 예술인이 완전히 다르다. 예술인은 의무 복무기간 3년 동안에 가질 수 있는 직장이 국공립 예술단 등으로 제한된다. 굳이 따지자면, 병역면제를 받은 문화예술인은 바둑기사 이창호가 유일하다. "공익근무" 대상의 예술인들을 모두 따져봐도 "병역면제" 운동선수의 1/4에도 못미친다. 예체능인 이외에도 여러 형태의 병역 특례자는 있는데, 어느 경우나 주거 혹은 직장의 이전에 엄격한 제한이 따르기 때문에 준군인(準軍人)의 신분이 된다.[2]

2002년 월드컵이 개최되기 직전에 영화감독 임권택은 "월드컵 영화대회"에 해당하는 칸느 영화제에서 감독상을 받았다. 그가 타의 모범이 되고 "나라를 빛낸 것"은 축구선수들의 그것과는 여러 모로 차원이 달랐다. 중퇴 학력에 불과한 그였지만 평생을 오직 작품성 있

---

2) 병질환, 신체적 결함, 가사 사정 등으로 병역이 면제된 경우를 제외한 병역 특례자는 공익근무 요원, 전문연구 요원, 산업기능 요원 등이 있다. 뒤의 둘과 행정관서 근무 공익요원은 직장을 옮길 수 없고 보수는 시장가격에 훨씬 못미치기 때문에, 28개월~5년의 "정해진 기간 동안 지정된 장소에서 의무적으로 복무(服務)하는," 이를테면 준군인(準軍人)이 되는 것이다.

는 영화에만 매달린 진정한 프로였고, 오래 전부터 세계적 명성을 얻고 있었다. 그런 그였지만, 정말 엄청난 상을 받은 65세가 되어서야 겨우 대통령도 아닌 문화관광부 장관으로부터 문화훈장을 받았다. 그것도 새파란 젊은이들이 월드컵 축구의 공적으로 대통령으로부터 훈장을 받는 뒤켠에서 외롭게 말이다.

월드컵이 끝난 바로 다음에 한국 학생들이 수학·과학 올림피아드에서 1~3위에 입상했지만 아랑곳하는 지도층 인사는 전혀 없었다. 훈장이나 연금, 병역면제는 규정조차 마련되어 있지 않았다.

〔보기 7-1〕 **"서울 국제 기능올림픽 방치"**

"1970~80년대 국제 기능올림픽에 나가 우승한 우리 기능공들은 국민적 "우상" 대접을 받았다. 귀국 후 서울 대로변을 카 퍼레이드로 누비며 시민들의 환대를 받았고, 전 매스컴은 이를 대대적으로 보도했다.

대통령은 이들을 불러 저녁을 대접하고 특별 격려금을 하사했다. 이같은 관심 속에서 이들은 "공돌이"로서 천대받던 시간을 보상받았고, 한국의 기술은 비약적으로 발전했다. 총 35회 대회 동안 한국팀은 무려 12번의 종합우승(9연패)을 차지하여 세계 최다 우승국이 된 사실도 결코 우연이 아니다.

그러나 지금은 어떤가. 오는 9월 6일 열리는 제36회 서울 국제 기능올림픽은 철저한 무관심 속에 방치되고 있다. 개막일이 8일 앞으로 다가왔는데도 국가대표들은 훈련장이 없어 "동가숙 서가식"하는 실정이고, 대회 준비는 부실로 치닫고 있다. … 선수 39명 중 20명이 합숙중인 부산 기계공고가 이들의 훈련장이다. 숙식시설도 형편없고, 오후 5시면 에어컨을 꺼버려 선수들이

“속옷이 다 젖을 정도”로 땀을 흘리고 있다.

　스포츠 올림픽 때면 경쟁적으로 태릉선수촌에 몰리던 고관이나 유명인들은 단 한 명도 보이지 않고, 심지어 주무 부처인 노동부 장관조차 훈련장을 찾지 않았다. … ”(조선일보 2001. 8. 29.)

청소년에 대한 위험한 메시지

국가와 사회가 베푸는 포상(褒賞)이나 대우(待遇)는 특히 청소년들에게 강한 메시지를 전한다. 각국의 정부는 그것을 정확히 알고 있다. 프랑스의 혁명기념일 군사 퍼레이드에서는 기술대학의 학생들이 선두에 선다. 중국은 매년 2명의 과학자에게 과학기술 대상을 주고 약 8억 원에 상당하는 엄청난 상금을 수여한다(삼성경제연구소 2002). 1997년 홍콩의 영화감독 왕가위가 임권택과 같은 상을 받았을 때, 그 나라는 최고통치자가 축하 파티를 여는 등 거국적 행사를 벌였다. 그런 일들이 중요하다는 분명한 메시지를 청소년들에게 주고 있는 것이다.

우리는 어떤가? 한마디로 말한다면 정부, 지도층, 그리고 언론은 한국의 청소년들에게 운동선수가 되라고 부르짖고 있다. 그래야 돈도 벌고, 군대도 안 가며, 훈장에다 연금도 얻을 수 있음을 알려 준다. 곁들여서 “국위를 선양하여” 애국자가 된다고 강조한다. 나라에 대한 공헌이야 논란의 소지가 있지만, 개인적 부와 영예는 확실한 것이니까, 운동에 소질이 있는 청소년치고 그 메시지를 수용하지 않을 사람은 없을 것이다.

이것은 잘못이다. 저자가 이 책에서 강조해온 바와 같이, 국가의 이미지는 스포츠 성적보다 사회 각 분야의 수준을 고루 높여야 제고된다. 요컨대 청소년에게 나라를 위해서 유독 운동선수가 되라고 강

〔도표 7-3〕 축구선수와 군인의 엇갈리는 운명

자료: 조선일보 조선만평 2002. 7. 2.

조할 일은 아니다.

2002년 월드컵은 여러 가지 의미가 있었다. 좋은 점도 있고 나쁜 점도 있었다. 가장 문제가 되었던 것을 하나 꼽는다면, 그것은 청소년에게 준 잘못된 메시지였다. "축구만 잘하면 온갖 영화도 누리고 군대에 가서 목숨을 잃는 일도 없다. 그러니 너희들은 어찌하든지 축구선수가 되라."(〔도표 7-3 참조〕) 그 메시지는 너무나 선명하게 주어졌다. 나라를 위해 정말 위험한 메시지였다.

북한의 도발로 24명의 장병이 죽거나 다친 월드컵 폐막 시점은 어떤 의미에선 국가가 상중(喪中)이었다. 그런데 대통령은 전몰자의 빈소에 들르지 않고 일본으로 축구구경을 갔다. 대통령이 일본에 머무는 동안 치러진 영결식에 고위 공직자는 아무도 얼굴을 내밀지 않았다. 반면에, 정부는 공휴일까지 지정하면서 월드컵을 축하하고 대대적 잔치판을 벌였다. 그리하여 온 나라가 연일 "월드컵 4강 신화"

에 들떠 있게 만들었다.

그것까지는 햇볕 정책과의 상충을 피하기 위한 소위 "고도의 정치적 판단"이라고 치고 그대로 넘어가자. 그래도 나라를 위해서 몸 바친 젊은이들을 욕되게 만든 정부의 잘못된 태도는 여전히 남는다. 정부는 "다섯 명의 사망자를 사상자(死傷者)로 잘못 알아들었기 때문에 소홀히 응대했다"느니, "우리 어선이 먼저 잘못을 저질렀기 때문에 사고가 났다"느니 하고 발표했다. 아무리 다급한 사람들의 말이라 하지만 국군장병이 개죽음을 했다는 말과 비슷하게 들릴 뿐이다.

동료와 유족 외에는 아무도 참석하지 않은 7월 3일 삼우제에서 아들을 잃은 아버지들이 한탄한다. "어제는 월드컵 잔치한다고 대통령이 나와 선수들한테 훈장까지 주는데 눈물이 왈칵 쏟아졌어. 군인들이 지켜서 월드컵도 잘 치른 거 아닌가? 왜들 이리 무심한겨? 돈에 연연하지는 않지만, 사망 보상금이 3천1백만 원이라는 말에 마음이 참담하더군. 공 잘 차서 병역면제 받는 선수들도 있는데 …."

아무리 그래도 그렇지, 이럴 수는 없다. 운동선수만이 나라에 공헌하고 애국자이며 영웅인 것은 결코 아니다.

대한민국의 젊은이들이여! 돈 벌고, 군에 안 가며, 정부로부터 대접받는 것이 인생의 전부는 아니다. 1만분의 1의 확률로 목숨 바칠 각오를 하고 군에 가보는 것도 해볼 만한 일이다. 나름대로 얻는 것이 있기 때문이다. 그것이 내 가족과 내 친지를 위하는 일이라면 더없는 보람이 될 수도 있다. 그리고 운동선수보다는 예술가, 학자, 기업인이 되면 훨씬 폭넓고 수준 높은 삶을 얻을 가능성이 크다. 그것은 분명한 사실이다.

젊은이들이여, 2002년 6월에 정부가 준 메시지를 제발 무시하라!

"물질주의적 가치의 상징"

사마란치 이전의 올림픽은 "돈"과는 상당한 거리가 있었다. 건전한 정신, 친교와 친분 등 정신적, 사회적 가치가 주목적이었다. 스포츠란 원래 그런 것이었다. 그런데 한국의 스포츠는 스테이트 아마추어리즘 덕분에 돈에 오염되었다.

88 올림픽 직후에 작성된 KDI 보고서는 아래와 같은 문제점을 지적하고 있다. 그럼에도 불구하고 정부는 자꾸만 정반대의 방향으로 "우수 선수"들에 대한 금전적 보상을 강화해 왔다. 우려할 일이라 할 것이다.

> "우리의 경우는 특히 올림픽 등에서 금메달을 확보한 아마 스포츠의 영웅들에게도 막대한 상금을 수여함으로써 스포츠를 물질화하는 위험을 더욱 고조시키고 있다. 이에 따라 스포츠 영웅들에게 물질숭배의 가치를 심어주게 되었다. … 이제 대중의 우상인 스포츠의 영웅들은 정신적 가치와는 상관없는 한낱 상품으로 팔리고 있을 뿐이다."(KDI 1989: p.50)

2. 자기 최면의 "16강"

한국의 지도층과 대중매체는 사물을 아전인수 식으로 해석하는 나쁜 버릇이 있다. 일단 스포츠와 관련되면 그런 경향은 더욱 뚜렷하다. 스포츠 보도가 청소년들의 사고에 미치는 영향이 지대함을 감안하면, 그런 자기도취적 보도는 매우 나쁜 결과를 낳을 수 있다.

한 사회학자(송복)는 철학을 통해서 "초월(超越)," 즉 사물에 대한 객관적 시각을 얻을 수 있다고 하면서, 철학이 시들고 있는 현실에 대해 통탄한 바 있다. 그럼에도 정부는 철학 따위는 돌아보지도 않으면서 체육을 통한 국위선양을 끊임없이 추구한다. 언론은 한국 선수의 활동을 칭찬하기에 여념이 없다. 그 사이에 청소년들은 점점 객관적 시각을 잃어 가고 있다.

또 하나의 주문(呪文) "16강"

흥분을 가라앉히고 차분히 생각해 보면, 축구 16강은 그리 대단한 것이 아니다. 32개 팀이 참가하는 본선 무대에서 2팀 중에 1팀이 뽑히는 1회전을 통과한 것뿐이다. 더구나 축구는 의외성이나 판정 시비가 특히 많은 종목이다. 그러므로 실력 이외의 요인으로 승패가 갈리는 경우가 많다. 이겨도 운, 져도 운이라 할 수도 있는 것이다. 그러므로 한 대회에서 16강에 오른다고 해서 특별한 의미가 있는 것은 아니다.

돌이켜 보면, 수없이 많은 팀들이 16강에 올랐다가 사라지곤 했다. 북한은 1966년에 이미 8강까지 도달했지만 지금은 FIFA 랭킹 125위이다. 인구 400만의 크로아티아는 건국 7년째인 1998년의 월드컵에서 3위에 올랐지만 2002년에는 1회전도 통과하지 못했다. 미국도 사실상 첫 출전인 1994년에 16강이 되었지만, 1998년에는 한 시합에서도 이기지 못했다. 1인당 국민소득이 500달러에 불과한 세네갈은 첫 출전인 2002년에 8강을 차지했다. 일본은 2번째 출전 만에 16강이 되었다.

한국이 16강에 올랐다고 해서 어느 외국인이 그리 대단하게 볼 것인가? 그런데도 우리는 꽤 오래 전부터 "16강"에 거의 절대적인 의

[도표 7-4] 월드컵 축구 "16강"에 대한 집념

자료: 스포츠서울 1994. 6. 19.

미를 부여하였다. 16강이 되면 축구 강국이 되고, "세계를 경악시킨
다"고 생각한 것이다. 2002년의 경우에는 지도층의 언사나 대중매체
의 보도경향을 보면 마치 16강에 국가의 명운(命運)이라도 걸린 듯 했
다. 아마도 연속 4회나 출전했음에도 1회전을 통과해 보지 못한 아
쉬움이 골수에 사무쳤던 까닭이리라. 그렇지만 그것은 "우리 사정"
일 뿐이다. 말하자면 우리는 "16강"이란 주문에 자기최면이 걸렸던
것이다.

2002년 월드컵을 앞두고 대다수 국민들은 제발 16강, 아니 1승이
라도 건졌으면 좋겠다고 조마조마했던 듯하다. 마침내 그 염원은 이
루어졌고, 신문은 "한국 16강 진출 신화는 '피와 땀의 승리,' 뜨거
운 가슴 터질 듯한 심장… 참을 수 없네, 흐르는 눈물"이라고 쓰기
도 했다. 극도의 성취감을 맛본 것이다. 더할 수 없는 자기도취였던

것이다.

아전인수 식의 의미 부여

어느 언론학자(유재천)는 월드컵 중계방송 아나운서나 해설자의 과장된 말이 귀에 거슬린다고 꼬집었다. 그런데 경기 내용을 한국 팀 혹은 선수에게 유리하도록 해석해서 전달하는 것은 모든 국제경기에 공통되고, 방송과 신문 모두에 적용되는 일이다. 매체의 보도는 거의 언제나 낯뜨거울 정도의 아전인수식 해석을 한다고 해도 과언이 아니다.

〔도표 7-4〕도 분명한 과장보도이다. 굳이 말하자면, 그것은 스포츠 신문의 보도이지만, 종합지라고 다르지는 않다. 그런 현상은 개인 자격으로 해외에서 활동하는 한국 혹은 한국계 선수에도 적용된다. 박찬호는 미국의 프로팀에 소속된 개인일 뿐인데 방송이나 신문의 보도를 보면 마치 한국 대표선수나 되는 듯하다. 이기면 실력이고 지면 야수나 교체투수의 잘못이 된다. 그는 2001년 올스타전에서 칼 립켄에게 결승 홈런을 맞았는데, 그것도 "명예롭게 은퇴하는 유명선수에 대한 대접"인 것으로 해석되었다.

어느 젊은 축구 선수가 2001년 초에 독일에서 시험적 활동을 시작하자, 한국 신문은 그 선수를 "브레멘의 마스코트"라고 소개하는 등 수선을 피웠다. 그러나 그는 한 시즌을 통해서 7경기에만 출전했고, 한 골도 넣지 못한 채로 6개월 만에 쫓기듯 귀국했다. 2002년 월드컵 최고의 스타였다는 어떤 선수는 몸값이 천정부지로 올랐다고 한국언론에 보도되었지만, 결과는 사뭇 달랐다.

월드컵 경기성적에 대한 한국 매체의 해석은 그야말로 가관(可觀)이었다. 1승을 올리자 한국축구는 "세계의 주류"가 되었다. 1회전의 관문을 통과하자 한국은 "축구 강국"으로 떠올랐다. 8강에서는 "신화가 창조"되었고, 4강에 이르러서는 세계의 "축구 역사"가 다시 쓰여졌다(사실은 신화니 축구역사니 하는 등의 찬사는 16강이나 8강에서 이미 동이 나서 그 다음은 되풀이였다). 세계가 "한국을 새로 발견"하기도 했다.

그런데, 사실은 그게 아니다. 한 번 16강, 8강, 4강에 올랐다고 한국축구가 갑자기 달라지는 것은 아니다. 더구나 오심에 대한 시비와 개최국의 이점에 대한 논란도 적지 않았다. 외국인들은 우리가 생각하는 것처럼 그렇게 한국을 대단하게 인정해 줄 리가 없다. 예로부터 승패는 병가지상사(兵家之常事)라고 했거니와, 외국인들이 그때의 4강을 그냥 "한 번의 일"로 생각하는 것은 어쩌면 당연한 일인지도 모른다.

월드컵 대회가 끝나자마자 FIFA가 발표한 축구 순위에서 한국은 4위도, 8위도, 16위도 아닌 22위였다. 같은 대회에서 1회전에서 탈락한 프랑스와 아르헨티나는 2위였고, 한국팀에 패한 스페인, 포르투갈, 이탈리아는 각각 4위, 7위, 10위에 올랐다. 외국인의 눈에는 한국이 축구 강국도 아니고, 4강이 신화도 아니며, 축구 역사를 다시 쓸 이유도 없었던 것이다.

외신의 편파 및 분식 전재

한국의 신문과 방송은 한 걸음 더 나아가 외신을 전함에 있어서 편파와 분식을 예사로 저지른다. 각국의 각양각색의 매체, 여러 사람의 평가 중에서 호의적인 것만 골라서 보도한다. 전재(轉載)하는 기사도 거두절미하고 좋은 말만 골라서 옮긴다.

2002년 월드컵에 관해서도 그런 현상이 심했다. 한국 신문이 옮

긴 것만 보고 있으면 뉴욕 타임즈, LA 타임즈, 파이넨셜 타임즈, 르
몽드, 타임, 뉴스위크 등을 포함한 전 세계의 매스컴이 월드컵 대회
에 대해서 좋은 말만 했고, 한국을 호평하기만 했던 것 같다. 그러나
사실은 그게 아니었다.

저자는 영어신문만 읽었기에 다른 언어의 보도내용은 잘 모른다.
영어 신문과 잡지에 관한 한 호평만 있었던 것은 결코 아니었다. 오
히려 지나치게 화려한 준비, 축구경기에 대한 필요 이상의 의미 부
여, 상대팀을 압도하는 과열 응원, 히딩크에 대한 과잉 대접 등에 대
해 비판적인 논조의 기사가 더 많았다. 매사에는 합리성, 균형, 절제
가 있어야 하는 법인데, 우리는 지나침이 지나치게 많았던 것이다.
잦은 오심(誤審)의 문제를 지적하고 그 개선방안을 제시하는 기사도
많았지만, 한국에는 소개되지 않았다.

아래에 편파 혹은 분식 전재를 몇 가지만 예시한다.

[보기 7-2] **외신의 왜곡 전재**

1. **6월 23일 뉴욕 타임즈 기사**   한국 언론에는 "끈질긴 근
성보다는 개인기에 의존했던 스페인의 패배는 더 이상 변명이
안 된다"는 토막만 전해졌는데, 그 번역도 다소 왜곡되었다. 그
기사의 전체적인 내용은 경기 조건의 불공평을 말하는 것이었
다. 스페인이 넣은 "분명한 한 골(one apparent goal)"이 선심(線
審)에 의해 무효가 되었음도 언급하고 있었다.

2. **6월 25일 파이넨셜 타임즈 기사**   한국 언론에는 "한
국, 세계 정상 리그의 멤버로"라고 제목을 달면서 한국의 이
미지가 높아졌다고 소개했다. 그러나 원문은 제목부터 "한국인
들이 스스로를 일류라 생각하기 시작하다"였으며, 전체적 내용

도 한국인의 자기 인식에 관한 것이었다.

3. **7월 8일 뉴스위크 기사**(국내언론 7월 1일)　　　한국 언론에 는 "진짜 챔피언들. 이번 월드컵의 최대 승리자는 한국 국민"이 라고만 소개되었으나, 전체 논조는 그렇게 유쾌한 것이 아니었 다. 원문은 "애국심에 가득찬 응원," "안정환 덕분에 급증한 화 장품 매출 정도의 경제효과," "히딩크 신드롬" 등을 비판적 시 각에서 언급한 다음에, "가장 큰 소득은 한국 국민들이 얻은 자 신감"이라는 정도의 기사였다.

미국이 1회전을 통과했을 때, 뉴욕 타임즈는 "미국 팀은 운이 좋 았다"고 솔직히 시인했다. 브라질의 한 신문은 터키와의 시합에서 얻은 자국팀의 페널티 킥이 "동양의 접대 정신"에 기인한 오심이었 다고 지적한 바 있다.

그런데 한국의 언론은 4강에 오른 것이 어디까지나 실력이었지 오심이나 일방적 응원에 힘입은 바는 없다고 우겼다. 사실 오심도 있었고 홈 경기의 이점은 더욱 엄청났다. 한국에도 소개된 바 있지 만, 미국 팀 코치는 "2002년 대회의 한국팀에 관한 한 홈 어드밴티 지는 2골의 가치가 있다"고 불평하기도 했다. 그가 보아서는 응원이 "실로 엄청난 효과였다(It's huge)."(만에 하나 그의 말이 사실이라면 한국팀은 딱 한 게임만 비기고, 나머지는 모두 패했다.)

사실을 내 편한 대로 해석하거나 외신을 왜곡하는 것은 손바닥 으로 하늘을 가리는 것과 같다. 그런다고 해서 사실이 달라지는 것 은 아니다. 괜히 청소년들에게 나쁜 영향을 미칠 뿐이다. 사실을 착 각하게 만들고, 사물을 주관적으로 판단하는 습성을 길러준다. 자신의 실력과 한국의 경쟁력을 과대평가하여 자만에 빠지게 할 수도 있다. 자칫 그들을 우물안 개구리로, "공주병 환자"로 만들 위험이 있다. 한국식 체육진흥의 폐해라 아니할 수 없다.

3. 배타적 애국주의의 배양

누구나 국제경기에서 자국팀이 이기기를 바란다. 그것은 인지상정(人之常情)이다. 그러나 그것이 지나치면 상대 국가에 대한 적대감의 형성으로 이어진다. 실제로 많은 국제 경기에서 국가간 갈등이 형성된 바 있다.

축구를 둘러싼 국가간의 갈등은 특히 유명하다. 전쟁이 일어난 경우도 있었고, 훌리건이라는 이름으로 불리는 극렬 팬들의 난동도 잘 알려져 있다. 그런 현상이 축구에 국한되는 것은 물론 아니다. 정도의 차이일 뿐이지 어느 종목에서나 나타난다.

관심은 한국팀의 성적뿐

KDI 보고서에 따르면, 특정 스포츠 팀을 응원하는 관중들은 관념적으로 내집단(內集團)과 외집단(外集團)을 만든다. 쉽게 말하여 "내 편"과 "네 편"을 구분하는 것이다. 그리하여 "외집단에 대한 극단적인 부정적 감정은 그 집단을 적으로까지 삼게 된다."(1989: p.52) 그런 감정은 프로 야구의 경우처럼 지역간 감정으로 나타나기도 하지만 국가 대항전에는 더욱 뚜렷하다. 바로 국수주의 혹은 배타적 애국주의인 것이다.

　제5장에서 스포츠에 대한 관심의 정도는 국가간에 차이가 있음을 지적한 바 있다. 자국팀의 승패에 집착하는 것도 나라에 따라 다르다. 그런데 우리의 경우는 그런 정도가 매우 심하다. 그것은 상대국에 대한 적대감이 강하다는 말과 다를 바 없다.

　2002년 월드컵 기간 동안 한국인들이 보여준 응원 모습은 그야말로 "세계를 놀라게 했다." 세계 어디에서도 그런 현상은 없었기 때문이다. 한국이 폴란드와 경기할 때에 전국적으로 50만의 인파가 거리로 나왔지만, 점점 증가하여 스페인과의 8강전 때에는 500만, 독일과의 준결승전 때는 700만까지 증가했다.

　연인원 2천만이 넘는 대단한 인파가 모인 이유는 무엇이었던가? 그것은 단 한 가지, 한국팀의 승리였다. 인파 중의 다수는 축구를 전혀 모르는 사람들이었지만 승패에는 지극한 관심이 있었다. 경기의 내용과 수준은 제쳐두고 한국팀의 승패, 한국선수의 성적에 대해서만 관심을 보이는 현상은 어느 종목, 어느 시합에나 나타난다.

　우리는 왜 승패에 그렇게 집착하게 되었는가? 여러 가지 이유가 있겠지만, "체력은 국력"을 구호로 내세운 엘리트 체육 정책에 기인한 바도 적지 않다. 예컨대 지도층이 체육 성적에 국운이 걸렸다고 기회 있을 때마다 강조하는데 어느 국민인들 상대를 꺾고 한국팀이 이기기를 바라지 않을 것인가? TV가 일반화되지 않았던 1970년대까지 많은 국민들은 해외 경기의 라디오 중계방송에 귀를 기울였다. 그럴 때면 중계하는 아나운서가 "조국에 계신 동포 여러분, 기뻐해 주십시오. 우리가 이겼습니다"하고 흥분하곤 했다. 그런 과정을 통하여 한국의 시청자들은 승리의 쾌감을 짜릿하게 느꼈다.

　결국, 엘리트 체육은 한국팀의 승패에 대한 집착을 낳았고 그것이 배타적 애국주의로 이어진 것이다. 2002년 솔트레이크시티 동계

올림픽 이후 한국의 많은 시민들은 미국에 대해 지나치다 싶을 정도의 적대감을 보였다(〔보기 7-4〕참조). 그 여파로 월드컵 한미전에서 불상사가 생길까봐 많은 사람들이 우려하기도 했다. 미국의 식자층 혹은 기업인들은 "차라리 미국이 지라"고 공개적으로 발언하기도 했다.

스포츠 산업 발전의 장애

축구에 관한 한 브라질, 아르헨티나, 프랑스, 독일 등의 실력이 가장 뛰어나다. 따라서 그런 팀이 출전하는 경기의 수준이 당연히 높다. 한국인들이 진정으로 축구를 이해하고 좋아한다면 그런 팀의 시합에는 관중이 많아야 한다. 그러나 한국에서 개최되는 국제경기에서 그런 현상이 나타나는 일은 없다. 아무리 수준높은 경기라도 한국팀과의 경기가 아니면 관중은 없다.

2002년 월드컵에서 비어 있는 관중석이 큰 논란거리가 되었다. 여러 사유가 지적되었지만, 한국팀의 승패에만 관심이 있는 국민의 자세도 큰 이유 중의 하나였다. 예컨대 6월 15일 서귀포에서 있었던 독일과 파라과이의 16강전에는 무려 40%의 공석(空席)이 있었다. 그것을 보고 한 독일 기자가 "월드컵 끝나고 야구장으로 쓸 것이냐"고 빈정거리기도 했다. 그런 사실은 한국팀 경기의 입장권을 사려고 야숙(野宿)하는 인파와는 극명한 대조를 이루었다.

2001년 5월에는 월드컵 대회의 예행연습으로 컨페더레이션 컵이라는 국제경기가 한국과 일본에서 개최되었다. 대구, 울산, 수원의 월드컵 경기장에서 한국, 프랑스, 브라질, 멕시코, 호주 등 국가간의 경기가 열렸다. 그때도 같은 현상이 나타났는데, 그 정도가 매우 심했다. 한국팀의 경기가 있으면 입장권이 모자랐지만 다른 국가간의 경기는 경기장이 텅 비곤 했다. 예컨대 브라질과 호주간의 3·4위전에는 4만 석이 넘는 구장에 8천 매의 입장권만 팔렸다. 그리하여 공무원에게 입장권을 강매하여 물의가 빚어지고, 초등학생을 무료관중으로 동원하여 자리를 채우기도 했다.

나라 구별 없이 경제가 연화(軟化)되고 있다. 서비스산업의 비중이 커진다는 말이다. 스포츠도 서비스의 일종이다. 그래서 한국을 포함한 각국에서 스포츠를 발전 가능성이 큰 사업으로 꼽고 있다. 그런데 국가대표팀의 승패에만 관심을 보이는 한국 관중의 태도는 스포츠 산업의 발전에 큰 장애가 된다. 당장 국내 프로 스포츠의 발전도 어려워지고, 국제경기의 개최도 어렵게 만든다. 예컨대 "놀고 있는" 서귀포 구장에 아시아 축구대회를 유치할 수도 있으련만, 관중이 들어차지 않는 한 적자대회가 불가피하므로 공상에 그치고 만다.

이중적인 잣대

사람은 신이 아니므로 운동경기의 심판이 잘못 판단하는 경우가 잦다. 그 빈도는 경기의 종류에 따라 큰 차이가 있는데, 축구는 좀 심한 편이다. 2002년 월드컵도 예외는 아니었다.

한국팀의 시합에서도 그랬다. 포르투갈, 이탈리아, 스페인과의 시합에서 잘못된 판정이 상당수 있었고, 우연히도 모두 한국에 유리한 것이었다. 그리하여 음모론도 불거져 나왔다. 음모의 사실 여부를 제쳐둔다면, 누가 보아도 오심이 꽤 많았다. 그 사실은 FIFA의 총재, 펠레, 심지어 히딩크까지 인정했다. 음모가 아닌 이상 오심 자체는 정상적인 것이고 개최국의 이점이기도 하다. 히딩크의 표현을 빌리면, "오심도 축구의 일부인 것"이다. 축구 규칙상 그것이 번복되지는 않지만 오심이라는 사실 자체는 엄연하다.

그 당시 한국의 일부 언론은 오심과 편파 판정의 차이를 구분하여 설명하기도 했다. 한국에 유리한 판정이 오심이었을지언정 편파는 아니었다고 주장하였다. 그런데 심판의 마음을 열지 않고 오심과 편파판정을 어떻게 구별할 수 있다는 말인가?

어쨌든, 한국의 지도층과 언론은 한국에 불리한 것은 "편파 판정," 유리한 것은 "오심"으로 말하는 "편파 판단"의 습관이 있는 듯하다.

88올림픽에서 한국팀은 12개의 금메달을 포함하여 무려 33개의 메달을 땄고, 그리하여 세계 제4위의 성적을 거두었다(〔도표 5-1〕). 거기에 개최국의 이점이 작용하지 않았다고 누가 장담할 것인가? 그 당시 복싱 등의 일부 경기에서 판정시비가 일었고, 독점 중계권을 가졌던 미국 NBC는 그 사실을 세계에 알렸다. 우리는 NBC가 편파 보도를 일삼는다고 비난했고, 급기야 반미감정이 유발되기도 했다.

2002년 2월 미국에서 열린 동계 올림픽의 어느 경기의 판정은 한국인들을 격노하게 만들었다. 호주인 심판이 한국 선수가 안톤 오노라는 미국 선수의 진로를 방해했다며 실격을 선언한 것이다. 그 일이 있자 한국의 지도층과 언론이 연일 나서서 "금메달을 도둑맞았다"고 흥분했다. 전국적으로 반미 감정 기운이 급속히 번졌고, 미국 상품 혹은 미국관련 상품(맥도날드 햄버거)의 불매운동까지 벌어졌다.

2002년 6월에는 월드컵이 한국에서 개최되었다. 그리고 한국과 겨룬 팀들이 불평하였다. "승리를 도둑맞았다"는 것이었다. 그런 불만은 당연히 있을 수 있고, 그에 대해서는 그저 그러려니 하면 될 일이었다. 그런데 한국의 지도층과 언론이 나서서 그런 불평은 억지에 지나지 않는다고 강변했다.

그와 같은 일련의 사태에 견주어 판단하면, 한국의 지도층과 언론,

(a) 한풀이 "오노 세리머니"

자료: Newsweek 2002. 6. 22.

(b) 도지사의 "도둑맞은" 금메달 수여

"솔트레이크 동계올림픽에서 억울하게 금메달을 놓친 선수가
27일 새벽 인천공항에 도착, 경기도지사로부터 경기도에서
제작한 금메달을 받고 있다."(연합뉴스 2002. 2. 27.)

대다수의 시민들은 이중적인 잣대(double standards)를 가지고 있는 듯하다. "남이 하면 불륜, 내가 하면 로맨스"라는 속언(俗諺)에 정확하게 일치하는 행태인 것이다. [보기 7-4]는 특정 신문을 인용한 것이지만, 그것은 모든 언론에 공통된 것이었다.

월드컵 대회에서 한국 사회는 한술 더 떴다. 우선 축구선수들이 미국과의 시합을 앞두고 음모를 꾸몄다. 누구라도 한 골을 넣으면 [도표 7-5] (a)와 같은 특별한 "골 세리머니"를 연기하기로 한 것이다. 동계 올림픽의 쇼트트랙에서 한국선수로부터 금메달을 빼앗아 간 앤튼 오노를 비난하고 편파 판정이 일어나도록 영향력을 행사한 미국에 항의하자는 목적이었다.

저자가 보기엔, 그 일에 관한 한 축구선수들은 철이 없었다. 오심은 어느 경기에서나 있는 일이고, 안톤 오노의 말대로 해당 사건은 "벌써 지난 일"이었다. 무슨 원한이나 있는 것처럼 4개월이나 경과한 시점에서 되새길 필요는 없었다. 그런데 "수십억 명이 지켜본다는" 월드컵 경기에서 그런 모습을 보인 것이다. 한풀이는 될지언정 "국익"에는 도움이 되지 않는다.

그럴 때에 지도층 인사가 할 일은 혈기가 앞서는 젊은이들을 점잖게 나무라는 것이었다. 그러나 한국사회는 정반대였다. 신문의 논설위원까지 나서서 그런 모습이 아름답다고 추켜세울 정도였다. 어느 신문은 "영원히 잊혀지지 않을 것이다"고 덧붙이기도 했다. 하기야 정치지도자를 자처하는 사람이 "도둑맞은 금메달"을 만들어 기어이 해당 선수의 목에 걸어주기까지 했으니, 지도층의 어른 역할을 기대하는 것은 저자만의 아주 특별한 희망인지도 모를 일이다.([도표 7-5] b)

세리머니 장면은 실제로 세계의 대중매체에 보도되었다. 도표의 사진은 미국에서 발행되는 뉴스위크지에서 따온 것이다. 그 장면의 의미를 알아챈 세계인들은 그에 대해서 어떻게 평가할까? 과연 아름답고 기억에 남기고 싶은 것일까? 잘 알 수 없지만 한 가지 분명한 것은, 많은 미국인들이 무척 당혹해 했다는 점이다.

[보기 7-4] **"오심"과 "편파판정"의 사이**
[사설 1] **"도둑맞은 쇼트트랙 금메달"**(J일보 02. 2. 22)

솔트레이크시티 겨울 올림픽이 편파 판정과 오심 시비로 얼룩지고 있다. …

특히 어제 쇼트트랙 남자 1천 5백m 결승전의 어처구니없는 판정은 우리의 분노를 사기에 충분하다. 가장 먼저 골인한 우리나라 김동성 선수를 석연찮은 이유로 실격시키고 2위인 미국 선수에게 금메달을 준 것이다. 金선수가 미국 선수의 앞지르기를 방해했다는 게 심판의 실격 판정 이유다. …

페어 플레이가 사라진 스포츠는 폭력과 마찬가지다. 정정당당하게 최선을 다해 노력하고 결과에 승복하는 자세가 진정한 올림픽 정신이다. 모두들 승패와 메달 색깔에 지나치게 집착한 나머지 스포츠의 본질을 잊은 게 아닌지 새삼 돌아볼 때다.

[사설 2] **"8강 탈락한 이탈리아의 과민반응"**(J일보 02. 6. 21)

한일 월드컵 16강전에서 한국에 패해 탈락한 이탈리아의 반응이 지나치다. 한국에 대한 근거없는 비난과 비방을 마구잡이로 쏟아내고 있다. 특히 축구 관계자뿐만 아니라 정부 고위 관료들까지 이같은 반응을 보이는 것은 유감이다. …

이탈리아는 심판을 탓하기에 앞서 자기 반성부터 해야 한다.

한국을 과소평가했다가 당황한 것은 아닌지도 살펴봐야 한다. 세계 각국의 반응이 이탈리아 주장과 동떨어진다는 점도 유의해야 한다. …

　　한국은 여유를 갖고 승자의 아량을 보일 때다. 스포츠는 스포츠일 뿐이다. 패자의 불평불만에 일희일비 감정적으로 대응하는 것은 옳지 않다. 8강전에서도 한국팀이 다시 한 번 세계가 깜짝 놀라도록 선전해 주기를 기대한다.

흑인도 프랑스 선수

2002년 월드컵 경기를 관람하면서 프랑스 선수 중에 흑인이 여러 명 있는 것을 눈치챈 사람이 많을 것이다. 그것은 소속국가를 결정하는 것은 혈통보다는 국적임을 상징해 주는 일이라 할 것이다. 그런데 우리는 아직도 혈통만으로 내 편, 네 편을 가르고 있다. 혈통을 따지는 현상은 스포츠에서 더욱 뚜렷하게 나타난다. 아마도 선동성(sensationalism)을 추구하는 언론이 스포츠의 인기를 등에 없고자 함인 듯하다.

[보기 5-1]에 등장하는 골프 선수는 미국인이지만, 언론은 그녀를 한국인이라며 시합 때마다 다룬다. 1998년 11월 박세리, 박찬호 선수가 청와대에 초대되었을 때에 펄(Pearl)이라는 골프 선수도 끼어 있었다. 그녀는 생애의 대부분을 미국에서 보낸 사람이었다. "나리"라는 이름을 쓰는 여자 골프선수는 미국에서 태국 성(姓)을 쓰고, 같은 이름의 나이어린 피겨 스케이팅 선수는 완전한 미국인이지만 대중매체는 종종 한국인으로 치부한다. 그 외에도 다수의 한국계 외국 운동선수를 한국인이라면서 그들의 활동을 자세히 소개하는 경우가 많다. 시대상황에 부적합한 태도라 할 것이다.

세계화는 엄연한 현실이고 그것을 거부할 명분도 방법도 없다. 대외개방이 불가피하고, 또 그것은 한국사회를 발전시키는 효과적 방법이다. 이런 여건에 남을 배척하고 안으로만 움츠러드는 것은 무엇에도 도움이 되지 않는다. 정치를 제외하면 국적도 무시되는 것이 현실이다. 그러므로 혈통에 지나치게 집착하는 것은 이제 재고해 보아야 할 일이다.

배타적 애국주의가 스포츠 때문만은 아니다. 그러나 국제 경기대회에서의 성적에 나라의 운명까지 거는 엘리트 체육이 그런 경향을 부채질한 것은 숨길 수 없는 사실이다.

4. 획일성과 몰개성(沒個性)

다양성이 덕목이 되는 현대사회에서 획일성은 사회발전의 장애가 된다. 한국의 체육진흥 정책은 그렇지 않아도 획일주의가 강한 한국인의 사고 구조를 더욱 완강하게 만들었다. 이 절에서는 엘리트 체육이 조장하는 획일주의를 생각해 보기로 한다.

모든 일에는 긍정과 부정 양측면이 있다. 그럼에도 저자가 국제행사의 유치와 엘리트 체육의 부정적 측면만을 부각시키는 이유는 간단하다. 한국의 지도층과 언론이 모두 "한 목소리"로 좋은 점만 강조하는 마당에 저자까지 덩달아 나설 필요는 없기 때문이다. 말하자면 획일주의를 타파하고자 함이다.

획일성을 조장하는 매스컴

오랜 세월에 걸쳐 한국의 정부, 지도층, 언론은 국제행사의 중요성을 강조해 왔고, 국제경기에서의 성적이 국위선양의 지름길이라고 시민들을 설득해 왔다. 그리하여 엘리트 체육의 효과에 관한 한 아주 손쉽게 사회적 합의가 이루어져 왔다. 체육행사에 대한 다른 목소리, 반대하는 목소리가 거의 들리지 않으니 그에 대해서는 "획일주의"라는 이름을 붙일 수밖에 없다.

2002년 월드컵 기간 중에 2천만이 넘는 응원 인파가 같은 옷을 입고 같은 구호를 외쳤다. 그것을 두고 한국 지도층과 언론은 "꽃처럼 아름다운 선홍빛 물결" 등의 수사를 동원하여 칭찬하기에 바빴다. "세계 어느 나라에서도 있을 수 없는 일이 한국에서 일어났다"고 자랑하기도 했다. 그런 만큼 그것은 한국에 독특한 그 무엇, 바로 획일주의의 결과물일 수도 있다. "같은 생각을 가진" 시민이 자발적으로 모이고, 그에 대해 수많은 매체가 "한결같은 목소리"로 칭찬을 한 것이다.

차량 2부제가 상당한 문제점을 안고 있어도 그에 대한 반론은 없었다. "남에게 보이기 위한 질서 유지"로써 선진적 시민의식이 형성되었다고 모두가 믿었다. 안톤 오노에 대한 비판은 정당하고 이탈리아 팀의 불평은 근거가 없는 것으로 모두가 생각했다. 한국팀이 4강에 오르자 세계가 놀랐고 한국은 축구 강국이 되었다고 모두가 동감했다. 거리의 응원으로 세계가 감동하고, 국가 에너지가 분출되었으며, 국민화합이 이루어졌다고 믿었다. 일본의 6개 공중파 TV는 중복 없이 40경기만 중계했지만, 한국의 4개 TV는 각각이 64개 경기 대부분을 중계하고, 재탕, 삼탕 방영했다. 그러면서 광고효과가 극대화될 것이라고 방송국 당국자들은 똑같이 생각했다.

2002년 월드컵이 끝나고 한 달이 채 안 되어 많은 시민들이 당시의 흥분을 잊었을지도 모른다. 그럼에도 지도층과 언론은 그 뒤로도 월드컵의 효과를 끊임없이 강조했고 모두가 한 목소리였다.

깨어나지 못한 군중최면

지도층과 언론의 역할 때문인지, 시민들의 생각도 거의 동일하다. 모두가 같은 목소리를 내면서 매우 기초적인 의문도 가져보지 않는다. 올림픽 메달로 과연 국위선양이 되었는가? 손님 대접을 위해서 차량 2부제 등의 불편을 마냥 감수해야만 되는가? 저력, 일체감, 국민화합 등의 의미가 무엇이며, 그런 것이 나와는 무슨 상관이 있는가?

지극히 한국적 현상에 대해 한 일본 기자가 꼬집는다. "경기장에서 보면 자원봉사자도 붉은 악마 티셔츠를 입고 있는가 하면, 취재 중인 기자들이 벌떡 일어나, '대~한민국'을 외치는 것을 봤는데, 일본에서는 있을 수 없는 일이다."(조선 02. 7. 2) 언론의 주체인 기자가 객관적 시각을 버린다면 그것은 큰 결격 사유이다. 일본인의 지적대로, 자원봉사자는 응원이 아닌 자기 일이 따로 있다. 뿌리깊은 획일적 시민의식이 프로페셔널리즘까지 손상시키는 것이다.

획일주의는 다른 의견을 용납하지 않는다. 월드컵 축구대회를 전후하여 어느 누구도 자유롭게 그것에 대한 비판적 의견을 말하지 못했고, 그런 사람도 극히 드물었다. 혹시 그러려면 "지식인의 삐딱한 시각"이라는 비난을 감수해야 했고, 지극히 신중한 표현을 골라야만 했다. 시합의 결과를 놓고 벌이는 내기에서 한국팀이 지는 쪽에 걸면 "역적 취급"을 받기도 했다.

한국이 이탈리아를 꺾은 직후에 저자는 어느 지방도시의 식당에서 가진 저녁식사 자리에서 [보기7-4]와 같은 이중적 잣대에 대해 비판한 적이 있다. 그러다가 자칫 큰 봉변을 당할 뻔했다. 곁자리에서 저자의 말을 엿들은 젊은이가 벌떡 일어나서 저자에게 다가와서 말했다: "나라를 위해 애쓰는 선수들에 대해서 왜 나쁜 말을 하느냐? 알만한 사람이 그러면 쓰느냐?"는 것이었다. 청년의 일행이 말리지 않았으면 금방이라도 덤벼들 기세였다.

다양성은 사회혁신의 전제조건

한국인들의 획일적 사고가 스포츠에 그친다면 큰 문제가 아닐 수도 있다. 불행히도 일이 그렇게 간단하지 않다. 인간생활의 측면은 칼로 베듯 잘라지지 않는다. 체육의 획일적 사고는, 그것도 한국처럼 "체육의 국가적 의의"가 큰 나라에서는, 이내 문화가 되어 일상생활에 침투한다. 다시 말해, 국제경기를 통해 시민들의 의식 속에 획일주의가 박히는 것이다.

모든 유기체는 이질적 요소의 수용(受容)을 통해서 발전한다. 생물체가 진화해 온 것은 돌연변이의 덕분이다. 조직체가 발전하는 원동력은 혁신이다. 모두가 같고, 모두가 같은 생각을 한다면, 돌연변이나 혁신은 불가능하다. 그러면 발전이 정지된다.

2000년을 전후한 시대를 상징하는 정보화, 세계화 등의 용어는 생활여건의 끝없는 변화를 함축한다. 변화에 적응하고 경쟁자보다 앞서기 위해서 국가, 사회, 기업이라는 조직체는 구성원에게 쉼없는 혁신을 요구해야 한다. 혁신의 출발은 다른 목소리다. 그런데 한국사회는 아직도 획일주의가 판을 친다. 발전에 큰 장애가 도사리고 있다는 말에 다름 아니다.

우리의 유교문화와 그 전통을 이어받은 권위주의는 문화로서의 획일주의를 배양했다. 그리고 엘리트 체육이 그것을 강화했다. 획일주의가 사회발전을 저해한다면, 정부는 지금에라도 과도한 체육진흥을 지양해야 할 것이다. 그래야만 한국이 문화적으로 성숙되고 혁신의 능력을 갖추며, 그래서 무한한 발전 가능성을 갖춘 사회가 될 것이다.

제3부
국위선양의 바른 길

“ 어떻게 하면 한국이 국가경쟁력과 문화수준을 높일 수 있을 것
인가? 간단한 답은 없으며, 짧은 시일에 해결될 일도 결코 아니다.
제3장 제4절에서 월드컵의 기회비용을 여러 가지로 지적한 바 있다.
월드컵을 개최하느라 소홀히 해온 것들, 그것이 바로 나라를 업그레
이드시키기 위해서 우리가 진정으로 해야 할 일들이다. 다시 말해
대형 국제행사 대신에 그런 일들을 해내야 하는 것이다. ”

(본문 293페이지에서)

여러가지 이유가 있지만, 우리는 겉치레에 지나치게 신경을 쓴다. 그것은 결코 좋은 방법이 아니다. 정보화 시대를 굳이 들먹일 필요도 없이, 세상 사람들은 우리를 속속들이 보고 있다. 그렇다면 결론은 간단하다. 외양보다는 내실을 다져야 한다. 그래야만 한국의 이미지도 좋아지고 한국인들이 존경을 받을 수 있다.

이제 세상은 바뀌었다. 체육이 국위선양의 지름길이 될 수는 없다. 차분히 앉아서 나라를 발전시키고, 살기 좋은 사회를 만들기 위해서 각자가 진정으로 무엇을 해야 할지를 생각할 때이다. 제3부는 바로 그것을 위한 자리이다.

제8장에서 안으로 내실을 다지고 밖으로 자긍심을 잃지 않는 것이 국위선양의 바른 길임을 확인해 볼 것이다.

마지막인 제9장에서는 시민이 존중받는 나라, 삶의 질이 높은 사회를 만드는 방안을 모색해 볼 것이다. 그것은 외국인의 부러움과 존경을 받는 길이기도 하다.

제3부에서 논의될 사항은 사실 대한민국의 헌법에 규정되어 있다. 헌법은 "시민의 권리"로 시작되어 "경제"로 끝맺음 한다. 다른 어떤 일보다 앞서서 시민의 기본권이 보장되고 사생활이 보장받는다. 헌법에 체육을 진흥하라는 말은 없어도, 정부에게 "과학기술의 혁신과 정보 및 인력의 개발을 통하여 국민경제의 발전에 노력할" 의무를 지우고 있다.

결국 세상만사에 적용되는 원리인 "기본으로 돌아가는 일," (back to basics) 바로 그것이 국위선양의 지름길이다.

제8장 단단함과 당당함

　국제경기의 성적이 국위를 말하는 것은 아니다. 아셈이나 엑스포 같은 행사를 화려하게 치르는 것이 국력인 것은 아니다. 진짜 국위는 경제력과 문화적 성숙도에서 온다. 그리고 남의 존경을 받자면 스스로 품위를 유지해야 한다. 말하자면, 안으로의 단단함과 밖으로의 당당함이 올바른 접근방식이다. 전자가 국위선양을 위한 필요조건이라면 후자는 충분조건이 된다.

　단단함과 당당함을 갖추려면 시간이 걸린다. 그래도 그것만이 유일한 길이다. 속이 비면 아무리 화려한 겉모습으로도 감출 수가 없다. 단언컨대, 차분히 그리고 착실히 내실을 다져나가는 것만이 국운을 융성하게 하는 길이다.

1. 우리 조상(祖上)들은 체육을 내세우지 않았다

돌이켜 보면, 한민족(韓民族)은 운동 혹은 체육을 기피했다. 그러던 것이 다분히 정치적 이유로 스포츠가 강조된 이후로 사정은 크게 달라졌다. 이 절에서는 엘리트 체육의 의미를 마지막으로 되새겨 보도록 한다.

스포츠는 놀이일 뿐이다

작거나 새로 생긴 나라가 국제 대회에서 상위 입상하는 방법으로 이름을 알릴 수 있음은 분명하다. 많은 사람들이 스포츠에 흥미를 가지는 것이 현실이므로, 어느 선수가 금메달을 따거나 16강에 진출하면 소속 국가의 이름을 한 번쯤 듣게 되기 때문이다. 한국인들은 동경 올림픽에서 비킬라 아베베라는 선수가 마라톤에 우승하자 "에치오피아"라는 국명을 처음으로 들었다. 크로아티아나 세네갈이라는 이름은 월드컵을 통해서 알았다.

그러나 미국, 프랑스, 일본, 중국이 스포츠를 통해서 국가를 홍보할 필요는 없다. 1988년 올림픽은 한국을 알리는 효과가 있었겠지만, 지금은 굳이 그렇게 할 필요가 없다.

더군다나 국가 홍보와 국가 이미지 개선은 별개의 얘기이다. 스포츠 성적과 국력은 더더욱 관계가 없다. 인구 1천7백만의 동독(East Germany)은 올림픽 메달 수에서 1972년 3위, 1976년 2위. 1980년 2위에 올랐다. 반쪽 대회인 1984년 LA에는 불참하였고, 마지막으로 1988년 서울에서도 2위를 기록했다. 그러나 그것으로 끝이었다. 다음 해에 그 나라는 스포츠 성적에서 훨씬 뒤쳐지는 서독에 합병되고 말았다.

요컨대 스포츠는 스포츠일 뿐이다.

어느 대학교수가 말했지만, "월드컵은 스포츠 교류이다. 세네갈이 프랑스를 꺾었지만 그 때문에 세네갈의 국민소득이 두 배로 늘지도 않고, 프랑스의 영토가 반으로 줄지도 않는다."

그렇다고 저자가 체육의 효과를 부인하는 것은 아니다. 아무리 작게 보아도 건전한 신체에 건전한 정신이 깃든다는 것은 분명하다. 다만, 체육행사를 통한 경제적 효과니 국위선양이니 하는 환상은 버려야 한다는 것이다. 체육은 선수만이 아니고 온 국민의 체력향상을 위해 진흥되어야 한다는 점을 분명히 하고자 할 따름이다.

한민족과 스포츠

사회가 자리잡힐수록 무(武)보다는 문(文)의 비중이 커진다. 역사를 돌아보면 늦게 잡아도 조선시대에 와서는 문이 우리 사회의 주류가 되었다.

그런데 조선에서 체육은 어떤 위치에 있었는가? 존재가 전혀 없었다. 양반은 소나기가 와도 달리지 않았다. 뛰는 것이 사실상 금지된 셈이다. 비상시에도 달리지 않으면 어느 때고 뛸 일은 없는 것이다. 스포츠의 싹조차 틔울 여지가 없었다. 어린 도련님들은 어땠는가? 분출하는 에너지가 있다고 해도 제기차기 등이 해볼 수 있는 활동의 전부였다. 활쏘기가 있었다. 저자가 알기로는 무인(武人)이 아닌 선비의 활쏘기는 운동보다는 정신수양이었다.

대한체육회에는 50개 종목의 체육단체가 가맹해 있다. 그 중에 한국에서 기원된 운동이 어떤 것이 있는가? 굳이 따지자면 씨름, 궁도, 태권도 정도가 있다. 그런데 과연 얼마나 많은 조선인들이 그런 일에 관심을 가졌던가? 그런 일들이 조직적으로 시행되면서 대중적 인기를 누린 적이 있었는가? 그것을 운동 혹은 체육이라고 생각이나 했던가? 아마도 그렇지 않았을 것이다.

그리하여 체육은 조선인들에겐 낯설기 그지없었다. 서양식 스포 츠가 막 도입되기 시작한 구한말의 왕실에서 테니스 하는 사람들을 보고 "그렇게 힘든 일은 하인을 시키지 왜 직접 하느냐"고 반문했 다지 않는가?

최면에서 깨어나자

스포츠는 스포츠일 뿐이고, 우리는 전통적으로 운동을 기피해 왔다. 그런데 지금은 어떤가? 체육 성적에 국운을 걸고, 박세리에게 서 잔다르크를 찾으며, 박찬호의 승리에 일희일비하지 않는가([보 기 8-1] 참조)? 재무구조가 좋지 않은 기업이라도 나라를 위해서 운 동 경기단은 유지하고 있지 않은가?

세계를 통틀어 한국처럼 스포츠에 많은 정성을 쏟고 큰 의미를 부여하는 나라는 없을 것이다. 2002년 한일 월드컵에서 한국이 일본 보다 더 나은 점수를 땄다는 것은 무엇을 말하는가? 한국의 경제력 이 일본보다 나은가, 한국의 기술이 나은가, 아니면 한국국민의 소 득수준이 높은가? 그런데 무엇을 위해 일본보다 더 화려하게 대회를 치르자고 노심초사하는가? 어쩌다가 우리가 여기까지 왔는가?

어느 대학교수(신복용)는 말했다. "암울하던 군부독재 시절에 김 일과 홍수환을 보면서 독재나 부패정치를 외면하도록 오랫동안 길 들여져온 탓으로, 이제는 마치 스포츠 없이는 못사는 민족처럼 되었 을 뿐이다."(중앙 02. 6. 11) 어떤 언론인(문창극)은 덧붙인다. "우리가 걱정해야 할 것은 [월드컵 응원]이 비록 애국심으로 포장돼 있다 할

지라도 군중의 획일성과 단일성이 무슨 큰 덕목인 양 강조될 때, 자신도 모르게 막(幕) 뒤에 숨은 세력으로부터 조종되고 이용될 수 있다는 점이다."(중앙 02. 6. 18)

우리가 스포츠에 매달리게 된 연유(緣由)에 대해서는 논란의 소지가 있다고 치자. 결과적으로 그것은 맹목적이었다. 분명한 것은 이제는 우리 모두가 "체력은 국력"이라는 최면에서 깨어날 때가 되었다는 점이다. 어느 저명 축구인(차범근)은 "우리는 붉은 함성으로 도핑(doping)해서" 월드컵 8강에 올랐다고 자랑스레 말한 바 있다(조선 02. 6. 21). 우리는 아마도 도핑 때문에 "체육으로 무엇이든 이룰 수 있다"고 생각하는지도 모를 일이다.

정부는 2002년 월드컵을 준비하면서 남북한 관계가 개선되기를 바랐다. 결과는 정반대였다. 월드컵이 끝난 다음 날에 한국언론은 뉴욕 타임즈가 "축구의 무혈혁명" 등의 표현으로 칭찬했다고 왜곡 보도했다. 바로 그 기사는 이렇게 끝을 맺고 있다.

> 그러나, 스포츠 우의를 정치로 옮기는 것은 쉽지 않을 것이다. 아나나 다를까 월드컵이 끝나자 현실은 현실이 되어 나타났다. 어제 남북한의 해군이 황해에서 충돌하였다. 남한군은 4명 사망, 18명 부상, 1명 실종의 인명 손실을 입었다.(NYT 2002. 6. 30)

꿈을 깨라는 메시지인지도 모른다.

그렇다. 늦었지만 이제라도 우리는 집단최면에서 깨어나야 한다. 그리고 냉철한 판단력을 되찾아야만 한다. 그래야 나라 발전을 위한 진정한 길이 무엇인지 제대로 판별할 수 있다.

[보기 8-1]　**"박세리는 한국의 잔다르크?"**

미국의 골프 전문잡지 골프 다이제스트 3월호에는 박세리에
대한 한국인들의 "위험한 사랑"을 비판하는 킨드레드의 칼럼이
실렸다. …

한국인들은 그녀가 작년에 일궈낸 엄청난 결과에 박수를 보
냈으면서도 그녀의 사소한 슬럼프나 문제점을 끄집어내어 "흥
분"한다는 내용이었다. "왜 67타를 치지 못하고 74타를 쳤느냐?
이유가 뭔가?"라는 식으로 몰아세운다. "박세리는 지난 해 귀국
때 탈진해서 병원에 입원했다. 그런데 병실에 TV 카메라가 들어
가 박세리의 모습을 찍어서 방영했다. 미국에서 마이클 조던이
입원했다면 그럴 수 있겠는가?"

킨드레드는 그녀의 일거수 일투족을 전하기 위해 밤늦은 시각
에도 전화를 걸어대는 한국의 언론도 언급했다. 박세리를 향한
"미친 사랑의 노래"가 끊이지 않는 이유에 대해 그는 "한국적"
이라는 말로 설명했다. 미국인들은 마이클 조던을 선수나 연예인
쯤으로 여기지만, 한국인에게 박세리는 "IMF로 처진 어깨를 올
려주는 잔다르크 같은 존재"라는 설명이다.(조선일보 1999. 2. 19.)

동계 올림픽과 여수 엑스포의 경우

그런데 한국의 정부와 언론은 어떻게 하고 있는가? 6년간 준비한
잔치가 채 끝나기도 전에 새로운 국운융성의 기회를 만들자고 적극
홍보하고 있다.(e.g. 중앙 사설 02. 7. 3) 2010년의 동계 올림픽과 엑스
포(EXPO)가 그것이다. 새롭게 수십조 원의 경제유발 효과를 얻고 다
시금 국가 이미지를 개선하자는 것이다.

우리는 이미 수없이 많은 국제 체육행사를 치른 바 있다. 정부가

"개발도상국에서는 세계 최초"라는 등의 수사를 동원하여 홍보했던 1993년 대전 세계박람회(EXPO)는 1조 4천억 원의 엄청난 부담을 지웠고, 현장은 지금 대전의 골칫거리가 되어 있다. 그런데 또 무엇을 어쩌자는 것인지 저자로서는 답답하기 그지없다.

여수 엑스포에 대한 어느 시민의 항의를 전하면서 독자들의 판단을 구한다. 지금 우리가 어떤 나라, 어느 세기에 살고 있는가?

〔보기 8-2〕 **"엑스포에 목숨건 행정"**

26일, 27일은 엑스포 개최지를 선정하기 위해 실사단이 전남 여수를 방문하는 날이었다. 엑스포를 유치하면 어떤 이점이 있는지는 모르겠으나, 시민들에게 주는 불편과 시청 당국의 과잉환대는 이해하기 어렵다. 예컨대 시청은 26일과 27일은 2부제를 실시하도록 시민들에게 협조를 구했다. 서울과 달리 여수는 교통량이 그리 많지 않다. 또한 대중교통망이 대도시처럼 잘 정비되어 있지도 않다. 이런 상황에서 단지 실사단 몇 사람을 위한 2부제 실시는 탁상행정의 표본이라고 할 수 있다.

또 실사단이 지나는 구간에 시민들을 동원해 환영 팸플릿과 손을 흔들라고 협조를 요청한 것도 지나쳤다고 본다. 물론 여수의 발전을 위해 자발적으로 실사단을 환영하는 시민도 많을 것이다. 그러나, 산업단지의 근로자로서 시(市)로부터 지정받은 구역에서 손을 흔들어 달라는 연락을 받았을 때에는 정말 어처구니가 없었다. 여수시가 엑스포 유치를 위해 노력하는 것은 격려하고 성원할 만한 일이겠지만, 과도한 환영행사나 시민의 불편을 무시한 행정처사 등은 진정한 여수의 모습을 보여준다고 생각하지 않는다.(조선일보 2002. 3. 27: 미니 칼럼)

2. 안의 단단함

국위를 떨치기 위해서는 우선 경제적 경쟁력을 강화하고 문화수준을 제고해야 한다. 그것은 곧 선진국의 요건을 갖추는 일이다. 선진국이 된다면 국가 이미지는 저절로 올라가고 외국인의 존경을 자연스럽게 받게 된다.

2002 월드컵이 끝나고 지도층은 말했다. "월드컵으로 한껏 높아진 국가 이미지를 현실화하자." 손에 잡히는 구체적 결실을 얻자는 것이다. 문제는 방법이다. 어떻게 하여 그 목적을, 구체적 효과를 얻을 것인가? "국가 이미지가 높아졌으니 수출상품의 가격을 올리자"는 따위의 얘기는 한 마디로 헛소리다. 월드컵 행사가 화려했다고 값을 올려줄 외국인은 단연코 없다.

저자가 보기에 방법은 단 한 가지뿐이다. 물건을 팔기 위해서는 상품경쟁력을 높이고, 한국문화를 보급하자면 문화예술 수준을 높여야 한다. 결국 내실을 다지는 길뿐이며, 올림픽 메달이나 축구 성적으로 해결될 일이 아니다.

어떻게 하면 한국이 국가경쟁력과 문화수준을 높일 수 있을 것인가? 간단한 답은 없으며, 짧은 시일에 해결될 일도 결코 아니다. 제3장 제4절에서 월드컵의 기회비용을 여러 가지로 지적한 바 있다. 월드컵을 개최하느라 소홀히 해온 것들, 그것이 바로 나라를 업그레이드시키기 위해서 우리가 진정으로 해야 할 일들이다. 다시 말해, 대형 국제행사 대신에 그런 일들을 해내야 하는 것이다. 아래에서는 정리를 겸하여 2가지만 지적한다.

시장경제 제도의 정착

하나의 사회가 효과적으로 작동하게 하기 위해서는 합목적적인 사회경제질서가 필요하다. 현대사회의 목적이 무엇인지 완전한 합의를 이루었다고 할 수는 없지만, 대체적으로 "경제적 부강"이 으뜸으로 간주된다.

1990년을 전후하여 사회주의 국가가 일제히 붕락(崩落)한 다음에 국가경제를 부강하게 만들 수 있는 유일한 제도는 시장경제임이 밝혀졌다. 그런 점에 비추면 한국의 경쟁력을 확보하는 지름길도 시장경제의 원리를 하루 빨리 정착시키는 일이라고 할 수 있다.

우리는 아직도 시장경제에 익숙하지 않다. 그러므로 시민과 정부가 머리를 맞대고 시장경제 제도를 확립할 필요가 있다. 그 일이 엄청난 시일과 노력을 요구함은 두말할 필요가 없다.

여기서 시장경제 질서가 무엇을 의미하는지 길게 논의할 수는 없다.[1] 핵심적 요소만 소개한다면 3가지를 들 수 있다. 첫째는 자유의지(free will)이다. 개개인에게 스스로의 판단에 따라 행동할 자유를 주는 것이다. 그렇게 되면 대부분의 사람들은 자신의 이익을 극대화하기 위해 노력할 것이다. 자원은 한정되어 있으므로 그것을 두고 수많은 사람들이 치열한 경쟁을 벌일 것이다. 그런 경쟁을 통하여 개인과 사회의 부가 극대화된다. 바로 아담 스미스가 말한 "보이지 않는 손"에 의해서 "경제적 부"라는 개인과 사회의 목표가 달성되는 것이다.

두번째 요소는 공정경쟁(fair competition)이다. 제한된 자원을 두고 경쟁함에 있어서 사술(詐術)이 동원되어서는 안 된다. 현대사회에

---

1) 시장경제의 요건에 대해서는 안영도·박덕제 제4장 참조.

서는 독점도 경쟁을 해치는 요소로 간주되어 배척당한다.

셋째는 사유재산 제도의 확립이다. 경쟁의 바탕은 이기심이고, 그것을 충족시켜 주는 것은 사유재산이다. 만약 개개인이 열심히 일해서 모은 부가 그 사람의 몫이 아니라면 목표가 없어지는 셈이 된다. 경쟁의 의미가 상실되는 것이다. 그러므로 사유재산을 보호하는 것은 시장경제의 기본이 될 수밖에 없다.

1997년 경제위기 이후에 한국에서도 기업감리제도(corporate governance)에 대한 논의가 활발한데, 그것에 대해서 큰 오해가 있는 듯하다. 그것은 기업에 대한 경영권이나 지배권을 말하는 것이 아니다. 소액주주가 경영에 간섭하는 것을 말하는 것도 아니다. 그것은 단순히 기업의 주인인 일반주주의 재산권을 보호해 주는 제도를 가리킬 뿐이다. 즉, "기업경영이 전체 주주(shareholders at large)의 이익과 일치되도록 감시통제하는 제도적 장치"를 통칭한다.

지분이 5%에도 미치지 못하는 최대주주가 무소불위의 경영권을 휘두르면서 개인의 욕구를 충족시키고 개인의 재산을 극대화하는 것은 95% 이상의 지분을 가진 다른 주주들의 재산권을 명백히 침해하는 것이다. 시장경제의 기본정신에 배치된다.

법치(**Rule of Law**)의 확립

법이나 제도가 만들어져 있는 것만으로는 큰 의미가 없다. 그것이 지켜져야만 되는 것이다. 시장경제도 마찬가지다. 그 역시 규칙이 지켜지지 않으면 작동되지 않는다. 그래서 법치(法治)를 시장경제의 제4요소라고 부를 수도 있다. 그만큼 법치는 중요하다. 한국사회의 가장 큰 문제는, 법체계는 복잡하면서 막상 있는 법규는 잘 지켜지지 않는 것이라 할 수 있다.

　한국의 법질서가 문란한 데에는 여러 가지 이유가 있다. 정치 리더십도 문제가 되지만 인정을 앞세우는 전통적 관념도 장애요인이 된다. 어느 것이든 시민과 정부가 머리를 맞대고 앉아서 방안을 찾아내고 실행에 옮겨야 해결될 수 있는 문제들이다. 체육진흥과는 비교할 수 없이 중요하고 시급한 문제들이다.

　미국이 경제력에서 어느 나라보다도 앞서는 것은 법치가 확고하게 뿌리를 내렸기 때문이라고 할 수 있다. 그 나라의 이름 있는 언론인(T. Friedman)은 미국의 법치에 대해서 자신있게 말한다.

> 　미국 자본주의는 타국과 다르다. 최고경영자(CEO)에 의한 사기행위가 다른 나라에는 있지만 미국에는 없기 때문이 아니다. 타국에 있는 분식회계, 뇌물 수수, 부패, 기타 부정행위가 미국에는 없기 때문도 아니다. 그렇다, 다른 모든 자본주의 국가에서 발생하는 온갖 부정행위가 미국에도 똑같이 있다. 자본주의는 태생적으로 탐욕과 불안감을 안고 있기 때문이다.
>
> 　미국을 구분짓는 것은 부정행위를 규제하고, 밝혀내어 처벌하며, 나아가 제도적으로 근절하는 시스템이 다른 어떤 나라보다 뛰어나다는 점이다. 독자 여러분들은 멕시코, 아르헨티나, 러시아, 중국에서 어떤 부정행위가 대중 앞에 명명백백히 밝혀진 것을 본 적이 있는가? 그들 나라는 자본주의의 하드웨어는 갖추고 있다. 그러나 각종 감독기관, 인허가 기관, 사유재산법, 민사법원 등을 감리하는 "부패하지 않은 관료제도(uncorrupted bureaucracy)"라는 소프트웨어가 없다.(NYT 2002, 7. 28.)

소프트 인프라의 강화

우리는 지금까지 전시효과에 중점을 두어 왔다. 국제 체육행사도 그 한 예가 되겠지만, 어떤 사업을 추진할 때는 건물이나 시설의 규모에만 신경을 썼다. 상대적으로 소프트웨어에는 지나치다 싶을 정도로 등한했다.

도로를 개설하고 항만을 건설하는 경우에는 구성요소간의 연계체제, 정보통신 네트워크 등이 잘 갖추어져야만 그런 시설이 제대로 기능한다. 그런데 한국의 모든 자동차 전용도로는 진출로와 진입로가 서로 교차하여 병목현상을 초래하고 있다. 도심지의 차선체계는 자동차 주행의 편의성과는 상관없이 그어져 있어서 혼잡을 부채질한다. 대로(大路)의 중앙분리 화단의 대부분이 교통 흐름의 장애가 되고 있다.

전국 각 도시에 문화예술회관, 문화의 집 등이 들어서고 있다. 그러나 그런 시설을 어떻게 효과적으로 활용할 것인가에 대해서는 상대적으로 관심이 적다. 정부는 도서관도 많이 짓겠다고 한다. 그러나 현존하는 도서관의 장서를 확충하고 이용률을 높이는 것도 그에 못지 않게 중요하다.

정부가 관광진흥에 큰돈을 들인 것은 사실이지만, 그것도 하드웨어에 집중되어 효과가 작다. 관광지에 각종 시설물을 만들고 몇 차례 "한국 방문의 해"라는 행사를 벌였다. 그러나 수준높은 관광객은 겉모습보다는 "숨겨진 얘기"에 관심이 많다. 한국을 방문할 때는 한국의 역사와 지리에도 관심을 가진다. 그런데 한국 관련 외국어 책자를 해외에서 구하기 어렵다. 유럽이나 미국의 서점에 가면 필리핀 혹은 말레이시아의 여행 안내서는 있어도 한국의 것은 없다. 한국에 와서 유적지나 관광지를 가면 안내판의 외국어는 무슨 소린지 알아듣기 힘들다. 관광 대상물의 형체만 보일 뿐 이야기는 들리지 않는 것이다.

하드웨어만 보면 한국은 세계에서 으뜸가는 정보기술 강국이고 인터넷 왕국이다. 그러나 정보기술이나 인터넷의 핵심은 내용물, 소위 "컨텐츠(contents)"이다. 우리는 그 점에서 취약하다. 2002년 월드컵을 통하여 정부는 "정보기술 한국"을 자랑하고자 했다. 그런데 인터넷을 통하여 외국인들이 관광이나 숙박시설에 관한 정보를 얻는 데에는 불편하기 짝이 없었다. 일본은 그 정반대였다. 인터넷 보급률은 한국에 뒤떨어졌지만, 외국인이 시골의 숙박업소에 예약을 할 정도로 편리하게 그 내용물이 준비되어 있었다.

3. 밖으로의 당당함

한국은 지정학적으로 주변국의 눈치를 보아야 하는지 모른다. 역사적으로 그렇게 해온 것이 숨길 수 없는 사실이기도 하다. 따지고 보면, "눈치를 보는 것" 그 자체는 문제가 되지 않는다. 효과적 전략을 수립하기 위해서 "여건을 분석하는 과정"이기 때문이다. 문제는 눈치를 본 다음에 취하는 행동이다.

앞서 지적하기도 했지만, 한국은 대외협상에서 매우 서툴다. 협상기술이 부족할 뿐만 아니라 협상전략조차 없다. 전략이란 원래 "장기적 효과"를 극대화하기 위해서 "전체 국면(局面)"을 두고 결정하는 핵심적 행동지침이다. 2보 전진을 위해 1보 후퇴할 수도 있고, 10개를 얻기 위해 5개를 버릴 수도 있다.

기본적으로 필요한 것은 사태를 정확하게 파악하고 당당하게 행동하는 것이다. 상대의 기를 꺾기 위해 허세를 부릴 수도 있고, 상대가 판단착오를 일으키게 엄살을 부릴 수도 있지만, 그것은 그 다음의 문제이다. 참고로, 엄살과 허풍은 전략이 아니고 전술(戰術)이라 불린다.

한국정부의 대명사가 된 저자세 외교

한국정부는 대외관계에서 지금까지 어떻게 행동해 왔는가? 제4장에서 열거한 바와 같이, 관심이 부족해서 빚어진 낯뜨거운 외교적 실수가 수없이 많았다. 그에 더하여 협상전략이 없어서 게도 구럭도 놓치는 경우가 많았다. 우연히도 그런 일은 월드컵 개최 기간을 전후하여 집중적으로 일어났다.

한국인은 체면을 지키려 실리를 버리는 경향이 있다고 사람들은 말한다. 그런데 외교 혹은 대외협상에서는 둘 다 잃는 일이 자주 일어나는 것이다. 그렇게 되는 이유는 다른 나라의 눈치를 살핀 후 매우 단선적으로 행동하기 때문이다. 어떤 결정에 당장 따라올 강대국의 보복조치가 두려워 미리 굴복하는 것이다. 그리하여 한국의 외교에 대해 "저자세," "굴욕 외교" 등의 수식어가 흔히 사용되는 현실이 되고 말았다.

2002년 6월에 북한의 무력도발이 있어서 24명의 사상자가 났다. 그런데도 정부는 북한에 대해 제대로 항의조차 하지 않았다. 사실 정부는 1998년 초부터 2002년 말까지 내내 북한에 일방적으로 끌려가는 모습을 보였다. 그런 일들이 북한 사회에 어떤 변화를 가져왔는지는 알 수 없지만, 많은 시민들이 독립국가에 대해 가지는 자긍심은 심한 상처를 받았다. 해당 분야의 문외한인 저자로서 속단할 것은 아니지만, 그런 저자세는 "햇볕 정책"이 목적하는 바의 달성에 큰 도움이 되는 것 같지도 않았다.

중국에 대한 정부의 저자세는 비굴하다고 느껴질 때도 많다. 종교계에서 달라이 라마를 초청하고자 몇 년을 노력했지만 정부는 중국의 눈치를 보느라 허락하지 않았다. 2002년 5월에는 한국 해역에서 불법 어로중이던 중국 어부들이 한국 해양경찰관에게 흉기를 휘둘러 6명에게 중경상을 입혔다. "외교분쟁이 생길 것 같아서 중국 선원들에게 발포하지 못했다"는 것이 당국의 설명이었다. 월드컵이 한창 진행중일 때 중국경찰이 한국 총영사관에 진입해서 탈북자를 강제 연행하고, 한국 외교관을 폭행하는 사고가 발생했다. 그런데 정부는 중국과 "상호유감"을 표명하고 사태를 얼버무려 버렸다.

미국이나 일본에 대해서도 저자세 외교는 다를 바 없다. 주한미군의 지위에 관하여 SOFA라 불리는 한미 행정협정이 있다. 미군이 주둔한 지가 50년이 넘었건만 그 협정은 아직도 한국의 주권을 부인하는 요소들로 가득차 있다.

2001년 봄에는 역사 교과서 파동 등으로 일본과의 관계가 나빠졌다. 정부는 여러 가지 보복조치를 취했지만 6개월도 가지 않아 모조리 제자리로 돌리고 말았다. 10월의 한일 정상회담이 그 계기가 되었는데, 막상 한국에 온 일본 총리는 "과거의 역사를 서로 반성하면서" 운운하여 시민의 분통을 터뜨리기도 했다. 한국 외교의 미숙함을 두고 당시의 언론은 아래와 같이 전했다.

정부는 여러 차례에 걸쳐 "역사인식은 한일관계의 근간에 해당하는 문제이므로 일본측의 성의있는 조치가 없는 한 정상회담은 불가능하다"를 되풀이해 왔다. 나아가 "같은 아시아 사람으로서

이런 이웃을 옆에 두고 있다는 것을 가슴아프게 생각한다"거나
"일본은 두고두고 후회하게 될 것"이라는 비(非) 외교적, 단정적
언사까지 서슴지 않아 왔다. 그것도 실무선이 아니고 책임있는 정
상급 인사의 말이었다.

그렇다면 일본의 역사인식이 바뀐 것도 아니고, 상황이 급변한
것도 아닌데 작금의 돌연한 정부정책의 선회를 어떻게 설명할 것
인가? 국민으로선 황당하기까지 한 사태다. 결국 단기대책에서 정
치(精緻)하지 못하고, 장기전망의 시야는 막혀 있다는 방증일 수밖
에 없다. 대일 외교만 이럴 리가 없다. 외교 전반을 둘러보고 국민
에게 걱정을 끼치지 않는 외교 자세를 가다듬어야 할 것이다.(조선
일보 2001. 10. 6. 사설)

국위는 스스로 찾는 것

남의 눈치를 보면서 굽실거리는 사람은 주위의 존경을 받지 못
한다. 모두가 얕잡아볼 따름이다. 그런 일을 막으려면 당장 손해가
있고, 때로는 얻어터질 위험이 있더라도, 자기 목소리를 낼 줄 알아
야 한다. 행동은 품위가 있고 당당해야 한다.

외교도 마찬가지이다. 저자세, 굴욕 외교로써는 국위를 세울 수
없다. 자존심과 자긍심에 바탕을 둔 대외관계를 설정해야만 국가의
위신이 세워지고 국가 이미지가 개선될 수 있다.

중국의 차세대 지도자로 선정된 부주석 호금도(胡錦濤)가 2002년
5월에 미국을 방문한 적이 있다. 그에 대한 미국 정부의 대접은 앞서
워싱턴을 다녀간 싱가포르의 전(前) 수상 이광요(李光耀)에 훨씬 못
미치는 것이었다. 그것을 두고 홍콩의 한 신문은 "이광요의 격이 호
금도보다 높다는 말이냐"고 항의성 주장을 한 적이 있다. 나라의 크

기로 보면 중국과 싱가포르는 비교가 되지 않지만 일이 그렇게 된데에는 그만한 이유가 있었다.

방문중인 국가원수에 대한 워싱턴의 대접은 해당 국가의 위력을 나타내는 한 가지 척도라 할 수 있다. 가장 우대받는 경우는 영국의 수상, 싱가포르의 이광요, 이스라엘의 총리 등이다. 그들은 마음만 먹으면 상하 양원 회의에서 연설할 수 있다. 그런 대접을 받는 이유로는, 영국은 가장 가까운 동맹국, 싱가포르는 이광요의 리더십, 이스라엘은 미국 정치인들에 대한 유태인의 영향력 등을 꼽을 수 있다.

다음 단계는 서유럽 국가와 일본이다. 그것은 국력 혹은 경제력에 기인한다. 그 다음이 아마도 중국 정도일 것이다. 국가의 크기와 경제적 잠재력이 그 이유가 된다.

한국은 어디쯤일까? 그에 대한 판단은 독자들에게 맡긴다.

요컨대, 국위는 스스로 만드는 것이다. 시간을 두고 착실히 세워 나가야 한다. 체육대회를 화려하게 열고, 메달을 딴다고 해서 해결될 문제는 결코 아니다.

4. 열린 마음

경제적 측면에서 세계화는 "국적, 국경, 혈통을 무시하고 효율성 위주로 의사를 결정하는 것"을 의미한다. 문화의 세계화가 반드시 전통을 버리라는 것은 아니지만, 그렇다고 지나치게 한국적인 것만을 고집하는 것은 시대에 뒤떨어진 생각이다. 전통의 바탕 위에 새로운 요소를 끊임없이 받아들여 내용을 풍부하게 할 필요가 있다.

세계화가 대세임이 분명하다면, 우리는 세계를 향하여 마음을 열 필요가 있는 것이다.

더불어 사는 사회

사정이 이러하다면 경제적, 문화적으로 대외개방이 요구된다. 한국적인 것만이 좋은 것은 아니며, 한국적인 것만이 한국인의 몸에 맞는 것은 아니다. 변화를 추구하고 새로운 일을 경험함으로써 더 나은 문화, 더 나은 사회를 가꾸어 나갈 수 있다. 변화가 없으면 혁신이 없고, 혁신이 없다면 국가와 사회의 발전은 정지된다.

그런데 우리는 아직도 그렇게 하지 못하고 있다. 안에서는 신토불이(身土不二)만 외치고 있다. 밖에 나가서도 우리 것만 찾는다. 프랑스의 파리에 가건, 미국의 뉴욕에 가건, 한국 식당을 찾아다니고 아는 사람만 만난다. 무릇 해외여행의 목적은 새로운 사실의 경험이다. 에펠탑이나 자유의 여신상만 보고 돌아올 요량(料量)이면 굳이 파리나 뉴욕에 갈 필요도 없다. 실물과 거의 같은 사진을 손쉽게 구할 수 있기 때문이다. 누군가 외국에 가서도 한국식을 고집하는 여행 습성을 "장갑 끼고 손 씻는다"고 비유하기도 했다. 참으로 어리석은 일이라 아니 할 수 없다.

정치적 국경이 소멸되는 것은 아니지만, 국가간 이민(移民)이 활발하다. 직업을 찾아 외국으로 이주하는 경우도 많다. 다양한 혈통, 다른 피부색의 사람들이 섞여 살면서 하나의 사회를 구성하고 있다. 그런 다양함이 사회발전의 원동력이 된다. 실제로 미국 사회가 발전하는 동인을 세계 각지로부터의 이민을 받아들인 사실이라고 주장하는 사람도 있다(e.g. Friedman). 그 나라의 학교나 기업체는 다양성을 덕목으로 삼아 일부러 다양한 혈통의 구성원을 받아들인다(e.g.

Bowen). 미국의 경우와 마찬가지로 혈통, 인종에 대한 편견을 없애는 것이 한국의 발전에 보탬이 된다.

피부의 색깔이 어떻든, 출생국이 어디이든, 다 같은 사람이다. 그러므로 사람을 차별할 이유가 없다. 서로 의지하고 도울 의무가 있는 가족과 친지를 제쳐둔다면, 이웃에 사는 사람이 한국인이든 흑인이든 백인이든 다를 바가 없고, 굳이 구분할 이유도 없다.

그런데 우리는 아직 그렇게 하지 못하고 있다. 국적과는 상관없이 혈통만으로 나와 남을 가리고 있다. 내편에 대해서는 한없이 관대하고, 남에 대해서는 심하게 배척한다. 매우 쉽사리 이중적 잣대를 적용한다. 특히, 후진국의 사람들은 함부로 얕보고 때로는 비인격적으로 대한다.

21세기에 와서 세계는 분명히 바뀌었다. 한국사회, 우리의 마음을 활짝 열고 무엇이든 선입견 없이 받아들일 준비를 해야 한다. 그것이 한국의 발전을 촉진하는 길이다. 그렇게 하는 것은 성숙함의 표시이며, 자신감의 발로(發露)이기도 하다.

문화시민의 긍지

우리가 대접을 받으려면 남을 존중할 줄도 알아야 한다. 남의 사정도 생각해 주어야 하고, 남의 문화도 소중함을 인정해야 한다. 어디를 가나 기초질서와 기본예절은 지켜야 한다. 그 장소에서는 그 나라의 법규를 지켜야 함은 두말할 필요가 없다.

그런데 우리는 아직 그렇게 하지 못하고 있다. 해외여행을 가면 주위는 아랑곳하지 않고 한국에서 하던 대로 행동한다. 사실 우리의 생활 습성에는 상당한 문제가 있다. 질서를 잘 지키지 않고 남에게 피해 주기를 예삿일로 생각한다. 한국에서는 모두가 그러니 문제가 안 될 수도 있지만, 외국 사람들은 눈살을 찌푸린다. 외국으로 이주한 사람도 한국에서의 버릇을 버리지 못하여 물의를 빚기도 한다. 바다 물고기를 남획하거나 정력에 좋다는 동물을 밀렵하는 등의 일이 흔히 일어난다. 내기 골프, 야외 음주와 소란, 음주운전 등도 한국인에 대한 이미지를 구기고 있다.

[보기 8-3]은 한국인들이 월드컵을 성공적으로 개최하고 한국인의 질서의식을 세계에 자랑했다는 자부심에 부풀어 있을 때에 목격된 일이다. 이런 행동으로는 한국인들은 결코 세계인의 존경을 받을 수 없다. 국제행사의 성대한 개최보다는 이런 볼썽사나운 모습을 버리는 데 먼저 관심을 가져야 할 것이다.

[보기 8-3] **"해외여행 언행(言行) 조심을"**

얼마 전에 동남아시아의 여러 나라를 여행하는 동안에 각 나라의 호텔에 투숙하였다. 호텔에는 서로의 이름을 큰 소리로 부르며 뛰어다니는 아이들, 그것을 보며 말리지 않는 부모, 뭐가 그렇게 급한지 엘리베이터에서 사람이 다 내리지 않았는데도 마구 비집고 들어서는 사람들이 있었다. 그들의 옷에는 "BE THE REDS"라는 글씨가 버젓이 새겨져 있었다.

그들은 심지어 다 같이 아침을 먹는 호텔 식당에서 멸치조림과 김치를 꺼내 놓고 식사를 하기도 했다. 그때 옆 테이블에 있던 타국 여행객들의 표정이 눈에 들어왔다. 굉장히 불쾌해 하다가 자리를 옮기는 이들을 보며 내 자신이 너무 창피해 얼굴이 붉어지는 것을 느낄 수 있었다.

타국인과 잠시나마 만나는 곳에서 우리가 알게 모르게 하는 말과 행동 하나 하나가 우리 나라의 얼굴이 된다. 더구나 올해

우리는 성공적인 월드컵 개최로 세계의 이목을 집중시키지 않
았던가. 해외여행 때 내가 하는 행동과 말이 대한민국 전체의 얼
굴이 된다고 생각하고 예의바른 모습을 보여줬으면 좋겠다.(조
선일보 2002. 7. 17. 독자투고)

제9장 시민이 주인인 사회

이 책의 궁극적 목표는 효과적인 국위선양 방안을 찾는 것이다. 그런데 그 지름길이자 유일한 방법은 "살기 좋은 나라를 만드는 일"이다. 그 목표를 달성하는 효과적 전략 중의 하나가 "시민이 주인인 사회"를 건설하는 것이다.

기업경영에서 1990년대 이후는 "고객 지향의 시대"가 되었는데, 이것은 국가경영에도 그대로 적용된다. 개별 기업이 경영성과를 올리기 위해서는 소비자의 취향에 맞추어 상품을 생산하고 서비스를 공급해야 한다. 마찬가지로, 개별 정부가 행정성과를 올리기 위해서는 시민과 기업의 편익을 최우선하여 행정서비스를 제공해야 한다. 그래야만 시민과 기업의 활동이 왕성해져서 국가가 발전하는 것이다. 시민과 기업의 활동에는 경제와 문화가 모두 포함된다.

나아가 시민은 나라의 주인이다. 시민을 위해서 국가가 형성되고 정부가 만들어진 것이지 결코 그 반대가 아니다. 그러므로 선진국에서는 어떤 정책을 입안할 때 시민의 편의와 편익을 소홀하게 취급하는 법이 없다. 자유로운 활동이 보장되고, 모든 권리는 보호를 받는다. 그런 뜻에서 시민의 권리가 보장되는 정도가 바로 선진사회의 척도(barometer)가 된다.

그런데 한국은 어떤가? 시민이 주인인 사회라고 말하기는 어려울 것이다. 국제행사를 화려하게 치르고 외국인을 접대하기 위해서 예사로 시민을 속박하고 활동을 제한하는 나라이기 때문이다. 그런 나라에서 경제가 부강하고 선진사회의 기틀이 잡힐 것으로 기대하기는 어렵다. 그런 점에서도 우리는 다시 생각해 보아야 한다.

1. 우선할 것은 시민편익

이 절에서는 시민 중심의 사회가 어떤 모습을 보여야 할지 간략하게 짚어보기로 한다.

자유로운 활동의 보장

사회 과목에 웬만큼 신경을 쓰면서 학교를 다닌 사람이라면 미국의 독립투사 패트릭 헨리(P. Henry)가 1774년에 "자유가 아니면 죽음을 달라"고 연설한 사실을 기억할 것이다. 그가 말했듯이, 인간에게 자유는 더없이 소중하다. 수십만에서 수백만의 병사가 목숨을 잃으면서 전쟁에 참여하는 것도 따지고 보면 자유를 지키기 위해서다. 인간에게 자유는 그만큼 중요하다.

새삼스런 얘기지만, 대한민국 헌법이 보장하는 자유에는 여러 종류가 있다. 그 중에는 언론의 자유, 이전(移轉)의 자유(liberty of movement) 등도 포함된다. 우리나라에 언론 자유가 보장돼 있는지 어떤지는 모르지만, 적어도 이에 대한 논란은 활발하게 일고 있다. 그런데 이전의 자유, 쉽게 말해서 행동의 자유에 대해서는 한국사회는 대체로 무관심하다.

앞에서 자동차 2부제의 문제점에 대해 지적했다. 사실상 유일한 이동수단인 자가소유 차량의 운행을 정지당하면 행동에 제약을 받고, 때에 따라서는 생계에 큰 위협을 받을 수도 있다. 그것은 일반 시민의 행동에 대한 심각한 기속(羈束)인바, 위헌의 소지가 다분하다. 시민이 주인인 사회에서는 있을 수 없는 일이다.

차량 2부제는 88 올림픽 때에 처음 도입되었다. 그 이후로 그 제도는 시도 때도 없이, 때로는 연습삼아 시행되기도 했다. 동아시아 경기대회, 컨페더레이션 컵 등 잘 알지도 못하는 행사를 위해 채택된 적도 있다. [보기 8-2] 처럼, "엑스포 실사단" 몇 사람을 위해서 실시된 일도 있었다.

나라의 주인도, 행사의 주인도 시민이다. 그런데도 행사를 위한다는 핑계로 시민을 불편하게 하는 일은 계속 일어난다. 그것을 두고 이의를 제기하는 지도층이나 언론도 없다. 우리는 아직도 자유의 중요성에 대한 확실한 인식이 없고, 그만큼 의식수준은 후진적이다.

주변에서 흔히 볼 수 있고 그 숫자가 점점 늘어가는 과속 단속용 무인 카메라도 상당한 문제가 있는 시스템이다. 교통사고의 위험이 없으면 과속을 금지할 이유가 없다. 설사 약간의 위험이 있다고 해도 어느 정도의 주행속도는 인정해야 한다. 왜냐하면, 인간은 질주(疾走)의 욕망을 가지고 있기 때문이다. 음주운전 단속의 경우도 동일하다. 사고의 위험이 없으면 음주운전을 금지할 이유가 없다. 약간의 위험이 있다고 해도 어느 정도의 음주는 인정해야 한다. 왜냐하면, 인간은 음주의 욕구가 있기 때문이다.

요컨대, "자유와 안전" 사이에는 일정한 균형이 필요하다. 그러나 한국에서는 어떤 희생을 치르고라도 과속 혹은 음주 운전은 "근절(根絕)"되어야 하는 것으로 잘못 인식되고 있다. 그리하여 사고의 방지가 아니라 과속 혹은 음주에 대한 단속 자체가 목적이 되고 말았다. 다시 생각해 볼 일이다. 〔보기 9-2〕는 어느 지방신문에 실렸던 저자의 글로서 단속 지상주의의 문제점을 따져 본 것이다.

여기서 한 가지 분명히 해 둘 것은, 과속 운전과는 달리 주차 위반, 쓰레기 함부로 버리기 등의 행위는 철저히 단속되어야 한다는 점이다. 앞의 것이 "타인에 대한 잠재적 피해"와 "자유"를 비교하는 것이라면, 뒤의 것은 "현존하는 피해"에 관한 것이며, "자유"와 큰 관련이 있는 것도 아니다.

〔보기 9-1〕 **자유와 안전의 균형**

"인간이 가장 먼저 누리고 싶은 것 중의 하나는 얽매이지 않고 안전하게 이전(移轉)하는 자유이다. … 민주주의 체제에서는 자유와 안전 사이의 일정한 균형이 언제나 유지된다." 이것은 미국 교통부장관이 2001년 9월 11일의 테러 발생에 대응하여 교통을 통제한 다음 시민들에게 양해를 구하고자 한 말이다.

그날 이후 미국의 각계에서 자유와 안전에 대한 격론이 벌어졌지만, 새로운 조치사항은 많지 않았다. 미 의회가 채택한 것 중의 하나는 공항의 안전감시 담당자를 민간인에서 연방 공무원으로 바꾼 것이었다. 특이하게도 백악관은 정부 규모가 확대된다면서 그런 입법에 반대 입장을 취했다. "국민 등록증 카드"

를 도입하자는 제안도 있었지만, 부시 대통령은 사생활 보호를 이유로 일언지하에 거절했다. 미국의 여론은 "수천 명이 목숨을 잃은 사실도 중요하지만, 수백만 시민의 자유도 소홀히 다룰 수 없다"고 보는 것이다.

보도에 따르면, 머지 않아 울산시 관내의 과속운전 단속 카메라가 30대에서 88대로 증설될 모양이다. 그럴 때에 당국에서 흔히 내세우는 이유는 과속운전이 줄지 않고 있다는 것이다. 혹자는 음주 혹은 과속 운전은 제삼자에게 피해를 주기 때문에 어떤 일이 있어도 근절해야 한다고 말한다. 그러나 단속만이 능사는 아니다. 모든 일에는 절제가 있어야 하며, 미국 교통장관의 말처럼, 자유와 안전 사이에는 균형이 취해져야 한다. 이제 과잉단속이 초래하는 문제점을 짚어보자.

첫째, 무인 카메라는 운전자의 자유를 필요 이상으로 침해한다. 같은 도로라도 붐비는 시간과 한가할 때의 사정에는 큰 차이가 있다. 한낮에 시속 70km로 주행하면 위험해도 새벽에는 문제가 안 될 수도 있다. 사람만이 그런 상황 판단을 한다. 막아야 하는 것은 사고이지 과속운전 그 자체가 아닌데도 기계는 무차별적으로 인간의 자유를 억압한다. 휑 뚫린 길을 60km 이하로 달려야 하는 것은 보통의 운전자에게는 고통이다.

둘째, 제한속도의 설정이 자의적이다. 기계가 그토록 엄정하게 재단하는 기준인 제한속도는 법규에 의해 기계적으로 결정된다. 과학적 검정이 있는 것도 아니고 현장의 특수상황이 참작되는 것도 아니다. 그러다 보니 같은 길을 달리면서 속도 제한이 100에서 80으로, 60으로, 70으로 바뀌기도 한다. 불합리한 잣대에 따라 제재를 당하는 사람에게는 불만이 생긴다.

셋째, 사생활을 침해한다. 감시 카메라를 발견하면 인간의 존엄성이 상처받는 듯하고, 사진촬영이라도 당하면 기분이 나쁘다.

넷째, 단속의 사고방지 효과가 확실하지 않다. 주행속도와 사고의 연관성에 대해서는 학자들도 확실한 결론을 내리지 못하고 있다. 분명한 것은, 과속보다는 곡예운전이 사고를 초래하는 더 큰 요인이라는 점이다. 아울러 카메라가 있는 지점에서 앞선 차량이 갑자기 속도를 줄여서 뒤따르던 운전자가 당황할 때가 많고 그것이 사고를 초래할 위험도 있다.

다섯째, 설사 사고방지에 효과가 있다고 하더라도 투자의 우선순위가 바뀌었다. 한 대에 1억 원씩이나 하는 무인 카메라를 설치하기보다는 도로의 구조나 신호체계를 개선하고 가로를 정비하는 일이 효과적일 수도 있다.

무릇 정부가 하는 일에는 엄정한 비용·편익 분석이 앞서야 한다. 과속으로 인한 인명사고는 막아야 하지만, 과잉단속에 따른 희생도 감안해야 한다. 과속운전으로 무고한 사람이 피해를 입을 수 있지만, 인간생활에는 어차피 어느 정도의 위험이 따른다. 지하주점의 화재로 말미암은 인명사고가 수시로 발생하는 것이 현실이기도 하다.

교통사고의 방지만이 중요하다면 그 해법은 실로 간단하다. 자동차 혹은 차도를 아예 없애면 되는 것이다. 그렇지 않는 한 100m에 한 대씩 무인 카메라를 설치해도 사고는 계속될 것이다. 왜냐하면, 거침없이 달려보는 것은 기본적 자유에 속하고, 인간은 끊임없이 자유를 추구하기 때문이다. 참고로, 이전의 자유, 사생활 보호 및 존엄성 유지는 헌법에 보장된 국민의 기본적 권리이다.(경상일보 2002. 4. 29.)

인권이 존중되는 사회

한국의 인권이 신장되었다고 대통령이 노벨상을 받기는 했지만, 일상생활에서 시민의 인권이 무시되는 일을 목격하기는 어렵지 않다.

[보기 9-1]과 같은 감시 카메라라는 정도의 차이일 뿐 다른 나라에도 있는 일이라 치자.(사실은 이 점에서도 한국과 선진국은 큰 차이가 있다.) 어느 선진국에서도 있을 수 없는 불심검문이 한국에서는 수시로 이루어진다. 탈영병이라도 생기면 교통체증을 유발하는 도로 차단이 어김없이 일어난다. 음주 단속은 대로를 막아 놓고 음주측정기를 들이대는 인격모독적 방법으로 시행된다. 차량 2부제는 간혹 "자율적"으로 실행되기도 한다. 그런데도 시민을 믿지 못하여 "2부제 미준수 차량 단속"이라는 간판을 도로 가운데 세워 놓고 일일이 점검한다.

"경찰관 직무집행법" 제1조는 경찰관리의 권한 남용을 금지하고 있고, 동법 제3조와 "도로교통법" 제41조 등의 관련 규정에는, "상당한 의심"이 가는 사람만 제지하여 확인할 수 있다고 되어 있다. 그러므로 무차별적 단속과 검문은 엄연히 불법이다. 저자는 어떤 경로를 통한 결정, 무슨 의도로 그런 불법행위가 계속되고 있는지는 모른다. 그러나 공권력에 의한 인권침해가 공공연히 상시로 이루어지는 나라는 결코 선진국이 될 수 없다는 것은 알고 있다. 그런 일은 시급히 불식되어야 한다.

저자는 불심검문이나 음주단속에 고분고분 응하지 않는다. 민주시민, 자유시민으로서 그럴 의무가 없기 때문이다. 언젠가 음주단속

현장에서 의경(義警)에게 "무슨 근거로 나를 의심하느냐"고 따진 적이 있다. 그랬더니, "술을 많이 마시고도 얼굴이 붉어지지 않고 운전을 똑바로 하는 사람이 많기 때문에 기계로 측정해야 할 필요가 있다"는 대답이 돌아왔다. 아마도 그것이 경찰 당국의 속내이리라. 사고의 가능성보다는 음주 자체를 문제삼는 것이다.

버려야 할 권위주의

유교문화의 탓인지 한국사회 곳곳에는 권위주의적 질서가 뿌리박혀 있다. 자유로운 사고, 다양한 의견이 사회발전의 원동력이 되는 현대에서 권위주의는 상당한 문제를 내포한다.

사적 영역의 권위주의는 정부가 관여할 사항이 아니며, 단시일에 고치기 어려운, 차라리 문화적인 이슈이다. 그러나 공적 영역의 경우는 전혀 다르다. 권위주의가 사회발전을 저해해서는 안 된다. 그것이 시민의 자유, 시민의 인권을 침해하는 일은 더더욱 없어야 한다. 공적 영역의 권위주의는 제도에 관한 문제이며, 정치 지도자의 노력에 따라서는 비교적 짧은 시일에 고쳐질 수 있다. 민주시민은 정부에 대해 권위주의를 불식하도록 요구할 권리가 있다.

공적 권위주의는 크게 2가지 형태가 있다. 하나는 시민 대 관청의 관계이고, 둘은 공조직 내의 상하관계이다. 이 2가지 모두가 문제가 된다.

시민에 대한 관청의 권위주의는 시민을 불편하게 한다. 행사장에 시민을 동원하는 일, 고위 관료를 위해서 교통을 통제하는 일 등이 주위에서 흔히 볼 수 있는 것이다. 어느 나라 없이 관청은 위계질서가 엄격하다. 한국은 그 정도가 민주주의 국가 중에서는 유례가 없을 정도로 강하다. 중앙정부 조직에서 대통령이 가지는 공식 권한과

비공식 권위를 생각해 보면 금방 알 수 있다. 권위주의는 관청 업무의 효과성과 효율성을 크게 떨어뜨린다.

저자는 직업상의 이유로 간혹 관청에 출입한다. 그때마다 비위에 거슬리는 것이 2가지 있다. 사실상 지킬 것을 강요하는 "자율 10부제"와 고위관료의 "재석(在席) 표시등"이 그것이다.

차량 10부제는 관청만이 실시하는 제도이다. 일반 시민들은 그 사실을 잘 알지도 못한다. 모르고 찾아갔다가 관청 앞에서 출입을 거부당하는 시민으로서는 불쾌할 따름이다.

예컨대 어느 시청에 가면 시장, 부시장, 국장 등이 자리에 있다는 표시등이 어김없이 마련되어 있다. 공무원들에게 물어보면 결재를 받기 위해서 꼭 필요하다는 것이다. 그것이 사실이라면 제도적으로 큰 문제가 있다. 상급자의 결재를 받아야 할 일이 많다는 의미이며, 그것은 행정의 효율성을 떨어뜨린다. 만약에 상급자가 있을 때에 행동을 조심하라는 취지라면, 그것은 권위주의의 전형이다. 어느 쪽이든 공무원들은 시민보다는 윗사람에 대해 신경을 더욱 많이 쓴다는 뜻이 된다. 결코 바람직하지 않다.

탈피해야 할 전시행정

우리는 형식과 외양을 지나치게 중시한다. 전시행정도 그런 경향의 발현(發現)이라 할 수 있다. 전시행정은 정치 지도자 혹은 관청이 꼭 필요하지 않은 일을 과시용으로 추진하는 것을 말한다. 그 과정에서 국가 자원이 비효율적으로 사용되고, 덧붙여 시민의 불편이 따른다. 전시행정이 결코 시민을 위한 일은 아닌 것이다. 이제는 불식되어야 할 일이다.

전시행정의 사례는 하도 많아서 일일이 열거할 수도 없다. 국제

체육행사도 다분히 전시적이다. 정치적 목적으로 추진되는 경우가 많기 때문이다. 근래 한국 정부가 기획한 일 중에서는 〔보기 9-2〕에 자세히 설명한 "2000년 아셈회의"가 그 압권(壓卷)이라 할 것이다.

2002년 월드컵이 한창 진행 중일 때 여러 신문은 "'오존 월드컵' 누구의 책임인가?" 등의 제목으로 환경 관리가 잘못되고 있음을 지적한 바 있다. 그렇잖아도 환경부는 "휘발성 유기물질의 발산을 감소시키기 위해 인쇄, 도장(塗裝) 등의 조업"을 줄이는 시민불편 조치를 취한 다음이었다. 그런데 대한민국의 정부와 언론은 어찌 그리 자국 시민의 건강은 뒷전에 두고 월드컵만 걱정할 수 있는지 이해하기 어려운 노릇이다. 평소의 오존은 괜찮지만 월드컵 기간에는 안 된다니, 이 무슨 해괴한 논리인가?

〔보기 9-2〕　　**누구를 위한, 무엇을 위한 아셈 회의인가?**

"아시아 유럽 정상회의(ASEM)"라는 것이 있다. 그것은 25개 국의 대통령 혹은 수상이 2년에 한 번, 한 자리에 모여서 2일간 친목을 도모하는 회합이다. 그 3차 회의가 2000년 서울에서 개최될 예정이었다.

그 회의는 회원국의 성격이 워낙 다양하고 이해관계가 아주 달라서 당초에 아무것도 기대할 수 없었고, 기왕의 회의에서 얻은 소득도 없었다. 한 외교 전문가(이장춘)는 서울 행사 직전에 "아셈 피곤증"을 운위하면서, 그 모임으로부터 "실질적으로 큰 뉴스가 나올 게 없다"고 말하기도 했다(중앙. 00. 10. 14). 저자가 보기에는 회원국의 관심이 점차 줄어들어 머지않아 회의 자체가 없어질 가능성도 크다.

아셈회의는 이처럼 알 만한 사람은 다 아는 "별볼일 없는" 행사이다(참조: 이대훈). 그런데도 한국 정부는 무슨 대단한 기회를 맞은 듯이 3~4년이나 앞둔 시점부터 거창하게 홍보하고 성대하게 준비했다.

그 촌극의 출발은 아셈 회의를 대비하여 무역협회가 서울 삼성동의 비싼 땅에 아셈회관과 호텔을 지은 일인데, 공식통계로 1조 2천억 원이나 투입되는 거대한 사업이었다. 무역진흥을 빌미로 회원사에서 수입부담금을 징수해온 무역협회가 하필이면 부동산 사업을 벌이는지 도무지 이해가 안 되는 일이었다(안영도: p. 322).

부동산 사업은 그렇다 치고, 단 25명이 참석하는 단 2일간의 회의를 위해 온통 수입자재로 뒤덮인 호화스럽고 어마어마한 건물을 신축할 이유는 무엇인가? 건물 내부의 회의장에는 개당 1백만 원이 나간다는 의자, 개당 4억 원 짜리 프로젝터 등 공개하기조차 거북한 호화판 수입집기로 채워졌다.

회의가 개최되는 10월이 되자마자, 정부는 예의 그 "시민 괴롭히기"를 시작했다. 질서를 잡는다고 갑자기 교통단속을 강화했고, 서울시내 곳곳의 도로를 한꺼번에 덧씌우는 작업을 하여 교통혼잡을 유발하였다. 행사를 2일이나 앞둔 시점부터 차량 2부제를 실시하고, 지방 차량의 서울 진입을 금지하였다. 행사장 주변에는 일반 차량의 통행을 막고 약 3만 명의 경찰을 배치하여 "사상 최대의 경호작전"을 펼쳤다. 시민들은 불편을 감수할 수밖에 없었고, 경찰은 밤잠조차 못자고 시달렸다.

행사기간 중에는 한낮 도심지의 뻥 뚫린 도로와 건물 바닥에 무리지어 잠자는 전경들을 담은 사진이 대중매체에 보도되곤 했다((도표 9-1)). 그런 장면을 보고 저자는 "한국의 소시민들은

〔도표 9-1〕 시민을 희생시키는 아셈회의

"뻥 뚫린 도로"

승용차 짝홀수 운행제가 실시된 20
일 서울 시민들의 적극적인 참여로 시
내 고가도로가 한산한 모습이다.

자료: 중앙일보 2000. 10. 21.

"아셈 경비에 전경들 녹초"

21일 아셈 경비에 지친 전경들이 아
셈회의장 내의 에스컬레이터 밑에서 잠
을 자고 있다.

자료: 조선일보 2000. 10. 22.

자기 나라에서도 왜 저렇게 천덕꾸러기 신세일까"하는 생각에
혼자 서글퍼졌다.

그와 같은 화려한 시설, 극진한 접대 덕분에 한국의 이미지가
개선되었을까? 확실히 알 수는 없지만, 기대했던 것과는 정반대
로 "동방의 이상한 나라"가 되었을 가능성도 없지 않다. 각국의
정상, 특히 합리성을 존중하는 유럽 분들은 이렇게 중얼거렸을
지 모른다. "원 세상에! 2일간의 회의를 위해 이렇게 엄청난 투
자를 하고, 또 그것을 공개적으로 자랑까지 하다니. 더구나 엊그
제 국가부도 위기를 맞아 IMF 구제금융을 받은 나라가…. 어떻
게 OECD 회원국인 나라가 저토록 손쉽게 시민의 자유를 속박
하고 그들의 편의를 무시할 수 있을까?"

마지막으로 잔치의 후유증을 생각할 차례이다. 무턱대고 지

은 대규모 회의장(convention center)의 사후 운영에서 적자가 초래되지 않으면 오히려 이상할 것이다. 아니나 다를까, 무역협회는 그 거대한 시설의 일부를 상가로 임대하여 손실을 보전하자고 나섰다. 그리하여 아셈회관과 호텔의 지하층은 젊은이들이 모이는 레저와 쇼핑의 중심지가 되었다. 밀려드는 차량 때문에 그 일대는 "교통혼잡 특별관리구역"으로 지정될 운명을 맞았다.

자, 그렇다면 아셈회의는 과연 무엇을 위한 것이었던가? 무역협회는 무엇을 하는 조직인가?

2. 선택권이 있는 사회

자유라는 것은 어떻게 보면 선택권이다. 마음대로 할 수 있다는 것은 원하는 것을 고른다는 것과 같은 경우가 많기 때문이다. 그런데 한국사회에서는 시민들의 선택권이 박탈되는 일이 의외로 자주 일어난다. 고쳐져야 할 일이다.

4개의 공중파 TV 방송이 같은 시간대에 동일한 내용을 방송하는 일이 잦아서 끊임없이 비판을 받지만, 고쳐지지 않는다. 시민들에겐 TV를 보느냐 마느냐의 선택만이 강요된다. 참고로, 저자는 아예 보지 않는 쪽을 택했다. 그래도 KBS 시청료는 "징수당하고" 있다.

한국의 국민연금은 사회보장 제도와 노후대비 저축이 두루뭉수리로 뒤섞여 있다. 사회보장이라면 몰라도 저축은 강제될 이유가 없다. "막대한 투자손실"과 "방만한 운영"으로 국민연금 관리공단이 불신을 받고 있지만, 시민들은 선택의 여지 없이 저축금을 공단에 맡길 수밖에 없다.

한국의 많은 아파트에는 관리실과 연결된 방송장치가 있다. 그것은 자연재해 등 비상시에 한해서 사용되어야 한다. 그런데 "마이크 보면 폼잡고 싶은" 까닭인지, 하루에도 몇 차례씩 방송이 들린다. 가정은 사생활의 마지막 보루이다. 어떤 외부의 방해도 용납될 수 없는 장소이다. 그런데 거기에다 대고 수시 방송이라니! 관리실에 항의하면, "다른 사람들은 아무 말 안 하는데 왜 당신만 그러느냐"는 식의 대답이 돌아온다. 무차별 방송이 싫은 사람은 저자가 했던 것처럼 연결선을 아예 잘라버릴 수밖에 없다.

일간지에 간혹 "버스 안의 라디오 틀기"에 대한 논란이 등장한다. 다수결로 결정하자는 의견도 있다. 그러나 그것은 잘못된 생각이다. 승객 전원이 합의하지 않는 이상 방송을 해서는 안 된다. 방송은 무차별이기 때문에 단 한 사람이 싫어한다 해도 그 사람의 권리를 보호해 주어야 마땅하다. 차비를 내고 탄 승객더러 "싫으면 내리라"고 강요할 수는 더더욱 없다. 소음이 엄격하게 통제되어야 하는 것은 행상이나 시위대의 경우에도 동일하다. 그것이 바로 선택권이며, 시민 개개인에게 헌법이 보장하는 권리이다.

월드컵이 끝난 직후에 보도된 바에 따르면, "서울 지하철에서 TV 모니터 방송이 시험적으로 실시되고 빠른 시일 안에 전면 실시될" 모양이다. 그렇게 된다면 소음을 싫어하는 사람은 버스도, 지하철도 탈 수 없게 되었으니 어찌하라는 말인지. 참으로 한심한 일이 아닐 수 없다.

선진국에서 무차별 방송으로 소음 공해를 일으키는 일은 결코 없다. 조용함은 쾌적한 환경의 출발점이고, 그것은 현대인 모두가 한결같이 추구하는 것이다. 다음의 보기는 어느 연극인(정경순)이 경험한 것으로, 선진국과 한국의 사이에는 엄청난 차이가 있음을 나타내고 있다.

〔보기 9-3〕 **"소음이 전혀 없는 런던 공원"**

런던에서 공부하던 때의 일이다. 지하철로 통학하던 나는 어느 날 파업 때문에 학교까지 걸어가야 했다. 처음엔 먼 거리를 걸어야 할 생각에 짜증부터 났지만, 막상 하이드 파크를 가로질러 걷게 되면서 점점 마음이 가벼워지기 시작했다.

도시 한 가운데에 이렇게 조용하고 아름다운 곳이 있다니…. 나는 놀라움을 금할 길이 없었고, 그후 그곳은 나의 아지트가 되었다. 연극대본을 외우기도 하고, 사색에 잠기기도 하면서, 인생을 다시 정리하고 설계해 보는 기회를 얻었다.

지금도 그때의 습관이 남아서인지 나는 가끔 주변에 있는 공원을 찾는다. 하지만 스피커를 통해 흘러나오는 시끄러운 음악 소리로 나의 사색은 금세 산산조각이 나고 만다. 현대인들에게 마음의 여유를 느낄 수 있는 공간은 연극에서 대사와 대사 사이의 "숨쉬기"처럼 꼭 필요한 곳이다. 우리의 현실은 어떤가? 오랜만에 가족들과 놀러간 관광지 정문에선 새 소리, 물 소리 대신에 소음에 가까운 흘러간 트롯가요가 먼저 우리를 맞는다. 고속버스, 택시, 유람선 안에서는 귀를 울리는 노래 소리가 무슨 관례처럼 우리를 잡고 흔든다. … (조선일보 2002. 6. 7.)

3. 성숙한 시민의식

한국이 선진사회가 되려면 정부가 해 주는 것만으로는 부족하다. 시민 스스로 성숙한 의식을 가져야 한다.

가정에서 출발하는 "삶의 질"

근래에 "삶의 질"이란 말이 유행어가 되고 있다. 그것은 일상생활에서의 자유로움, 즐거움, 편안함, 안온함에서 얻을 수 있다.

생활의 즐거움과 편안함은 어디에서 오는가? 사람마다 다르겠지만 평범한 사람들은 가족과 함께 있을 때 그것을 얻는다. 서양인의 일반적 생활양식이 그렇고, 한국의 신세대 젊은이들의 사고 또한 그러하다.

서양 사람들은 퇴근 후 혹은 주말의 시간은 당연히 가족과 함께 보내는 것으로 되어 있다. 젊어서 성공하여 조기 은퇴하는 사람의 변(辯)은 거의 언제나 "가족과 더 많은 시간을 보내기 위해서"이다 ([보기 9-4]).

미국의 부통령 재임 당시 앨 고어(A. Gore)는 "교통이 막혀서 자녀와의 약속시간에 늦지 않는 것에서 양질(良質)의 삶이 시작된다"는 요지의 말을 하기도 했다(WSJ 99. 3. 9). 그들이 가정생활을 중요시하는 것은 그것이 가장 편안하기 때문이다. 가족과 함께 있는 것이 좋은 것은 우리라고 해서 다를 리가 없다.

가족 중심의 생활은 건전하다. 세계를 통틀어 한국처럼 음주, 향락, 퇴폐 문화가 발달한 나라는 드물다. 어디를 가나 술집, 사우나, 모텔이 즐비하다. 그것은 직장인들이 퇴근 후에 집으로 가지 않고 남성끼리 모여서 시간을 보내는 생활양식에서 기인된 바 크다. 술 마시고 노래하면 흥이 나겠지만, 가족과 보내는 시간도 그에 못지 않게 즐거우며, 훨씬 건전하다.

가족 중심의 생활은 문화수준을 높인다. 가족이 한 자리에 모여서 시간을 보낸다면 음악, 미술, 영화, 연극, 경기 등을 관람하는 것이 안성맞춤이다. 가족이 공동으로 직접 그런 활동을 할 수도 있다. 가족이 각지를 여행하며 자연과 역사를 배울 수도 있다.

소득수준이 높아지고 생활의 다양함을 추구하게 된 21세기에 와서 한국의 남성들은 퇴근 후의 한잔, 스트레스를 풀기 위한 향락 등의 구시대적 패러다임을 버릴 필요가 있다. "아빠, 엄마, 딸과 아들이 함께 하는 생활"을 통하여 건강한 일상, 건전한 가정문화가 조성되고 윤택한 삶이 이루어진다는 점을 자각할 필요가 있다.

[보기 9-4] **"양키즈의 브로셔스 은퇴 결정"**

"(뉴욕 양키즈 야구단의 3루수인) 스콧 브로셔스는 양키즈에서 뛰었던 지난 4년 동안 줄곧 오리건 주에 있는 그의 가정이 그를 끌어당기고 있음을 느껴왔었다. 그런 느낌은 (뉴욕에 테러가 있었던) 9월 11일 오후 절정에 달했다. 9살배기 딸 앨리슨이 전화를 걸어와 온 가족이 함께 지냈으면 하는 강한 희망을 말했고, 그 말을 들은 브로셔스는 가족과 멀리 떨어져 있음에 대해 죄책감을 느꼈다.

불과 35살의 나이에 은퇴하기로 한 브로셔스의 결정은 그가 아직도 건강하고 기량이 뛰어나다는 점에 비추어 보면 충격적이다. 그러나 브로셔스가 3자녀의 아버지이고 일년 내내 집에 머물러도 괜찮을 정도로 부유한 점을 고려하면, 그의 결정은 충분히 이해될 만하다. … "(NYT 2001. 11. 27.)

이웃에 대한 배려

가족 중심의 생활이 서양식 개인주의를 배양한다는 우려가 있을 수도 있다. 그것이 공동선(共同善)을 중시하는 유교적 전통과 어긋날 수도 있다. 그러나 굳이 기피할 필요는 없다. 인간이 추구하는 지고의 가치가 바로 자유라면, 공동체를 위해 개인의 생활을 희생하라는 것은 지나친 요구일 수도 있다.

서양식 개인주의는 분명한 장점이 있다. 남에게 도움을 주려고 하지 않지만 남에게 피해를 주는 일도 결코 없다. 절제된 개인주의인 것이다. 그에 비해 동양식 집단주의는 집단을 위해서 개인을 희생하기는 하지만, 왕왕 내집단(內集團)과 외집단(外集團)에 이중적 잣대를 들이댄다. 내집단의 이익을 위해 외부인에게 피해를 주는 것이다. 가까운 예를 들자면, 부모가 자기 자식을 위해서는 온갖 희생을 다하지만, 내 자식을 위해서 남의 자녀에게 피해를 주는 일도 예사로 한다.

이중적 잣대는 집단이기주의로도 나타난다. 정부의 각 부처가 경쟁적으로 기구를 확장하고 권한을 늘이는 것이 여기에 해당한다. 소위 님비(NIMBY) 현상도 그런 인식의 발로이다. 농민들은 소득을 보장하고 부채를 탕감하라면서 고속도로를 점유하기도 한다. 집단이기주의가 빚어내는 사회적 갈등은 매우 심각한 한국적 문제의 하나이다.

모두가 이중적 잣대를 적용하여 나의 이익만 챙기고 남에게 피해를 준다면 그 사회는 발전이 불가능하다. 다툼과 싸움만 있을 것이기 때문이다. 그런 점에서도 우리는 서양식 개인주의를 배울 필요가 있는 것이다. 남도 나와 같음을 인정하여, 내가 싫은 일은 남에게 강요하지 말아야 한다. 그리고 이것은 서양식 개인주의 사상의 핵심 원리이기도 하지만, 이는 본래 유교문화의 핵심 사상이었던 것이다. 공자 사상의 핵심은 인(仁)인데, 그 인의 실천 방법은 곧 "나에게 싫은 일은 남에게 하지 말라"(己所不欲, 勿施於人)는 것임을 명심할 필요가 있다.

기초질서의 유지

구성원 각자가 남과 이웃을 나와 같이 생각하여 배려한다면 기초질서는 자연히 유지된다. 보행질서, 운행질서, 주차질서가 지켜져서 모두가 덕을 보게 된다. 깨끗한 환경, 쾌적한 분위기가 조성된다. 그로써 "삶의 질"은 자연히 향상된다.

현재의 한국사회는 질서가 없는 것으로, 한국인들은 예절이 부족한 것으로 악명이 높다. 한국에 살아본 경험이 있는 사람들은 한결같이 무질서에 놀란다. 한 일본인은 말한다. "서울의 백화점에 가 본 외국인은 한국인들이 사람을 뒤에서 밀치거나 부딪치고도 아무렇지도 않게 돌진해 가는 것에 우선 경악한다. 한국 사회에는 전통적 예의도 현대적 매너도 없다." 한 프랑스 사람은 덧붙인다. "한국인들은 '내가 먼저'라는 것 외에는 어떤 규칙도 따르지 않는다. 더없이 무례하고 이기적이다. 서울에서 걸어다니려고 하는 사람은 외계인처럼 생각된다."(조선 99. 12. 1) 이 모두가 이웃에 대한 배려가 없기 때문에 발생하는 일들이다.

질서가 없는 사회는 그 자체로 선진국이 될 수 없는 결격 요건이다. 모두가 불편해짐은 두말할 필요가 없다. 시민 모두가 자각하여 기본질서를 시급히 확립해야 할 것이다.

우리는 걸핏하면 "전통문화"를 운위하는데, 수천년간 유교 문화권에 속해 있었다는 우리가 유교문화의 기초질서 개념인, "내게 싫은 일은 남에게 하지 않고, 자기가 서고자 하는 곳에 남도 서게 한다(己所不欲, 勿施於人; 己欲立而立人)"는 행위 원칙에 대해 어찌 이리도 무지할 수 있는지 그저 놀라울 따름이다. 이러고도 우리가 5천년의 역사와 전통을 가진 문화민족이라고 자부할 수 있겠는가?

자주의식

정부의 역할에 대해서도 한국인들은 왕왕 이중성을 드러낸다. 모든 일을 정부가 해주기를 바라는 한편으로, 정부의 간섭이 많다고 불평한다. 눈덮인 길이 위험하다는 경고를 무시하고 차를 몰고 가다가 사고라도 생기면 정부를 탓한다. 집 앞에 쌓인 눈을 스스로 치우지 않으면서 비용을 부담하기는 거부한다. 대다수 기업체는 어려울 때마다 정부의 지원을 기대한다. 그러면서 정부의 규제가 심하다고 불평한다.

개인이나 기업이 필요한 일을 스스로 하지 않으면 정부가 나설 수밖에 없다. 그런데 어떤 일이건 정부가 하면 비효율이 따르고 부작용이 발생한다. 결코 바람직한 일이라 할 수 없다.

각자가 자주적으로 일을 해결하면 "공공부문의 비효율"이라는 낭비 요소가 감소하고, 공공규제가 줄어든다. 그것이 바로 국가경제의 활성화를 위한 가장 기본적 처방이다. 자주정신은 문화시민의 자세이기도 하다.

자주의식은 나아가 사회의 기본질서를 스스로 수립하는 방향으로 발전할 수도 있다. 스스로 질서를 지킴은 물론 남의 잘못을 지적하여 고치게 하는 것이다. 우리는 어쩐 일인지 남의 잘못을 못본체 하는 경우가 많다. 결코 바람직하지 않은 일이다. 서양 각국의 시민들은 그런 점에서도 확실하다. 남의 잘못을 현장에서 지적하기도 하고, 경찰에 고발하기도 한다([보기 9-5]). 질서파괴 행위가 일어나지 않도록 서로가 서로를 감시하는 것이다. 그것이 선진시민의 자세인 것이다.

[보기 9-5] "무심코 버린 노끈, 우편함에 되돌아와 있어"

"프랑크푸르트에 거주하는 상사 주재원 김모(40)씨는 어느 날 아침 출근길에 이상야릇한 "사건"을 경험했다. 세든 집이 일종의 연립주택인지라, 집 앞 도로변에 가구별로 지정 주차석이 마련돼 있는데, 이 주차석에 세워둔 김씨 차의 백미러에 노끈 한 개가 걸려 있는 것을 발견한 것이다. 책 같은 것을 묶는 데 쓰이는 헌 노끈으로, 전날 옆 주차석에 세워둔 옆집 차에서 떨어진 물건으로 보였다. 그래서 김씨는 무심결에 노끈을 주차장 바닥에 그냥 던져버렸다.

이튿날, 출근길에 평소 습관대로 우편함을 열어보던 김씨는 또 한 번 깜짝 놀랐다. 어제 버렸던 노끈이 그 안에 들어 있었던 것이다. "아니, 누가 이런 짓을? 우리 집 우편함에 정확히 넣어 놓은 것을 보면 내가 노끈을 버렸다는 것을 알고 있다는 얘긴데…." 곰곰 생각해 보니, 바로 옆집에 사는 집주인 로일 할머니의 행동임에 틀림이 없었다. …"(조선일보 1997. 9. 29.)

올바른 절충과 타협

인간사회에서 절충과 타협은 양면성을 가지고 있다. 때로는 절대적으로 필요하지만, 경우에 따라서는 철저히 배제되어야 한다. 사회를 조화롭게 발전시키자면 그 때를 잘 구분해야 한다. 결론부터 말하자면, 이해관계는 절충과 타협이 불가피하나, 원칙은 절대로 절충의 대상이 되어서는 안 된다. 그런데 한국에서는 절충과 타협이 정반대의 방향으로 나타나는 수가 많다.

이해(利害)는 대립되는 것이 보통이므로 절충이 없으면 해결되지 않는다. 예를 들어 화장장(火葬場)은 어느 지역의 주민이건 양보하지 않으면 건립될 수 없다. 그런데 그 "혐오시설"을 설치할 장소를 찾지 못해서 전국 각지에서 소란이 일고 있다. 모두가 그런 식이면 해법은 한 가지뿐이다. 망자(亡者)를 각자 자기 집 안마당에 묻는 것이다.

어느 도시나 마찬가지지만, 인천의 지하철은 마을버스와 구분되지 않는다. 시민 각자가 자기 마을로 선로가 지나가고, 가까운 지점에 역을 만들라고 우겼기 때문이다.

반면에, 세상을 살아가는 기본 원칙과 기초적 사회질서에는 대립의 개념이 없으므로 절충 없이 엄수되어야 마땅하다. 원칙이 허물어지면 질서가 붕괴되게 마련이기 때문이다. 그런데 우리는 이 부분에서는 너무나 관대하다. 언뜻 보면 손해보는 사람이 없는 것처럼 여겨지기 때문이다.

우리는 눈앞의 편의에 따라 원칙을 수시로 바꾼다. 수많은 스포츠 종목들 중에서 유독 축구만 16위를 해도 선수들은 병역면제를 받는다. 우리는 "좋은 게 좋다"면서 범죄자를 쉽게 용서해 준다. 탈법과 위규를 저지르고 신용이 불량한 사람들을 몇 달에 한 번씩 대규모로 풀어 준다. 남이 질서를 파괴해도 쉽게 눈감아 준다. 술 취한 사람이 난동을 부려도, 양식없는 사람이 길가에 오줌을 누어도 모른척할 뿐이다.

이제는 그러한 사고와 태도를 바꾸어야 한다. 원칙과 질서는 언제나 지켜야 한다. 원칙과 질서가 없는 사회는 발전할 수가 없다. 원칙과 질서가 없다는 것은 그 자체가 후진국의 징표이기도 하다. 선진사회를 건설하기 위해서 우리는 이웃에도 마음을 열어야 한다. 이해가 상충될 때에는 양보할 줄 알아야 한다. 이웃의 잘못된 행동을 꼬집고, 내 잘못을 지적받았을 때에는 겸허하게 수용할 줄도 알아야 한다.

4. 평화상 대통령은 다시는 없어야

한 사회가 문화적으로 성숙하는 데에는 정치지도자의 역할이 매우 중요하다. 그런데 한국의 근대사를 통틀어 시민을 주인 대접한 지도자는 없었다. 모두가 "제왕적 대통령"이었다. 한국인들의 불행인지 아니면 자업자득(自業自得)인지 모를 일이다.

인권 증진의 공로로 노벨 평화상을 받은 대통령이라고 해서 특별히 다르지 않았다. 오히려 한국사회를 문화적으로 후퇴하게 만든 측면도 있었다.

모든 결정을 스스로

권위주의적 통치라고 하면 제3공화국을 떠올리지만, 그래도 당시의 정치지도자는 자신의 한계를 알아서 참모의 말에 귀를 기울일 줄 알았다. 그러나 평화상 대통령은 능력 면에서 누구도 신뢰하지 않았고, 참모의 말은 잘 듣지 않는 것으로 알려졌다. 부하에게서 바라는 것은 맹목적 충성뿐이었다.

그리하여 대통령은 크고 작은 국사를 독단으로 결정하였다. 이 책의 주제와 관련해서 지적하자면, 16강 병역면제와 임시공휴일 지정이 그에 해당한다(도표 6-2]). 즉흥적이고 권위주의적인 결정이었다.

16강 병역면제는 다른 분야, 다른 종목과의 형평성 문제로 병무청에서 처음부터 불가(不可)하다는 결론을 내려놓고 있었다. 그랬던 것이 대통령의 말 한 마디에 방침이 바뀌었다. 정부는 초고속으로 병역법 시행령을 고쳐서 2002년 대회에 출전한 선수들에게 혜택을 주었다. 16강이 결정된 것은 6월 14일이고, 시행령개정안이 공포된 것이 6월 25일이니, 일종의 소급 적용이었다.

[도표 9-2] 무소불위의 대통령

자료: 조선일보 2002. 6. 27.

과학기술 인력이 부족한 점이 국가발전의 심각한 장애가 되고 있다. 과학 영재에게도 병역면제의 혜택을 주어야 한다는 주장이 심심치 않게 대두되고, 6월에는 산업자원부에서 이공계 석·박사에 대한 병역특례를 확대하자는 안을 제시하기도 했다. 병무청은 6월 13일자로 이공계 병역 "특혜"는 징병원칙에 맞지 않는다는 입장을 분명하게 밝혔다. 그럼에도 불구하고 불과 이틀 뒤인 6월 15일자로 축구선수에 대한 병역 "면제"만 확정된 것이다.

축구에 한해서 16위에 대한 병역면제가 결정되자 태릉선수촌에서 훈련을 받던 타종목 선수들이 허탈감에 빠져 볼멘소리를 내었다. "아시아 대회 은메달이나 올림픽 4위 입상이 월드컵 축구 16강보다 못한 성적으로 취급받는 것은 참을 수 없다(각 일간지 02. 7. 5)." "축구 16위 병역면제"를 위한 병역법 시행령을 개정하면서, 그 취지로 제시된 "국민화합"에 크게 어그러지는 결과가 초래되고 말았다.

권위주의 대통령은 1998년 말, 불과 한 달을 앞두고 신정(新正) 연휴를 이틀에서 하루로 줄였다. 월드컵이 끝날 때에는 불과 1주일을 앞두고 7월 1일을 임시공휴일로 만들었다. 현대생활에서 공휴일이 가지는 의미는 매우 크다. 그것이 갑자기 취소되거나 지정되면 시민의 생활에는 대 혼란이 일어난다. 시민의 불편은 대통령의 안중에도 없었던 것이다.

2002년 7월의 임시 공휴일은 기업계가 반대했고 명분도 약했다. 그러던 것이 대통령의 뜻에 따라 단숨에 결정되었다. 그날에는 전국의 250여 개 광역 및 기초 자치단체장의 취임식이 예정되어 있었다. 높은 사람의 취임식이니 행세 깨나 하는 사람들은 모두 초청되었다. 그 행사가 일제히 취소됨으로써 지도층 인사들의 스케줄이 모두 바뀌었고, 그 여파는 당연히 전국민에게 미쳤다. 활동이 미미한 저자

도 2개의 공식 회의와 1개의 사적 모임을 연기할 수밖에 없었으니,
온 국민이 겪은 혼란과 불편은 이루 다 말할 수 없었으리라.

축구선수들의 발끝에 달린 국운

평화상 대통령은 한국팀의 월드컵 축구 성적을 지나치게 강조하
였고, 결과적으로 청소년들에게 엄청난 가치관의 혼돈을 초래하였
다([도표7-3] 참조).

2002년 월드컵을 앞두고 대통령은 "월드컵의 성공적 개최에 국
운이 달렸다"고 기회 있을 때마다 언급하였다. 급기야 2002년 6월
22일 한국팀이 4위를 확보하자 공개석상에서 "단군 이래 가장 기쁜
날"이라고 서슴없이 말했다. 그 말을 하면서 눈물까지 비쳤던 것을
보면 단순한 정치적 수사가 아니고 진심인 듯이 보였다. 깊이 생각
해 볼 필요도 없이 그것은 지극히 부적절한 말이다.

그 사실이 외국에 알려지지 않았다면 그나마 다행이었을 것이다.
불행히도 세계의 주요 외신에 그대로 보도되었다. 저자가 확인한 것
만 해도 미국의 〈LA 타임즈〉와 영국의 〈파이넨셜 타임즈〉가 있다.
아래에 앞의 신문에서 관련 부분을 원문대로 전재한다. 그것을 본
외국인들이 어떻게 생각할지는 독자의 판단에 맡긴다.

> "Kim, the nation's president, proclaimed Saturday's triumph as
> the best thing to happen to Korea in 5,000 years. "This is the
> happiest day since 'Dangun' and now a new path to national
> prosperity has been opened." said Kim referring to the monarch,
> Dangun, who founded Korea 50 centuries ago.
>
> It might have gone badly wrong for Hiddink's team, however,

if Spain had taken better advantage of the scoring chances it created or had better luck with the officiating."(LAT 2002. 6. 22.)

인용문 중의 2번째 문단을 옮기면 이렇다. "그러나 아차 했으면 일이 완전히 꼬일 뻔했다. 스페인 팀이 스스로 만들었던 득점기회를 보다 잘 활용했거나 심판 판정과 관련해서 운이 더 좋았더라면 얘기는 달라졌을 것이다." 저자가 보기엔 〈LA 타임즈〉의 관전평은 비교적 객관적이다. 한국팀이 운도 좋았고, 오심도 있었다.

더구나 한국팀은 4강이 확정된 스페인과의 경기를 이긴 것도 아니었다. 말하자면 "페널티 킥 승부"라는 추첨에 의한 것이었다. 그 추첨을 이긴 것은 홍명보라는 선수의 골차기 덕분이었다.

그런 사실들을 종합해 보자. 한 때의 운, 그리고 축구선수의 발끝에 따라 한국의 국운이 결정되고 국민의 희로애락이 엇갈렸다는 것이다. 그러나, 일은 분명히 그렇지 않다. 단연코 그럴 수는 없다.

대통령은 서해에서 북한과의 도발로 수많은 사상자가 났고, 당해 상황이 진행 중임에도 불구하고 일본으로 축구 구경을 갔다. 그런 사실도 세계 각국에 알려졌다. 아래에 AP 통신의 전갈에서 관련 부분을 옮긴다.

"South Korean President Kim Dae-jung arrived in Japan Sunday, determined to attend the closing ceremony of the World Cup soccer final, despite a naval battle that boosted tensions on the divided Korean peninsula the day before."(AP 2002. 6. 20.)

그 기사를 읽는 외국인들의 느낌이 어떨지도 독자들의 상상에 맡긴다.

노벨 평화상

외국에는 노벨 평화상을 마뜩찮게 생각하는 지식인들이 더러 있다. 석연치 않은 이유로, 정치적 고려에 의해 수상자가 결정되는 일이 많기 때문이다. 베트남 휴전협정과 관련하여 키신저와 레둑토가 선정된 것(1973), 일본 수상 사토가 수상한 것(1974) 등을 두고 특히 논란이 많았다.

1992년 수상자인 과테말라의 멘추의 경우는 선정 이유가 되었던 수기(手記)가 조작되었다고 해서 물의를 빚기도 했다. 1994년에는 팔레스타인 수반 아라파트와 이스라엘 수상 라빈이 선정된 것으로 알려졌으나, 나중에 이스라엘 국방장관 페레스가 추가되었다.

2000년에 한국인으로서는 처음으로 노벨상 수상자가 탄생했다. 대통령이 평화상을 받은 것이다. "한국과 동아시아의 민주주의와 인권 증진, 특히 북한과의 평화와 화해에 기여한 공로"가 인정된 것이다.

그 소식이 알려지자 온 국민들이 기뻐했다. 적어도 사회지도층 인사들과 언론들은 분명히 그랬다. 한 신문의 사설은 이렇게 말한다. "이번 노벨상 결정으로 국제사회에서의 김 대통령과 한국의 위상은 분명 높아졌다. 그러나 우리에게는 그에 걸맞은 한국의 모습을 내정, 외교 등 모든 부문에서 보여나가지 않으면 안 된다는 책임과 의무가 동시에 부과된 셈이다."(00. 10. 14)

그러나 일이 그렇게 단순한 것은 아니다. 수상자 본인에겐 더 없는 영광이다. 그러나 그것으로 한국의 위상이 높아졌는가? 아닐 수도 있다.

선정 이유의 표현이 앞에 인용된 것처럼 다소 애매하여 주된 이유가 어느 것인지 가늠하기 어려운데, 일단 대북 관계의 개선이라고 치자. 그렇다면 키신저와 레둑토의 경우처럼 선정위원회가 성급했다. 그 뒤에 진행된 일들이 선정의 명분을 정당화시켜 주지 않았기 때문이다.

수상의 주된 이유가 인권신장이라면, 그것으로 한국의 위상이 올라갔다고 말하기는 어렵다. 한국은 1996년에 이미 OECD에 가입하여 선진국임을 자임(自任)해 온 나라이다. 그런데 이제 와서 새삼 인권신장이라니. 그렇다면 OECD 가입 후에도 여전히 한국은 인권 탄압국이었다는 말이 아닌가?

역대 노벨상 수상자의 면면을 볼 때, 그들의 공적은 크게 2가지로 분류될 수 있다. 국제평화에 대한 기여와 자국 문제의 해결이 그것이다. 그런데 뒤의 경우는 한결같이 후진국의 인물이다. 수상자 본인을 제쳐둔다면, 해당 국가로서는 그렇게 기분좋은 일이 아니다. 테레사 수녀(인도), 바웬사(폴란드), 투투 주교와 만델라(남아프리카), 달라이 라마(티베트), 아웅산 수키(미얀마), 멘추(과테말라) 등이 그에 해당한다. 평화상 수상 덕분에 소속 국가의 위상이 올라갔는가? 저자로서는 판단이 서지 않는다.

한국인들은 노벨상에 목말라 하고 있다. 다른 분야의 수상은 온 나라가 기뻐해도 괜찮은 일이다. 한국의 학문이 발달했다는 증거이니까 아무런 이의 없이 국가위상이 올랐다고 볼 수 있다. 그러나 평화상은 다르다. 국내 문제로 평화상을 받는 것을 바랄 이유는 없다. 그런 사람이 나오기 위해서는 한국이 정치 혹은 사회 측면에서 후진국으로 돌아가야 하기 때문이다.

단 한 가지 바람직한 경우가 있다면, 그것은 남북통일이 이루어지는 것이다. 그런데 거기에도 단서가 있다. 통일 그 자체를 지상목표로 추구해서는 안 된다는 점이다. 나라의 체면을 희생하고 막대한 비용을 부담하면서 이룬 통일이라면 안 하니만 못할 수도 있다. 국가가 지향하는 것은 절대다수 국민의 행복이지 "한민족(韓民族)의 무조건적 결합"이나, "이산가족들의 원풀이"는 아니다. 뒤집어 말한다면, 대다수 국민이 불행해지는 통일이라면 차라리 하지 않는 것이 낫다.

저자는 연전(年前)에 『국가경쟁력 향상의 길』이라는 책을 출간한 바 있다. 그 책에서, 나라가 발전하기 위해서는 우리 모두에게 발상의 전환(paradigm shift)이 필요하다고 주장하였다. 지금까지 의심 없이 가져왔던 생각, 전통이라면서 아무 생각 없이 따랐던 관습 중에는 현대사회에 부적절한 것이 많은바, 그것을 바꾸어야 한다는 내용이었다.

"체육을 통한 국위선양"도 분명히 잘못된 패러다임들 중의 하나이다.

부록1　　2002년 월드컵 축구대회 지원법

제1장 총칙

제1조 (목적) 이 법은 2002년에 대한민국과 일본국이 공동으로 개최하는 2002년월드컵축구대회(이하 "월드컵대회"라 한다)의 준비와 운영을 위하여 설립된 2002년월드컵축구대회조직위원회(이하 "조직위원회"라 한다)의 월드컵대회 개최 및 이와 관련된 사업을 지원하여 월드컵대회를 성공적으로 개최함으로써 국민체육을 진흥하고 국위선양과 국가발전에 이바지함을 목적으로 한다.

제2조 (정의) 이 법에서 "월드컵대회 관련시설"이라 함은 다음 각호의 1에 해당하는 월드컵대회 관련 기반시설 또는 설비로서 대통령령이 정하는 시설을 말한다.

1. 경기장시설
2. 전기·정보통신시설
3. 방송보도시설
4. 도로 및 숙박시설
5. 선수훈련·양성시설
6. 기타 월드컵대회의 개최·운영에 필요한 시설

제2장 조직위원회

제3조 (법1인격 및 국가 등의 지원) ①조직위원회는 재단법인으로 한다.

②조직위원회는 그 원활한 운영과 활동을 위하여 국가·지방자치단체·정부투자기관·법인·단체 등으로부터 행정적·재정적인 협조 및 지원과 기타 필요한 편의를 제공받을 수 있다.

③국가는 조직위원회의 설치·운영과 월드컵대회의 준비·운영에 필요한 사업을 지원하기 위하여 조직위원회에 보조금을 교부할 수 있다.

제4조 (기금의 설치 등) ①조직위원회의 설치·운영에 필요한 자금과 월드컵대회의 준비·운영에 필요한 비용에 충당하기 위하여 조직위원회에 월드컵대회기금(이하 "기금"이라 한다)을 설치한다.

②제1항의 기금은 다음 각호의 재원으로 조성한다.

1. 기부금품모집규제법 등 관계법령의 규정에 의한 기부금
2. 제6조의 규정에 의한 차입금
3. 제8조 내지 제12조의 규정에 의한 수익금
4. 기금운용으로 생기는 수익금
5. 기타 수입금

③제1항의 규정에 의한 기금의 운용 및 관리에 관하여 필요한 사항은 대통령령으로 정한다.

제5조 (국·공유재산의 대부 등) ①국가 또는 지방자치단체는 조직위원회의 지원을 위하여 필요한 때에는 국·공유재산을 그 용도에 지장을 주지 아니하는 범위 안에서 무상으로 대부하거나 사용·수익하게 하며 사무용품 기타 물품을 양여 또는 무상으로 사용하게 할 수 있다.

②제1항의 규정에 의하여 무상으로 대부·사용·수익하게 하거나 양여하는 경우에 그 내용·조건 및 절차 등은 당해 재산 또는 물품의 관리청과 조직위원회와의 계약으로 정한다.

제6조 (자금의 차입 등) ①조직위원회는 월드컵대회의 준비 및 운영을 위하여 필요한 때에는 문화관광부장관의 승인을 얻어 자금을 차입하거나 물자를 도입할 수 있다.(국제기구·외국정부·외국인 등으로부터의 자금차입과 물자도입을 포함한다) [개정 2000.1.12]

②조직위원회가 해외로부터 자금을 차입하거나 물자를 도입하는 경우에는 공공차관의도입및관리에관한법률 또는 외국환거래법이 정하는 바에 의한다. 〔개정 1998 ·9 · 16, 2000.1.12〕

제7조 (채권 등의 매입의무 면제) 조직위원회가 그 운영 및 활동을 위하여 동산 또는 부동산의 취득 등을 하는 경우에 관계법령의 규정에 의하여 매입하여야 할 각종 채권 등의 매입의무는 국가기관의 예에 준하여 이를 면제한다.

제8조 (수익사업) ①조직위원회는 월드컵대회의 준비 및 운영에 필요한 비용에 충당하기 위하여 문화관광부장관의 승인을 얻어 다음 각호의 수익사업을 할 수 있다. 〔개정 2000.1.12〕

1. 체육복표의 증량발행
2. 기념주화의 판매
2의2. 옥외광고사업
3. 기념우표 또는 우편엽서 발행사업
4. 택지 등 분양사업
5. 기타 월드컵대회와 관련된 사업으로서 대통령령이 정하는 사업

②조직위원회는 수익사업으로 조성되는 자금 중 일부를 대통령령이 정하는 바에 의하여 관련기관·법인 또는 단체에 교부할 수 있다.

제9조 (체육복표의 증량발행) ①조직위원회는 월드컵대회의 준비 및 운영에 필요한 비용에 충당하기 위하여 필요한 경우에는 서울올림픽기념국민체육진흥공단이사장(이하 "이사장"이라 한다)에게 체육복표의 증량발행을 요청할 수 있다.

②이사장은 제1항의 규정에 따른 증량발행분에 대한 수익금을 조직위원회에 매 분기별로 배정한다.

③제1항 및 제2항의 규정에 의한 체육복표의 증량발행의 요청 및 수익금 배정 등에 관하여 필요한 사항은 문화관광부령으로 정한다. 〔개정 2000.1.12〕

제10조 (기념주화의 발행) ①조직위원회는 월드컵대회의 준비 및 운영에 필요한 비용에 충당하기 위하여 기념주화의 발행을 한국은행에 요청할 수 있다.

②조직위원회는 제1항의 규정에 의하여 발행된 기념주화를 독점적으

로 인수할 수 있다.

　③제1항 및 제2항의 규정에 의한 기념주화의 발행요청 및 인수 등에 관하여 필요한 사항은 문화관광부령으로 정한다. [개정 2000.1.12]

제10조의2 (옥외광고물 등) 조직위원회는 월드컵대회의 준비 및 운영에 필요한 비용에 충당하기 위하여 옥외광고물등관리법의 규정에 따라 옥외광고를 통한 수익사업을 할 수 있다. 다만, 옥외광고물의 종류·규격·설치장소 및 사업기간에 관하여는 옥외광고물등관리법의 규정에 불구하고 대통령령으로 정한다.

　[본조신설 2000.1.12]

　[시행일 2000.7.22 : 제10조의2]

제11조 (기념우표 등의 발행) 조직위원회는 월드컵대회의 준비 및 운영에 필요한 비용에 충당하기 위하여 기금재원을 위한 수익금이 첨가된 기념우표 또는 우편엽서의 발행을 정보통신부장관에게 요청할 수 있다.

제12조 (택지개발사업 등) ①조직위원회는 월드컵대회 관련시설을 설치하거나 환경정비 등 월드컵대회 준비사업에 필요한 비용을 충당하기 위하여 관계 행정기관의 장 및 지방자치단체의 장의 승인을 얻어 정부투자기관 또는 지방공기업에 필요한 사업의 시행을 요청할 수 있다.

　②제1항의 규정에 의한 요청을 받은 정부투자기관 또는 지방공기업이 택지개발촉진법에 의한 택지개발사업 또는 산업입지및개발에관한법률에 의한 산업단지개발사업을 시행한 경우에는 조직위원회 또는 조직위원회가 지정하는 자에게 당해 택지 또는 산업단지를 우선 공급할 수 있다.

제13조 (수수료 등) 조직위원회는 월드컵대회를 위한 업무 기타 월드컵대회와 관련이 있는 사업을 추진함에 있어서 대통령령이 정하는 바에 따라 수수료 또는 사용료를 받을 수 있다.

제14조 (공무원의 파견요청 등) ①조직위원회는 그 업무수행을 위하여 필요하다고 인정할 경우에는 대통령령이 정하는 바에 따라 관계행정기관, 월드컵대회와 관련된 법인 또는 단체에 대하여 국가공무원법 제2조 및 지방공무원법 제2조에 규정된 공무원, 법인 또는 단체의 임·직원의 파견을 요청할 수 있다.

　②제1항의 규정에 의하여 공무원 또는 임·직원의 파견을 요청받은

관계행정기관, 법인 또는 단체의 장은 특별한 사유가 없는 한 업무수행에 적합한 자를 선발·파견하여야 하며 파견기간중 파견근무를 해제하고자 하는 경우에는 조직위원회와 미리 협의하여야 한다.

③제2항의 규정에 의하여 공무원 또는 임·직원을 파견한 관계행정기관, 법인 또는 단체의 장은 파견된 자에 대하여 승진·전보·교육·포상·후생복지 등에 있어서 불리한 처우를 하여서는 아니된다.

④조직위원회는 파견된 공무원 또는 임·직원이 업무수행에 부적합하다고 인정되는 경우에는 당해 공무원 또는 임·직원을 파견한 관계행정기관, 법인 또는 단체에 대하여 파견근무의 해제를 요청할 수 있다.

제15조 (자료의 제공요청) ①조직위원회는 행정기관·공공단체·교육기관 및 연구단체 등에 대하여 월드컵대회와 관련된 조사서·보고서·연구논문 등 자료의 제공을 요청할 수 있다.

②제1항의 규정에 의한 요청을 받은 기관 또는 단체의 장은 특별한 사유가 없는 한 이에 응하여야 한다.

제16조 (예산서 등의 승인) 조직위원회는 매 회계년도 개시 1월전에 다음 년도의 사업계획서와 예산서를 작성하여 문화관광부장관의 승인을 얻어야 한다. 이를 변경하고자 하는 때에도 또한 같다. 〔개정 2000.1.12〕

제17조 (결산보고 등) 조직위원회는 매 회계년도의 세입세출결산보고서에 당해년도의 사업실적을 첨부하여 다음 년도 2월말까지 문화관광부장관에게 제출하여야 한다. 〔개정 2000.1.12〕

제18조 (잔여재산의 귀속) 조직위원회가 해산하는 경우에 잔여재산의 처리에 관하여는 공익법인의설립·운영에관한법률의 규정을 준용한다.

제3장 월드컵대회 관련시설 등

제19조 (시설설치계획의 수립·시행) ①월드컵대회 개최지 지방자치단체의 장은 월드컵대회의 성공적인 개최를 위하여 월드컵대회 관련시설의 설치 등에 관한 계획을 수립·시행하여야 한다.

②월드컵대회 관련시설 설치 등의 사업이 여러 지방자치단체에 걸쳐 광역으로 수행되는 경우에 관련되는 지방자치단체는 이의 수행에 협조하여야 한다.

③월드컵대회 개최지 지방자치단체의 장은 제1항의 규정에 의한 계획의 수립·시행과 관련하여 필요한 경우 택지개발사업 등 관련사업을 할 수 있다.

제20조 (월드컵대회 관련시설에 대한 지원 등) ①국가 또는 지방자치단체는 월드컵대회 관련시설의 신설·신축 및 개·보수에 필요한 사업비의 일부를 지원할 수 있다.

②제1항의 규정에 의한 월드컵대회 관련시설에 대한 지원대상, 지원내용 및 지원비율 등에 관하여는 대통령령으로 정한다.

③국가 또는 지방자치단체는 월드컵대회 개최지 지방자치단체의 장으로부터 월드컵대회 관련시설의 설치를 위하여 국유재산 또는 공유재산의 매각·교환·양여를 요청받은 경우에는 국유재산법 및 지방재정법의 규정에 불구하고 이를 수의계약으로 매각하거나 교환할 수 있으며 국유재산에 대하여는 우선 양여할 수 있다.

④국가 또는 지방자치단체는 월드컵대회 개최지 및 그 인근에 시행중이거나 시행예정인 월드컵대회와 관련되는 사업에 대하여는 월드컵대회의 개최시기에 맞추어 우선적으로 시행할 수 있다.

제21조 (다른 법률과의 관계) ①월드컵대회 관련시설의 설치를 위한 사업을 시행함에 있어서 도시계획법 제25조의 규정에 의한 실시계획의 인가를 받은 때에는 다음 각호의 인·허가 등을 받은 것으로 보며, 실시계획의 인가를 고시한 때에는 관련법률에 의한 인·허가 등의 고시가 있은 것으로 본다. [개정 1999.2.8]

1. 사방사업법 제14조의 규정에 의한 벌채 등의 허가, 동법 제20조의 규정에 의한 사방지 지정의 해제

2. 농지법 제36조의 규정에 의한 농지전용의 허가

3. 하천법 제30조의 규정에 의한 하천공사 시행허가, 동법 제33조의 규정에 의한 하천의 점용허가

4. 공유수면관리법 제5조의 규정에 의한 공유수면의 점·사용 허가 및 동법 제8조의 규정에 의한 실시계획의 인가 또는 신고

5. 공유수면매립법 제15조의 규정에 의한 실시계획의 인가, 동법 제38조의 규정에 의한 협의 또는 승인

②월드컵대회 개최지 및 그 인근에 설치하는 경기장 및 연습장 시설

에 대하여 입지여건상 특히 필요하다고 인정할 경우에는 도시계획법이 정하는 바에 의하여 개발제한구역 안에 이를 설치할 수 있다.

③지방자치단체의 장은 월드컵대회 관련시설을 민자유치방식으로 설치하고자 하는 경우에는 사회간접자본시설에대한민간자본유치촉진법 제8조제1항의 규정에 의한 민자유치시설사업기본계획에 포함되지 아니한 사업이라도 그 사업의 추진에 관하여 주무관청에 제안할 수 있다.

④건설교통부장관은 제1항 각호의 사항이 포함되어 있는 실시계획을 인가하고자 하는 경우에는 월드컵대회관련시설의 설치를 위한 사업시행자가 제출한 관계서류를 구비하여 미리 관계행정기관의 장과 협의하여야 한다. 이 경우 관계행정기관의 장은 협의요청을 받은 날부터 30일 이내에 의견을 제출하여야 한다.

제4장 월드컵대회 지원단체 · 기구

제22조 (민간추진운동) ①국가 및 지방자치단체는 월드컵대회의 성공적 개최를 위하여 국민참여 및 문화국민의식 등을 고취하기 위한 민간추진운동을 지원할 수 있다.

②국가 및 지방자치단체는 제1항의 규정에 의한 민간추진운동을 지속적이고 체계적으로 추진하기 위하여 관련단체의 설립과 운영에 필요한 행정적 · 재정적 지원을 할 수 있다.

제23조 (안전대책기구) ①국가는 월드컵대회의 시설보안과 선수 · 임원 · 보도진 · 관람자 등 개인의 안전을 위하여 필요한 조치를 하여야 한다.

②국가는 제1항의 시설보안과 개인의 안전에 관한 제반사항을 지원하기 위하여 관계 행정기관 등으로 구성되는 안전대책기구를 설치 · 운영할 수 있다.

③제2항의 규정에 의한 안전대책기구의 설치 · 운영에 관하여 필요한 사항은 대통령령으로 정한다.

제5장 휘장 및 유사명칭의 사용금지 등

제24조 (월드컵대회 휘장 등의 사용) 조직위원회가 지정한 휘장 · 마스코트 또는 이와 유사한 것으로 월드컵대회를 상징하는 것을 상품 등에

표시하거나 광고 기타 영리를 목적으로 사용하고자 하는 자는 조직위원회의 승인을 얻어야 한다. 다만, 상표법 및 의장법의 규정에 의하여 등록된 권리자가 사용하는 경우에는 그러하지 아니하다.

제25조 (유사명칭의 사용금지) 조직위원회가 아닌 자는 2002년월드컵축구대회조직위원회 또는 이와 유사한 명칭을 사용하여서는 아니된다.

제26조 (벌칙적용에 있어서의 공무원 의제) 조직위원회의 임원 및 직원과 제14조제2항의 규정에 의하여 법인 또는 단체로부터 조직위원회에 파견된 임원 및 직원은 형법 제129조 내지 제132조의 규정에 의한 벌칙의 적용에 있어서는 이를 공무원으로 본다.

제6장 벌칙

(이하생략)

부칙 〔제5278호, 1997.1.13〕

제1조 (시행일) 이 법은 조직위원회가 설립된 후 3월의 범위 내에서 대통령령이 정하는 날부터 시행한다.

(이하생략)

부록2　　국민체육진흥법

제1장 총칙

제1조 (목적) 이 법은 국민체육을 진흥함으로써 국민의 체력을 증진하고 건전한 정신을 함양하여 명랑한 국민생활을 영위하게 하며, 나아가 체육을 통하여 국위선양에 이바지함을 목적으로 한다.

제2조 (정의) 이 법에서 사용하는 용어의 정의는 다음과 같다.〔개정 1998·12·31, 1999.8.31〕

1. "체육"이라 함은 운동경기·야외운동 등 신체활동을 통하여 건전한 신체와 정신을 기르고 여가를 선용하는 것을 말한다.

2. "전문체육"이라 함은 제4호에 규정된 선수들이 행하는 운동경기활동을 말한다.

3. "생활체육"이라 함은 건강 및 체력증진을 위하여 행하는 자발적이고 일상적인 체육활동을 말한다.

4. "선수"라 함은 제10호의 규정에 의한 경기단체에 선수로 등록된 자를 말한다.

5. "학교"라 함은 초·중등교육법 제2조 및 고등교육법 제2조의 규정에 의한 학교를 말한다.

6. "체육지도자"라 함은 학교·직장·지역사회 또는 체육단체 등에서 체육을 지도하는 자로서 학교체육교사·생활체육지도자·경기지도자 등

을 말한다.

7. "체육동호인조직"이라 함은 같은 생활체육활동에 지속적으로 참여하는 자의 모임을 말한다.

8. "운동경기부"라 함은 제4호의 규정에 의한 선수로 구성된 학교 또는 직장 등의 운동부를 말한다.

9. "체육단체"라 함은 체육에 관한 활동 또는 사업을 목적으로 설립된 법인 또는 단체를 말한다.

10. "경기단체"라 함은 특정 경기종목에 관한 활동과 사업을 목적으로 설립되고 대한체육회에 가맹된 법인 또는 단체를 말한다.

11. "체육진흥투표권"이라 함은 운동경기의 결과를 적중시킨 자에게 환급금을 교부하는 표권으로서 투표방법 및 금액 기타 대통령령이 정하는 사항이 기재되어 있는 표권을 말한다.

[전문개정 1993·12·31]

제3조 (체육진흥시책 및 권장) 국가 및 지방자치단체는 국민체육진흥에 관한 시책을 강구하고 국민의 자발적인 체육활동을 권장·보호 및 육성하여야 한다.

제4조 (기본시책의 수립 등) ①문화관광부장관은 국민체육진흥에 관한 기본시책을 수립·시행한다. [개정 1990·12·27, 1993·3·6, 1998·12·31]

②지방자치단체의 장은 제1항의 기본시책에 따라 당해 지방자치단체의 체육진흥계획을 수립·시행하여야 한다.

제5조 (지역체육진흥협의회) ①삭제 [1998·12·31]

②삭제 [1998·12·31]

③지방자치단체의 체육진흥계획의 수립 기타 체육진흥에 관한 중요사항을 협의하기 위하여 지방자치단체에 지역체육진흥협의회(이하 "협의회"라 한다)를 둘 수 있다. [개정 1993·12·31]

④제3항의 협의회의 조직 및 운영에 관하여 필요한 사항은 당해 지방자치단체의 조례로 정한다.

제6조 (협조) 제4조의 규정에 의한 기본시책과 체육진흥계획의 수립·시행에 관하여 문화관광부장관 또는 지방자치단체의 장의 요청이 있는 때에는 관계기관 및 단체는 이에 협조하여야 한다. [개정 1990·12·27,

1993·3·6, 1998·12·31]

제2장 체육진흥을 위한 조치

제7조 (체육의 날과 체육주간) ①국민의 체육의지를 고취하고 체육의 보급을 도모하기 위하여 매년 체육의 날과 체육주간을 설정한다.

②체육의 날과 체육주간 및 그 행사에 관하여 필요한 사항은 대통령령으로 정한다.

제8조 (지방체육의 진흥) ①지방자치단체는 지역주민의 건강과 체력증진을 위하여 건전한 체육활동을 생활화할 수 있도록 시설 등 여건을 조성하고 지원하여야 한다. [신설 1989·3·31]

②지방자치단체는 그 행정구역단위로 년 1회 이상 체육대회를 직접 개최하거나 체육단체로 하여금 이를 개최하도록 지원하여야 한다.

③지방자치단체는 직장인체육대회를 년 1회 이상 개최하여야 한다.

제9조 (학교체육의 진흥) 학교는 학생의 체력증진과 체육활동의 육성에 필요한 조치를 강구하여야 한다. [개정 1998·12·31]

[전문개정 1993·12·31]

제10조 (직장체육의 진흥) ①국가 및 지방자치단체는 직장체육의 진흥에 필요한 시책을 강구하여야 한다.

②직장의 장은 대통령령이 정하는 바에 따라 체육동호인조직과 체육진흥관리위원회를 설치하는 등 직장인의 체력증진과 체육활동의 육성에 필요한 조치를 강구하여야 한다.

③대통령령이 정하는 직장에는 직장인의 체력증진과 체육활동의 지도·육성을 위하여 생활체육지도자를 두어야 한다.

④정부투자기관관리기본법에 의한 정부투자기관(이하 "정부투자기관"이라 한다)과 대통령령이 정하는 직장에는 1종목 이상의 운동경기부를 설치·운영하고 경기지도자를 두어야 한다. 다만, 대통령령이 정하는 경우에는 그러하지 아니하다.

⑤제2항 내지 제4항의 규정에 의한 직장체육에 관한 업무는 특별시장·광역시장 또는 도지사(이하 "시·도지사"라 한다)가 이를 지도·감독한다. [개정 1997·12·13]

[전문개정 1993·12·31]

제11조 (체육지도자의 양성) ①국가는 국민체육진흥을 위한 체육지도자의 양성과 자질향상을 위하여 필요한 시책을 강구하여야 한다.〔개정 1989·3·31〕

②체육지도자의 종류·등급·자격기준·연수·검정 및 자격부여 등에 관하여 필요한 사항은 대통령령으로 정한다.〔개정 1989·3·31, 1993·12·31〕

제12조 (체육시설의 설치 등) ①국가 및 지방자치단체는 국민의 체육활동에 필요한 시설의 적정한 확보와 이용에 필요한 시책을 강구하여야 한다.

②직장에는 종업원의 체육활동에 필요한 시설을 설치·운영하여야 하며, 학교 및 직장의 체육시설은 학교교육 및 직장운영에 지장이 없는 범위 안에서 지역주민에게 개방·이용되어야 한다.

③국가 및 지방자치단체는 민간의 체육시설 설치를 권장하고 건전하게 운영되도록 하여야 한다.

④제1항 내지 제3항의 체육시설의 설치·이용 등에 관하여 필요한 사항은 따로 법률로 정한다.

〔전문개정 1993·12·31〕

제13조 삭제 〔1993·12·31〕

제14조 삭제 〔1993·12·31〕

제15조 (선수 등의 보호·육성) ①국가 및 지방자치단체는 선수 및 체육지도자에 대하여 필요한 보호 및 육성을 하여야 한다.

②국가는 우수선수 및 체육지도자의 육성을 위하여 필요한 표창제도를 마련하여야 한다.〔개정 1993·12·31〕

③삭제 〔1993·12·31〕

④국가·지방자치단체·정부투자기관 기타 대통령령이 정하는 단체는 대통령령이 정하는 우수선수로 하여금 아마튜어경기생활을 할 수 있게 하기 위하여 문화관광부장관의 요청이 있을 때에는 우수선수 및 체육지도자를 고용하여야 한다.〔개정 1989·3·31, 1990·12·27, 1993·3·6, 1993·12·31, 1998·12·31〕

⑤국가는 올림픽대회 기타 대통령령이 정하는 대회에서 입상한 선수 또는 그 선수를 지도한 자와 체육진흥에 현저한 공이 있는 원로체육인

에 대하여는 대통령령이 정하는 바에 의하여 장려금 또는 생활보조금을
지급하여야 한다.〔개정 1993·12·31〕

제15조의2 (여가체육의 육성) ①국가 및 지방자치단체는 국민이 여가
를 선용할 수 있도록 하기 위하여 여가체육활동의 육성·지원에 필요한
시책을 강구하여야 한다.

②국가 및 지방자치단체는 레크리에이션의 보급과 프로경기의 건전
한 육성을 위하여 노력하여야 하며, 경마와 경륜·경정 등 국민여가체육
활동이 건전하게 시행되도록 지도하여야 한다.〔개정 1998·12·31〕

〔본조신설 1993·12·31〕

제16조 (체육용구의 생산장려 등) ①국가는 국민체육진흥을 위하여 대
통령령이 정하는 체육용구·기자재(이하 "체육용구 등"이라 한다)의 생산
장려에 필요한 조치를 강구하여야 한다.

②문화관광부장관은 국민체육진흥을 위하여 특히 필요하다고 인정할
때에는 제1항의 체육용구 등을 생산하는 업체 중 우수업체를 지정하여
서울올림픽기념국민체육진흥공단으로 하여금 국민체육진흥기금에서
그 자금을 융자하게 할 수 있다.〔개정 1989·3·31, 1990·12·27,
1993·3·6, 1998·12·31〕

③문화관광부장관은 체육시설의 설치를 위하여 필요하다고 인정할
경우에는 서울올림픽기념국민체육진흥공단으로 하여금 그 자금을 융자
하게 할 수 있다.〔개정 1989·3·31, 1990·12·27, 1993·3·6, 1998·
12·31〕

④정부는 고도의 정밀성 등으로 수입이 불가피한 체육용구 등에 대하
여는 조세특례제한법이 정하는 바에 의하여 조세감면조치를 할 수 있
다.〔개정 2000.1.12〕

⑤제2항의 규정에 의한 우수업체의 지정, 지정의 취소 등에 관하여
필요한 사항은 대통령령으로 정한다.

제17조 (지방자치단체와 학교 등에 대한 보조) ①국가는 매 회계년도
마다 예산의 범위 안에서 지방자치단체와 학교 등에 대하여 체육진흥에
필요한 경비의 일부를 보조한다.

②국가 및 지방자치단체는 대한체육회, 서울올림픽기념국민체육진흥
공단 기타 체육단체와 체육과학의 연구기관에 대하여 소요경비 또는 연

구비의 일부를 보조한다. 〔개정 1989 ·3 ·31〕

③삭제 〔1993 ·12 ·31〕

제3장 국민체육진흥기금

제18조 (기금의 설치 등) ①체육진흥에 소요되는 시설비용 기타 경비를 지원하기 위하여 국민체육진흥기금(이하 "기금"이라 한다)을 설치한다.

②기금은 서울올림픽기념국민체육진흥공단이 독립된 회계로 관리 · 운용하여야 한다. 〔개정 1989 ·3 ·3, 1993 ·12 ·31〕

③기금의 관리 · 운용에 관하여 필요한 사항은 대통령령으로 정한다. 〔신설 1993 ·12 ·31〕

제19조 (기금의 조성) ①기금은 다음 각호의 재원으로 조성한다. 〔개정 1989 ·3 ·31, 1990 ·12 ·27, 1993 ·3 ·6, 1993 ·12 ·31, 1995 ·12 ·30, 1998 ·12 ·31, 1999.8.31, 2000.1.12〕

1. 정부 및 정부 외의 자의 출연금
2. 담배갑 포장지를 이용한 광고 및 기타 문화관광부장관이 승인하는 광고사업의 수입금
3. 골프장(회원제로 운영하는 골프장을 말한다. 이하 같다) 시설의 입장료에 대한 부가금
4. 삭제 〔1993 ·12 ·31〕
5. 삭제 〔1993 ·12 ·31〕
6. 기금의 운용으로 생기는 수익금
7. 체육복표발행의 수익금
8. 제20조제3항제3호 및 제4호의 규정에 의한 사업에의 출자 등에 따른 수익금
9. 제22조의7제2항제3호의 규정에 의한 출연금
10. 기타 대통령령이 정하는 수입금

②정부는 제1항제1호의 출연금을 매 회계년도마다 세출예산에 계상하여야 한다.

제19조의2 (체육복표의 발행) ①서울올림픽기념국민체육진흥공단은 기금의 조성을 위하여 체육복표를 발행할 수 있다. 체육복표를 발행하

고자 할 때에는 그 종류·조건·금액 및 방법에 대하여는 미리 문화관광부장관의 승인을 얻어야 한다.〔개정 1990·12·27, 1993·3·6, 1998·12·31〕

②체육복표의 당첨금을 받을 권리는 그 지급일로부터 3월간 행사하지 아니하면 소멸시효가 완성되며, 소멸시효가 완성된 당첨금은 기금에 귀속된다.

③제1항의 규정에 의한 체육복표의 발행에 관하여는 사행행위등규제및처벌특례법을 적용하지 아니한다.〔개정 1991·3·8, 1998·12·31〕

〔본조신설 1989·3·31〕

제19조의3 (올림픽휘장사업) ①올림픽을 상징하는 오륜 및 오륜을 포함하고 있는 모든 표지·도안·표어 또는 이와 유사한 것을 영리를 목적으로 사용하고자 하는 자는 대한올림픽위원회의 승인을 얻어야 한다.

②대한올림픽위원회는 제1항의 승인에 관한 권한을 서울올림픽기념국민체육진흥공단으로 하여금 대행하게 할 수 있다.

③제1항의 규정에 의한 사용승인을 받은 자는 대통령령이 정하는 바에 의하여 그 사용료를 납부하여야 한다.

〔본조신설 1989·3·31〕

제20조 (기금의 사용 등) ①기금은 다음 각호의 사업을 위하여 사용된다.〔개정 1989·3·31, 1993·12·31〕

1. 국민체육진흥을 위한 연구·개발 및 그 보급사업
2. 국민체육시설확충을 위한 지원사업
3. 선수 및 체육지도자 양성을 위한 사업
4. 선수·체육지도자 및 체육인의 복지향상을 위한 사업
5. 광고 기타 기금조성을 위한 사업
6. 제15조제5항의 규정에 의한 생활보조금의 지원
7. 제16조제2항 및 제3항의 규정에 의한 자금의 융자
8. 제24회 서울올림픽대회를 기념하기 위한 사업
9. 학교의 운동경기부의 육성을 위한 사업
10. 대한체육회·생활체육관련체육단체와 체육과학의 연구기관의 운영·지원
11. 기타 체육진흥을 위한 사업으로서 대통령령이 정하는 사업

②제18조제2항의 기금의 관리기관(이하 "기금관리기관"이라 한다)이 기금을 운용·관리하는 경우에 국가 또는 지방자치단체는 당해 기금조성을 지원하기 위하여 기금관리기관에 국유 또는 공유의 시설·물품 기타 재산을 그 용도 또는 목적에 지장을 주지 아니하는 범위 안에서 무상으로 사용·수익하게 하거나 대부할 수 있다.

③기금관리기관은 국민체육진흥·청소년육성 또는 기금의 조성을 위하여 기금의 일부 또는 기금관리기관의 시설·물품 기타 재산의 일부를 다음의 기금이나 사업 등에 출연 또는 출자할 수 있다.〔개정 1993·12·31, 1998·12·31〕

1. 청소년기본법에 의한 청소년육성기금

2. 경기단체의 기본재산

3. 경륜·경정사업과 종합유선방송사업

4. 제24조제1항제3호의 규정에 의한 체육시설의 설치·관리·운영

제21조 (광고의 제한 등) ①제19조제1항제2호의 담배갑포장지를 이용한 광고(이하 "광고"라 한다)는 담배갑포장지 고유의 의장이 손상되지 아니하는 부분에 게재하여야 한다.〔개정 1998·12·31〕

②다음 각호의 1에 해당하는 광고는 이를 게재하여서는 아니된다.〔개정 1988·12·31〕

1. 공공의 질서와 선량한 풍속을 해하는 내용의 광고

2. 국민의 건전한 소비생활을 해하는 내용의 광고

3. 담배인삼사업에 지장을 주는 내용의 광고

4. 특정단체의 정치적 목적을 위한 내용의 광고

5. 과대 또는 허위의 광고

③한국담배인삼공사는 기금관리기관으로부터 광고의 게재의뢰가 있을 때에는 특별한 사유가 없는 한 이에 응하여야 한다.〔개정 1986·12·26, 1988·12·31〕

④광고에 이용한 담배갑포장지의 종류·사양과 그 도안에 관한 사항은 대통령령이 정하는 바에 의하여 한국담배인삼공사가 기금관리기관과 협의하여 정한다.〔개정 1986·12·26, 1988·12·31〕

제22조 (부가금의 징수) ①기금관리기관이 제19조제1항제3호의 규정에 의한 부가금을 징수하고자 하는 때에는 미리 문화관광부장관의 승인

을 얻어야 한다.

②제1항의 규정에 의한 부가금은 골프장 시설 입장료의 10분의 1을 초과할 수 없다.

③기금관리기관은 제1항의 규정에 의한 승인을 얻은 때에는 골프장 시설의 운영자에게 그 승인내용을 통보하여야 하며, 그 내용을 통보받은 당해골프장 시설의 운영자는 그 시설 이용자로부터 제1항의 규정에 의한 부가금을 수납하여 이를 기금관리기관에 납부하여야 한다.

④제3항의 규정에 의한 부가금의 징수대상이 되는 골프장 시설의 운영자가 수납한 부가금을 납부하는 때에는 부가금수납부 사본 등 부가금수납과 관련된 서류를 기금관리기관에 제출하여야 한다.

⑤부가금의 징수방법 납부시기 및 부가금 수납 관련서류 등에 관하여 필요한 사항은 대통령령으로 정한다.

〔전문개정 2000.1.12〕

제3장의2 체육진흥투표권의 발행〔신설 1999.8.31〕

제22조의2 (체육진흥투표권의 발행사업 등) ①서울올림픽기념국민체육진흥공단은 국민의 여가체육 육성 및 체육진흥 등에 필요한 재원조성을 위하여 체육진흥투표권 발행사업을 할 수 있다.

②체육진흥투표권의 종류, 투표방법, 단위투표금액, 대상운동경기 기타 필요한 사항은 대통령령으로 정한다.

③제1항의 규정에 의한 체육진흥투표권의 발행사업에 관하여는 제19조의2제3항의 규정을 준용한다.

〔본조신설 1999.8.31〕

제22조의3 (체육진흥투표권 발행사업의 위탁 등) ①서울올림픽기념국민체육진흥공단은 체육진흥투표권 발행사업의 효율적 수행을 위하여 대통령령이 정하는 바에 따라 문화관광부장관의 승인을 얻어 단체 또는 개인에게 체육진흥투표권 발행사업을 위탁 운영하도록 한다.

②제1항의 규정에 의하여 체육진흥투표권 발행사업의 위탁 승인대상이 되는 단체 또는 개인(이하 "수탁사업자"라 한다)은 다음 각호의 요건을 구비하여야 한다.

1. 체육진흥투표권 발행사업 수행에 필요한 경제적·기술적 능력이

있을 것

　2. 국내외에서 허위 기타 부정한 체육진흥투표권 발행사업 기타 유사한 사업의 수행으로 처벌받은 사실이 없을 것

　3. 기타 대통령령으로 정하는 사항

　〔본조신설 1999.8.31〕

제22조의4 (유사행위의 금지) 서울올림픽기념국민체육진흥공단과 수탁사업자를 제외하고는 체육진흥투표권의 발행 또는 이와 유사한 행위를 할 수 없다.

　〔본조신설 1999.8.31〕

제22조의5 (환급금) ①수탁사업자는 체육진흥투표권을 구매하고 운동경기결과를 적중시킨 자에 대하여 대통령령이 정하는 바에 따라 당해체육진흥투표권 발매금액 중 100분의 50이상을 환급금으로 교부하여야 한다.

　②제1항의 규정에 의한 환급금의 채권은 그 지급개시일부터 1년간 이를 행사하지 아니하면 소멸시효가 완성되며, 소멸시효가 완성된 환급금은 기금에 귀속된다.

　〔본조신설 1999.8.31〕

제22조의6 (위탁운영비) 수탁사업자는 체육진흥투표권의 발매금액에 대하여 문화관광부장관이 정하는 비율의 금액을 체육진흥투표권 발행사업 시행에 따른 운영경비 및 수탁수수료 등을 포함하는 위탁운영비로 수득할 수 있다. 이 경우 수득금액은 발매금액의 100분의 25를 초과할 수 없다.

　〔본조신설 1999.8.31〕

제22조의7 (수익금의 사용) ①수탁사업자는 매 사업년도 체육진흥투표권 발행사업의 총매출액 중 제22조의5의 규정에 의한 환급금과 제22조의6의 규정에 의한 위탁운영비를 제외한 금액에 대해서는 문화관광부령이 정하는 바에 따라 서울올림픽기념국민체육진흥공단으로 이체한다.

　②서울올림픽기념국민체육진흥공단은 제1항의 규정에 의하여 수탁사업자로부터 이체받은 금액에 대하여 문화관광부장관의 승인을 얻어 다음 각호의 목적으로 사용하도록 한다.

　1. 2002년월드컵축구대회지원법에 의한 2002년월드컵축구대회조직
위원회의 운영비 지원
　2. 2002년월드컵축구경기장 건립 지방자치단체의 경기장건립비(채무
상환분 포함)지원
　3. 기금에의 출연
　4. 체육진흥투표권 발행대상 운동경기를 주최하는 단체의 지원
　5. 문화관광부장관이 정하는 문화·체육사업의 지원
　③제2항의 규정에 의한 수익금의 배분비율과 배분시기 및 방법 등에
관하여 필요한 사항은 대통령령으로 정한다.
　〔본조신설 1999.8.31〕

제22조의8 (체육진흥투표권의 구매제한 등)　①수탁사업자는 미성년자
에 대하여 체육진흥투표권을 판매하거나 환급금을 교부하여서는 아니
된다.
　②다음 각호의 1에 해당하는 자는 체육진흥투표권을 구매·알선하거
나 양도받아서는 아니된다.
　1. 체육진흥투표권 발행사업자 및 수탁사업자
　2. 체육진흥투표권 발행사업에 관하여 감독의 지위에 있는 자
　3. 체육진흥투표권 발행대상 운동경기의 선수·감독·코치·심판 및
경기단체의 임직원
　4. 체육진흥투표권 발행대상 운동경기를 주최하는 단체의 임직원
　5. 기타 체육진흥투표권 발행사업에 종사하는 자
　③제2항제2호 및 제5호에 해당하는 자의 범위는 대통령령으로 정한
다.
　〔본조신설 1999.8.31〕

제22조의9 (사업계획의 승인 및 감독 등)　①서울올림픽기념국민체육
진흥공단은 다음 연도 체육진흥투표권 발행사업의 운영계획 및 수입지
출예산서를 수탁사업자로부터 제출받아 매 연도 말까지 문화관광부장
관의 승인을 얻어야 한다. 이를 변경하고자 할 때에도 또한 같다.
　②수탁사업자는 매 사업년도 종료 후 2월 이내에 사업실적과 결산보
고서를 서울올림픽기념국민체육진흥공단을 거쳐 문화관광부장관에게
제출하여야 한다.

③문화관광부장관은 이 법을 시행하기 위하여 필요하다고 인정할 때
에는 수탁사업자에 대하여 감독상 필요한 명령 또는 처분을 할 수 있다.

［본조신설 1999.8.31〕

제4장 체육단체의 육성

제23조 (대한체육회) ①체육진흥에 관한 다음 각호의 사업과 활동을
하게 하기 위하여 문화관광부장관의 인가를 받아 대한체육회(이하 "체육
회"라 한다)를 설립한다.〔개정 1990 ·12 ·27, 1993 ·3 ·6, 1993 ·12 ·31,
1998 ·12 ·31〕

1. 경기단체의 사업과 활동에 대한 지도 및 지원
2. 체육경기대회의 개최와 국제교류
3. 선수양성 및 경기력향상 등 전문체육진흥을 위한 사업
4. 체육인의 복지향상
5. 기타 체육진흥을 위하여 필요한 사업

②체육회는 제1항의 규정에 의한 목적달성에 필요한 경비를 조달하
기 위하여 대통령령이 정하는 바에 의하여 수익사업을 할 수 있다.

③체육회는 법인으로 한다.

④체육회는 정관이 정하는 바에 의하여 지부 ·지회 또는 해외지회를
둘 수 있다.

⑤체육회의 회원 및 회비징수에 관하여 필요한 사항은 정관으로 정한
다.

⑥체육회의 임원 중 회장은 정관이 정하는 바에 따라 선출하되, 문화
관광부장관의 승인을 얻어 취임한다.〔신설 1993 ·12 ·31, 1998 ·12 ·31〕

⑦체육회에 관하여 이 법에 규정한 것을 제외하고는 민법 중 사단법
인에 관한 규정을 준용한다.

⑧삭제〔1989.3.31〕

제24조 (서울올림픽기념국민체육진흥공단) ①제24회 서울올림픽대회
를 기념하고 국민체육진흥을 위한 다음의 사업을 행하게 하기 위하여
문화관광부장관의 인가를 받아 서울올림픽기념국민체육진흥공단(이하
"진흥공단"이라 한다)을 설립한다.〔개정 1993 ·12 ·31, 1998 ·12 ·31〕

1. 제24회 서울올림픽대회기념사업

2. 기금의 조성, 운용 및 관리와 이에 부수되는 사업

3. 체육시설의 설치·관리 및 이에 따른 부동산의 취득·임대 등 운영사업

4. 체육과학의 연구

5. 기타 문화관광부장관이 인정하는 사업

②진흥공단은 법인으로 한다.〔개정 1989·3·31〕

③진흥공단에 관하여 이 법에 규정한 것을 제외하고는 민법 중 재단법인에 관한 규정을 준용한다.〔개정 1989·3·31〕

④진흥공단은 제1항제3호의 규정에 의한 체육시설 중 제24회 서울올림픽대회를 위하여 설치된 체육시설의 유지·관리에 소요되는 경비를 충당하기 위하여 그 체육시설에 입장하는 자로부터 입장료를 받을 수 있다.〔신설 1993·12·31〕

⑤제4항의 입장료를 받고자 할 때에는 문화관광부장관의 승인을 얻어야 한다. 승인 얻은 사항을 변경하고자 할 때에도 또한 같다.〔신설 1993·12·31, 1998·12·31〕

제24조의2 (임원) ①진흥공단에 이사장 1인 및 상임이사 1인을 포함한 15인 이내의 이사와 감사 2인을 둔다.〔개정 1998·12·31〕

②이사장은 문화관광부장관의 제청에 의하여 대통령이 임면하고, 이사는 이사장의 제청에 의하여 문화관광부장관이 임면하며, 감사는 문화관광부장관이 임면한다.〔개정 1990·12·27, 1993·3·6, 1998·12·31〕

③이사장·상임이사 및 이사의 임기는 3년, 감사의 임기는 2년으로 한다.

④이사장은 진흥공단을 대표하고, 진흥공단의 업무를 통할한다.

⑤이사장이 사고가 있을 때에는 정관이 정하는 순서에 의하여 상임이사가 그 직무를 대행한다.

⑥감사는 진흥공단의 업무 및 회계를 감사한다.

〔본조신설 1989·3·31〕

제24조의3 (임원의 결격사유) 다음 각호의 1에 해당하는 자는 진흥공단의 임원이 될 수 없다.

1. 금치산자 또는 한정치산자

2. 파산선고를 받은 자로서 복권되지 아니한 자

3. 금고 이상의 형의 선고를 받고 그 집행이 종료되거나 집행을 받지 아니하기로 확정된 날로부터 3년이 경과되지 아니한 자

4. 법률 또는 법원의 판결에 의하여 자격이 상실 또는 정지된 자

〔본조신설 1989·3·31〕

제24조의4 (회계감독 등) ①진흥공단은 대통령령이 정하는 바에 따라 매 회계년도의 사업계획과 예산에 관하여 문화관광부장관의 승인을 얻어야 한다.〔개정 1998·12·31〕

②진흥공단은 매 회계년도 종료 후 2월 이내에 사업실적과 결산보고서를 문화관광부장관에게 제출하여야 한다.〔개정 1998·12·31〕

③문화관광부장관은 진흥공단에 대하여 사업 또는 재산상태를 검사하거나 감독상 필요한 명령을 발할 수 있다.〔개정 1998·12·31〕

〔본조신설 1993·12·31〕

제25조 (자금의 차입 등) 체육회 또는 진흥공단은 그 사업목적을 달성하기 위하여 필요한 때에는 문화관광부장관의 승인을 얻어 자금을 차입(국제기관, 외국정부 또는 외국인 등으로부터의 차입을 포함한다)하거나 물자를 도입할 수 있다.〔개정 1989·3·31, 1990·12·27, 1993·3·6, 1998·12·31〕

제26조 (조세감면 등) ①정부는 체육회 및 진흥공단에 대하여 조세특례제한법이 정하는 바에 의하여 조세를 감면한다.〔개정 1989·3·31, 2000.1.12〕

②체육회에 기부되거나 진흥공단에 출연 또는 기부된 재산에 대하여는 조세특례제한법이 정하는 바에 의하여 소득계산의 특례를 적용한다.〔개정 1989·3·31, 2000.1.12〕

③체육회 또는 진흥공단이 그 운영 및 활동을 위하여 동산 또는 부동산의 취득 등을 하는 경우에 관계법령의 규정에 의하여 매입하여야 할 각종채권 등의 매입의무는 국가기관의 예에 준하여 이를 면제한다.〔개정 1989·3·31〕

제27조 (유사명칭의 사용금지) 체육회나 진흥공단이 아닌 자는 대한체육회나 서울올림픽기념국민체육진흥공단 또는 이와 유사한 명칭을 사용하지 못한다.〔개정 1989·3·31〕

제28조 (감독) 체육회 및 진흥공단은 문화관광부장관이 이를 감독한

다. [개정 1989·3·31, 1990·12·27, 1993·3·6, 1998·12·31]

제5장 보 칙

제29조 (보고·검사 등) ①문화관광부장관 또는 시·도지사는 이 법의 시행을 위하여 필요한 때에는 이 법의 적용을 받는 체육용구 등 생산업체·체육회·진흥공단·수탁사업자 기타 체육단체나 또는 직장에 대하여 그 업무에 관하여 보고를 명하거나 소속공무원으로 하여금 당해 업체 등의 사업소·사업장 등에 출입하여 장부·서류 기타의 물건을 검사하게 할 수 있다. [개정 1989·3·31, 1990·12·27, 1993·3·6, 1993·12·31, 1998·12·31, 1999.8.31]

②제1항의 규정에 의하여 검사를 하는 공무원은 그 권한을 표시하는 증표를 관계인에게 제시하여야 한다.

제30조 (권한의 위임·위탁) 문화관광부장관은 대통령령이 정하는 바에 의하여 이 법에 의한 권한의 일부를 시·도지사나 특별시·광역시 또는 도의 교육감에게 위임하거나 관계행정기관 또는 단체에 위탁할 수 있다. [개정 1990·12·27, 1993·3·6, 1993·12·31, 1997·12·13, 1998·12·31]

제31조 (벌 칙) (이하생략)

부칙 [제3612호,1982.12.31]

제1조 (시행일) 이 법은 1983년 1월 1일부터 시행한다.

(이하생략)

부록3   문화예술진흥법

제1장 총칙

제1조 (목적) 이 법은 문화예술의 진흥을 위한 사업과 활동을 지원함으로써 우리나라의 전통문화예술을 계승하고 새로운 문화를 창조하여 민족문화의 창달에 이바지함을 그 목적으로 한다.

제2조 (정의) ①이 법에서 사용하는 용어의 정의는 다음과 같다. [개정 2000.1.12]

  1. "문화예술"이라 함은 문학, 미술(응용미술을 포함한다), 음악, 무용, 연극, 영화, 연예, 국악, 사진, 건축, 어문 및 출판을 말한다.

  2. "문화산업"이라 함은 문화예술의 창작물 또는 문화예술용품을 산업의 수단에 의하여 제작·공연·전시·판매를 업으로 영위하는 것을 말한다.

  3. "문화시설"이라 함은 공연, 전시 및 문화보급·전수 등 문화예술활동에 지속적으로 이용되는 시설들을 말한다.

  ②제1항제3호의 규정에 의한 문화시설의 종류는 대통령령으로 정한다. [신설 2000.1.12]

제3조 (시책과 권장) ①국가와 지방자치단체는 문화예술의 진흥에 관한 시책을 강구하고, 국민의 문화예술활동을 권장하며 이를 적극 보호·육성하여야 한다.

②제1항의 규정에 의한 문화예술진흥시책은 국민생활의 질적 향상을 위한 건전생활문화의 개발·보급에 관한 사항을 포함하여야 한다.

③국가와 지방자치단체는 제1항의 규정에 의한 시책을 수립하고자 할 때에는 미리 문화예술기관 및 단체의 의견을 들어야 한다.

④제1항의 규정에 의한 문화예술의 진흥에 관한 시책과 계획의 시행에 관하여 문화관광부장관 또는 지방자치단체의 장의 요청이 있을 때에는 관련기관 및 단체는 이에 협조하여야 한다.〔개정 2000.1.12〕

제4조 (지방문화예술진흥위원회) 지방문화예술의 진흥에 관한 중요시책을 심의하기 위하여 특별시장·광역시장 또는 도지사(이하 "시·도지사"라 한다) 소속하에 당해 지방자치단체의 조례가 정하는 바에 따라 지방문화예술진흥위원회를 둘 수 있다.

〔전문개정 2000.1.12〕

제2장 국어의 발전 및 보급

제5조 (국어발전 등 계획수립) 국가는 국어의 발전 및 보급을 위한 계획을 수립·시행하여야 한다.

제6조 (국어심의회) ①문화관광부장관의 자문에 응하여 국어발전 및 보급을 위한 제반시책을 심의하게 하기 위하여 문화관광부에 국어심의회를 둔다.〔개정 2000.1.12〕

②국어심의회의 조직과 운영에 관하여 필요한 사항은 대통령령으로 정한다.

제7조 (어문규범) ①국가는 한글맞춤법, 표준어규정, 외래어표기법, 국어의 로마자표기법 등 국어사용에 필요한 사항(이하 "어문규범"이라 한다)을 국어심의회의 심의를 거쳐 정한다.

②제1항의 규정에 의하여 어문규범을 정한 때에는 그 내용을 관보에 고시하여야 한다.

제8조 (어문규범의 준수) ①국가 및 지방자치단체는 공문서 기타 서류를 작성함에 있어 어문규범을 준수하여야 한다.

②교육 또는 공공용에 제공하기 위한 인쇄물, 방송광고물 등을 작성함에 있어서 예술창작을 위하여 불가피한 경우를 제외하고는 어문규범을 준수하여야 한다.

제3장 문화예술공간의 설치

제9조 (문화예술공간의 설치권장) ①국가와 지방자치단체는 문화예술활동을 진흥시키고 국민들의 보다 높은 문화향수기회를 확대하기 위하여 문화시설을 설치하고 이용되도록 시책을 강구하여야 한다.〔개정 2000.1.12〕

②국가와 지방자치단체는 대통령령으로 정하는 문화시설을 설치하도록 권장하여야 한다.〔개정 2000.1.12〕

③국가와 지방자치단체는 제1항의 규정에 의한 문화시설의 효율적인 관리와 이용을 촉진하기 위하여 필요한 경우에는 그 문화시설의 관리를 비영리 법인·단체 또는 개인에게 위탁할 수 있다.〔신설 2000.1.12〕

제9조의2 (전문인력의 양성) 국가와 지방자치단체는 문화시설의 전문적 운영에 필요한 기획·관리 전문인력의 양성에 노력하여야 한다.

〔본조신설 2000.1.12〕

제10조 (전문예술법인 등의 지정·육성) ①국가와 지방자치단체(특별시·광역시 및 도에 한한다)는 문화예술진흥을 위하여 전문예술법인 또는 전문예술단체를 지정하여 지원·육성할 수 있다.

②제1항의 규정에 의하여 지정된 전문예술법인은 기부금품모집규제법의 규정에 불구하고 기부금품을 모집할 수 있다.

③전문예술법인 또는 전문예술단체의 지정 및 지원·육성에 관하여 필요한 사항은 국가의 경우에는 대통령령으로, 지방자치단체의 경우에는 조례로 정한다.

〔전문개정 2000.1.12〕

제10조의2 (문화지구의 지정·관리 등) ①시·도지사는 다음 각호의 1에 해당하는 지역을 도시계획법에 따라 조례에 의하여 문화지구로 지정할 수 있다.

1. 문화시설과 민속공예품점·골동품점 등 대통령령이 정하는 영업시설(이하 "문화시설 등"이라 한다)이 밀집되어 있거나 이를 계획적으로 조성하고자 하는 지역

2. 문화예술행사·축제 등 문화예술활동이 지속적으로 이루어지는 지역

3. 기타 국민의 문화적 삶의 질 향상을 위하여 문화지구로 지정함이 특히 필요하다고 인정되는 지역으로서 대통령령이 정하는 지역

②제1항의 규정에 의하여 지정된 문화지구를 관할하는 시장·군수·구청장(자치구의 구청장을 말한다)은 대통령령이 정하는 바에 따라 문화지구관리계획을 작성하여 시·도지사의 승인을 얻어야 한다. 대통령령이 정하는 중요한 사항을 변경하고자 하는 경우에도 또한 같다.

③제2항의 규정에 의한 문화지구관리계획에는 당해문화지구 안에 설치 또는 운영이 권장되는 문화시설 등의 종류가 명시되어야 한다.

④시·도지사는 문화지구의 유지·보존 및 활성화를 위하여 문화지구 안에서 다음 각호의 1에 해당하는 영업 또는 시설의 설치를 금지하거나 제한할 수 있다. 〔신설 2002.1.26〕

1. 사행행위등규제및처벌특례법에 의한 사행행위영업

2. 식품위생법에 의한 식품접객업 중 대통령령이 정하는 것

3. 그 밖에 문화지구의 지정목적을 저해할 우려가 있는 영업 또는 시설로서 대통령령이 정하는 바에 따라 시·도 조례가 정하는 것

⑤국가와 지방자치단체는 제3항의 규정에 의하여 설치 또는 운영이 권장되는 문화시설 등에 대하여 관계법령이 정하는 바에 따라 조세 및 부담금을 감면할 수 있다.

〔본조신설 2000.1.12〕

제11조 (건축물에 대한 미술장식) ①대통령령이 정하는 종류 또는 규모 이상의 건축물을 건축하고자 하는 자는 건축비용의 일정 비율에 해당하는 금액을 회화·조각·공예 등 미술장식에 사용하여야 한다.

②제1항의 규정에 의한 미술장식에 사용하는 금액은 건축비용의 100분의 1이하의 범위 안에서 대통령령으로 정한다.

③제1항의 규정에 의한 미술장식의 설치절차·방법 등에 관하여 필요한 사항은 대통령령으로 정한다.

〔전문개정 2000.1.12〕

제4장 문화예술복지의 증진

제12조 (문화의 날 설정 등) ①국가는 국민으로 하여금 문화예술에 대한 이해를 깊게 하고 이에 적극 참여하도록 하기 위하여 문화의 날과 문

화의 달을 설정한다.

②문화의 날과 문화의 달 및 그 행사에 관한 사항은 대통령령으로 정한다.

제13조 (장려금지급 등) 국가는 문화예술의 진흥을 위하여 현저한 공적이 있는 자와 대통령령이 정하는 국제경연대회에서 입상한 자에게 장려금을 지급하거나 시상할 수 있다.

제14조 (문화강좌 설치) ①국가 및 지방자치단체는 국민이 높은 문화예술을 누리도록 하기 위하여 문화강좌 설치기관 또는 단체를 지정하여 문화예술을 보급할 수 있다.

②제1항의 규정에 의한 문화강좌를 설치할 대상기관 또는 단체의 지정 및 절차는 대통령령으로 정한다.

③국가 및 지방자치단체는 문화강좌 설치·운영에 필요한 경비를 지원할 수 있다.

제15조 (학교 등의 문화예술진흥) 국가와 지방자치단체는 학교 및 직장의 학생·직원 기타 종업원의 정서와 교양을 높이기 위하여 학교 및 직장에 학생·직원 기타 종업원으로 구성하는 1개 이상의 문화예술활동을 위한 단체를 두도록 권장하여야 하며, 그 단체의 육성을 위하여 필요한 경우에는 활동비의 일부를 지원할 수 있다.

제16조 (문화산업의 육성·지원) ①국가와 지방자치단체는 문화예술의 진흥을 위하여 문화산업의 육성시책과 융자의 알선, 기술도입과 보급에 관한 지원 등 기타 필요한 조치를 강구하여야 한다.

②문화관광부장관은 제1항의 규정에 의한 문화산업의 육성시책을 수립하고자 할 때에는 미리 관계중앙행정기관의 장과 협의하여야 한다. 〔개정 2000.1.12〕

제5장 문화예술진흥기금

제17조 (기금의 설치 등) ①문화예술진흥을 위한 사업이나 활동을 지원하기 위하여 문화예술진흥기금(이하 "기금"이라 한다)을 설치한다.

②기금은 제23조의 규정에 의한 한국문화예술진흥원이 운용·관리하되, 독립된 회계로 따로 계리하여야 한다.

③기금의 운용·관리에 관하여 필요한 사항은 대통령령으로 정한다.

제18조 (기금의 조성) ①기금은 다음 각호의 재원으로 조성한다. 〔개정 1995.12.6〕

  1. 정부의 출연금
  2. 개인 또는 법인으로부터의 기부금품
  3. 제19조 및 제19조의2의 규정에 의한 모금액
  4. 기금운용으로 생기는 수익금
  5. 기타 대통령령으로 정하는 수입금

②한국문화예술진흥원은 제1항제2호 및 제3호의 규정에 의한 금품을 기부금품모집규제법의 규정에 불구하고 받을 수 있다. 〔개정 2000.1.12〕

③제1항제2호의 규정에 의하여 기부하는 자는 특정단체 또는 개인에 대한 지원 등 그 용도를 정하여 기부할 수 있다.

④한국문화예술진흥원은 제2항의 규정에 의하여 금품을 받은 때에는 대통령령이 정하는 바에 그 가액 및 품명을 문화관광부장관에게 보고하여야 한다. 〔개정 2000.1.12〕

제19조 (기금의 모금) ①한국문화예술진흥원은 기금을 조성하기 위하여 필요하다고 인정할 때에는 문화관광부장관의 승인을 얻어 다음 각호의 시설을 관람하거나 이용하는 자에 대하여 별표의 기준에 의하여 이를 모금할 수 있다. 〔개정 2000.1.12〕

  1. 공연장
  2. 박물관 및 미술관
  3. 문화재보호법 제39조의 규정에 의하여 관람료를 징수하는 지정문화재(종교단체 소유의 문화재는 제외한다)

②문화관광부장관은 제1항의 승인을 한 때에는 그 사실을 행정자치부장관에게 통보하고 이를 관보에 고시하여야 한다. 〔개정 2000.1.12〕

③한국문화예술진흥원은 제1항의 규정에 의한 모금을 승인받은 때에는 모금대상시설 운영자에게 모금승인내용을 통보하여야 하며, 그 내용을 통보받은 모금대상시설 운영자는 당해 시설을 관람 또는 이용하는 자로부터 모금하여 한국문화예술진흥원에 납부하여야 한다.

④제3항의 규정에 의한 모금대상시설운영자가 모금액을 납부할 때에는 모금과 관련된 자료를 함께 제출하여야 한다. 〔신설 1995.12.6〕

⑤제1항의 규정에 의한 모금의 모금액, 모금대행기관의 지정, 모금수

수료, 모금방법 및 관련자료 기타 필요한 사항은 대통령령으로 정한다.
〔개정 1995.12.6〕

〔유효기간 2003.12.31까지〕

제19조의2 (대관에 의한 모금) ①제19조제3항의 규정에 의한 모금대상시설운영자로부터 대관을 받은 자는 모금대상시설운영자에 갈음하여 당해 시설을 관람 또는 이용하는 자로부터 모금을 하여 그 모금액 및 관련자료를 모금대상시설운영자에게 납부·제출하여야 한다.

②모금대상시설운영자는 제1항의 규정에 의한 모금액 및 관련자료를 한국문화예술진흥원에 납부·제출하여야 한다.

③제1항의 규정에 의한 모금의 모금액·모금수수료·모금방법 및 관련자료에 관하여 필요한 사항은 대통령령으로 정한다.

〔본조신설 1995.12.6〕

〔유효기간 2003.12.31까지〕

제20조 (기금의 용도) 기금은 다음 각호의 사업 및 활동의 지원에 사용한다.

1. 문화예술의 창작과 보급
2. 민족고유문화의 발전을 위한 조사·연구·저작과 그 보급
3. 문화예술인의 후생복지증진을 위한 사업
4. 지방문화예술진흥기금에의 출연
5. 한국문화예술진흥원의 운영에 필요한 경비
6. 기타 문화예술의 진흥을 목적으로 하는 사업이나 활동

제21조 (문화예술진흥기금지원심의위원회) ①한국문화예술진흥원은 제20조의 규정에 의한 지원업무를 공정하고 효과적으로 수행하기 위하여 문화예술진흥기금지원심의위원회를 설치한다.

②문화예술진흥기금지원심의위원회의 구성 및 운영에 관하여 필요한 사항은 대통령령으로 정한다.

제22조 (지방문화예술진흥기금의 조성) ①특별시·광역시 또는 도는 당해 관할구역의 문화예술진흥을 위한 사업이나 활동을 지원하기 위하여 지방문화예술진흥기금을 설치할 수 있다. 〔개정 1997.12.13〕

②지방문화예술진흥기금은 시·도지사가 운용·관리한다.

③시·도지사는 지방문화예술진흥기금의 조성을 위하여 기부금품모

집규제법의 규정에 불구하고 개인 또는 법인으로부터 기부금품을 기부받거나, 제19조제1항 각호의 시설을 제외한 시설 중 조례로 정하는 시설을 관람하거나 이용하는 자에 대하여 문화관광부장관의 승인을 얻어 모금을 할 수 있다. 이 경우 기부금품을 기부하는 자는 특정단체 또는 개인에 대한 지원 등 그용도를 정하여 기부할 수 있다. 〔개정 2000.1.12〕 〔유효기간 2003.12.31까지〕

④시·도지사는 제3항의 규정에 의하여 금품을 받은 때에는 대통령령이 정하는 바에 따라 그 가액 및 품명을 문화관광부장관에게 보고하여야 한다. 〔개정 2000.1.12〕 〔유효기간 2003.12.31까지〕

⑤지방문화예술진흥기금의 조성·용도 및 운용, 지방문화예술진흥기금지원심의위원회의 구성 기타 필요한 사항은 조례로 정한다.

〔유효기간 2004.12.31까지〕

제6장 한국문화예술진흥원 등 〔개정 2000.1.12〕

제23조 (한국문화예술진흥원) ①문화예술의 진흥을 위한 사업과 활동을 지원하게 하기 위하여 한국문화예술진흥원(이하 "진흥원"이라 한다)을 둔다.

②진흥원은 법인으로 하되, 이 법에 규정한 것을 제외하고는 민법 중 재단법인에 관한 규정을 준용한다.

제23조의2 (예술의 전당) ①문화예술의 창달과 국민의 문화향수 기회의 확대 기타 문화예술진흥을 위한 사업을 추진하기 위하여 예술의 전당(이하 "전당"이라 한다)을 둔다.

②전당은 법인으로 한다.

③전당에는 정관이 정하는 바에 따라 임원과 필요한 직원을 둔다.

④국가는 전당의 원활한 운영을 위하여 필요한 경우에는 국유재산법의 규정에 불구하고 대통령령이 정하는 국유재산을 전당에 무상으로 양여할 수 있다.

⑤전당에 관하여 이 법에서 규정한 것을 제외하고는 민법 중 재단법인에 관한 규정을 준용한다.

〔본조신설 2000.1.12〕

제24조 삭제 〔2000.1.12〕

제7장 보칙

제25조 (국고보조) 국가와 지방자치단체는 예산의 범위 안에서 문화예술의 진흥을 목적으로 하는 사업 또는 활동이나 시설에 대한 소요경비의 일부를 보조할 수 있다.

제26조 (감독) 문화관광부장관은 문화예술진흥을 위하여 필요한 경우 이 법에 의하여 설립된 진흥원·전당의 업무·회계 및 재산에 관한 사항을 보고하게 하고 소속공무원으로 하여금 검사하게 할 수 있다.〔개정 2000.1.12〕

제27조 (권한의 위임·위탁) 문화관광부장관은 이 법에 의한 권한의 일부를 대통령령이 정하는 바에 의하여 시·도지사에게 위임하거나 진흥원 기타 문화예술단체에 위탁할 수 있다.〔개정 2000.1.12〕

제8장 벌칙

(이하생략)

부칙 〔제4883호,1995.1.5〕

이 법은 공포후 6월이 경과한 날부터 시행한다.

(이하생략)

참고 문헌

김화섭·임동순.『프로 스포츠 산업 발전 전략』. 산업연구원, 2001.

삼성경제연구소. "올림픽의 경제학." CEO Information 제263호, 2000. 9. 20.

______. "이공계 인력공급의 위기와 과제." CEO Information 제341호, 2002. 3. 27.

송광태. "지방자치단체 공공체육시설의 운영성과 분석과 향후 개선방안." 『도시행정학보』, 2000. 12.

안영도. 『국가경쟁력 향상의 길: 한국적 문제의 진단과 처방』. 비봉출판사, 1999.

안영도·박덕제. 『경영인 경제학: 경영학도와 직장인을 위한 경제학 원론』, 비봉출판사, 2001.

이대훈. "아셈. 그 화려함과 애매함."『참여사회』, 2000. 12.

재정경제부. "제5차 월드컵·아시안게임 경제분야 지원단 회의 안건" 2002. 5. 12. 보도자료.

한국개발연구원(KDI). 『서울올림픽의 의의와 성과』, 1989.(김종기 외 집필)

______. 『2002년 한·일 월드컵 축구대회의 국가발전적 의의와 경제적 파급효과』, 1998.(노기성 외 집필)

______. "2002년 월드컵 축구대회의 경제적 파급효과(2001년 재분석)." 2001a.(이진면 집필)

______. 『월드컵대회 개최의 경제·사회적 파급효과 극대화 방안』, 2001b.(노기성 외 집필)

Asian Wall Street Journal, The. "Who Benefits: The Olympics are a rent
　　─seeking bonanza for Beijing's elite." July 11, 2001.

Baade, R. and V. Matheson. "Bidding for the Olympics: Fool's Gold?"
　　A working paper, October 1999. Lake Forest College, USA

＿＿＿＿. "Home Run or Wild Pitch? The Economic Impact of Major
　　League Baseball's All─Star Game on Host Cities" Journal of Sports
　　Economics, November 2001.

Bowen, W., D. Bok, and G. Loury. The Shape of the River. Princeton,
　　N. J.: Princeton Univ Press, 1998.

BusinessWeek. "Time for the Stadium Boom to Go Bust: Studies say
　　arena subsidies are a bad investment." C.J. Whalen, Nov. 20, 2000.

＿＿＿＿. "World Cup Follies: Japan and Korea reignite old rivalries." B.
　　Bremner and I. Moon, April 1, 2002a.

＿＿＿＿.(International Edition) "Cool Korea: How it roared back from
　　disaster and became a model for Korea." B. Bremner and I.
　　Moon, June 10, 2002b.

Chase, R.B. and S. Dasu. "Want to Perfect Your Company's Service? :
　　Use Behavioral Science." Harvard Business Review. June, 2001.

Economist, The. "Passion, pride and profit: a survey of football."
　　June 1, 2002.

Far Eastern Economic Review.(FEER) "The Grand Illusion." J. Finer,
　　March 7, 2002.

Fortune. "The Folly of Taxpayer─Funded Stadiums. C. Murphy, Dec.
　　21, 1998.

Friedman, T. The Lexus and the Olive Tree: Understanding Globalization.
　　New York: Farrar Straus & Giroux, 2000.

Gratton, C. and I.P. Henry eds. Sport in the City: The role of sport in
　　economic and social regeneration. London: Routledge, 2001.

Parterno, J. "Score on the SAT to score on the Field." The Wall Street
Journal. April 3, 1999: an op—ed article.

Robinson, A.G. and S. Stern. Corporate Creativity: How Innovation and
Improvement Actually Happen. San Francisco: Berrett—Koehler
Publishers, 1997.

Sage. G.H. Power and Ideology in American Sport: A Critical Perspective.
(second edition) Champaign. Il: Human Kinetics, 1998.

Szymanski. S. "The Economic Impact of the World Cup." World Economics.
January—March, 2002.

저자약력

安 永 度

서울대학교 문리과대학 물리학과 졸업(이학사, 1972)
서울대학교 사회과학대학 경제학과 졸업(경제학사, 1977)
The Wharton School of The University of Pennsylvania
졸업(MBA, 1985)
Peter F. Drucker School of Claremont Graduate University
졸업(경영학박사, 1998)
(주)대우 근무(1977~1994)
다수 기업체 사외이사 및 고문 역임(1996~2001)
현재: 경영전략 컨설턴트
　　－지방연구소 연구위원
　　－연세대 겸임교수

저서: 『국가경쟁력 향상의 길』(비봉출판사, 1999)
　　　(우수학술도서 선정(1999 · 문광부) ·
　　　자유경제출판문화상 대상(2000 · 전경련) 수상 도서)
　　『기업경제학』(공저, <주>중앙경제, 1999)
　　『경영인 경제학: 경영학도와 직장인을 위한 경제학 원론서』
　　　　　(공저, 비봉출판사, 2001)
　　『기업경제학』(공저, 한국방송통신대학교 출판부, 2002)

꿈 ★ 은 이루어졌을까?
월드컵, 그 환희의 뒤끝

초판 인쇄 / 2002년 12월 10일
초판 발행 / 2002년 12월 15일
저   자 / 안영도
펴낸이 / 박기봉
펴낸곳 / 비봉출판사
주   소 / 서울시 마포구 서교동 480-10
         미리내빌딩 3층
대표전화 / 3142-6551~5
팩시밀리 / 3142-6556
E-mail / beebooks@hitel.net
         bbongbooks@hanmail.net
등록번호 / 2-301 (1980.5.23)
ISBN / 89-376-0304-7 03000

값 / 11,000원